골목길
역사산책

일러두기

1. 인명 및 지명은 외래어 표기법을 따랐으나, 일부는 저자의 의도를 반영해 예외로 두었다.
2. 단행본이나 잡지, 신문은 《 》, 짧은 글과 영화, 그림, 지도 등의 작품은 〈 〉로 표기하였다.

한국사편

골목길
역사산책

최석호 지음

가디언

차례

운주사 고려길 산책

3

“ 나를 찾아 역사를 걷는다.
한반도를 걷는다.
한국인의 혼을 걷는다.

한국 사람

2020년 2월 10일 제92회 아카데미 시상식에서 모두 6개 부분 후보에 올랐던 우리 영화 〈기생충〉이 최고 상인 작품상을 비롯해 모두 4개 부문에서 수상했다. 존경해 마지않는 마틴 스코세이지 감독을 누르고 봉준호 감독은 감독상을 수상했다. 수상 다음 날부터 돼지슈퍼·스카이피자 등 영화촬영지로 많은 사람이 몰렸다. 농심에서는 영화 속에 등장하는 '짜빠구리(짜빠게티+너구리)'를 출시했다. 자유한국당 강효상 의원은 대구 두류공원에 '봉준호 영화박물관'을 짓고 대구를 세계적인 문화관광도시로 도약시키는 계기를 만들어야 한다고 목청을 높였다. 박근혜 정부가 봉준호 감독을 문화계 블랙리스트에 올렸던 때와는 사뭇 달라진 모습이다.

　전 세계 언론은 기생충이 이룩한 성공신화를 해석하느라

2019년 칸느영화제 황금종려상에 이어서 2020년 아카데미시상식에서 작품
상을 수상한 한국 영화 〈기생충〉 포스터

진땀을 뺐다. '봉준호가 만들면 새로운 장르가 된다.' 형식을 혁
신한 데서 성공 원인을 찾는 분석이다. '부유한 자와 가난한 자
를 대비시켜서 신자유주의시대를 몰입도 있게 그려낸다.' 내용
에서 그 이유를 찾은 것이다. '중국이나 일본 영화계에서는 죽었
다가 다시 깨어나도 이런 영화를 못 만든다.' 진짜 민주주의를
달성한 대한민국에서 그 이유를 찾는 사회적인 분석이다. '장벽
쌓기에 혈세를 쏟아붓고 있는 트럼프 대통령에게 반기를 들었

다.' 정치적인 분석이다.

그러나 정작 한국 영화 기생충의 성공에 놀란 것은 미국 사람이나 전 세계 사람이 아니라 한국 사람 자신이다. 우리 스스로 자문한다. 왜 이 영화가 아카데미상을 받았지?[1]

2020년 9월 1일 아이돌그룹 BTS가 '다이너마이트'로 빌보드 핫100에서 1위에 올랐다.[2] 1962년 한명숙 '노란샤쓰의 사나이' 1977년 샌드페블스 '나 어떡해' 1992년 서태지와 아이들 '난 알아요' 등과 함께 한국 대중음악사에 새로운 역사를 쓴 곡으로 기록될 만한 사건이다.

미국 대중음악 차트 중에서 메인 차트는 빌보드 핫100이다. 핫100에서 1위를 했다면 전 세계 1위다. 우리에게는 싱글 차트 빌보드 핫100이나 앨범 차트 빌보드 핫200은 별반 다르지 않다. 그런데도 핫100에 이렇게 큰 의미를 부여하니 좀 의아하다.

우리는 앨범으로 대중음악을 판매하는 엘피 시대와 씨디 시대를 거친 뒤 곧바로 디지털음원 시대로 넘어갔다. 그러나 미국에서는 싱글로 대중음악을 판매하는 도너츠판 시대가 있었다. 우리에게는 없었던 도너츠판과 엘피판이 공존하던 시절이 있었기 때문에 서로 다른 기능을 하는 두 개의 서로 다른 차트가 있었다. 해당 주에 100위 안에 든 곡을 소개하는 빌보드 핫100은 싱글차트, 100위 안에 든 앨범을 소개하는 빌보드 핫200은 앨범차트. 싱글차트는 얼마나 인기가 있는지, 앨범차트는 얼마나 많은 돈을 벌었는지를 가늠하는 척도였다. BTS는 같은 날 빌보드 아티스트100에도 1위에 올랐다. 싱글차트 1위를 했으니 이번 주에 제일 인기 있는 가수라는 뜻으로 해석해도 무방하다.

BTS는 2018년 5월 27일 〈러브 유어셀프: 티어〉 앨범으로 빌보드 핫200 1위에 이어서 2018년 9월 8일 〈러브 유어셀프: 앤서〉로 또다시 빌보드 핫200 1위에 오른다. 두 앨범 모두 차트에 오르자마자 1위를 한다. 2019년 4월 27일 〈맵 오브 더 소울: 페르소나〉로 또다시 빌보드 핫200 1위를 기록한다. 11개월 만에 세 번씩이나 1위를 한 것이다. 비틀즈가 1995년과 1996년 사이에 12개월 만에 앨범 3개를 핫200 1위에 올린 이후 첫 기록이다. 그렇지만 핫100 1위는 이 기록을 능가한다고 말할 수 있을 정도로 엄청난 사건이다.

케이팝이 처음 빌보드 핫100에 오른 것은 원더걸스가 부른 '노바디'다. 지난 2009년 10월 31일이다. 2012년 12월 8일 싸이는 '강남스타일'로 전 세계적으로 돌풍을 불러일으킨다. 안타깝지만 빌보드 핫100 1위에 오르지 못했다. '강남스타일'이 빌보드 핫100 1위에 오르지 못한 데 대해서 전 세계적으로 대중음악 평단에서 비판이 거세게 일었다. 빌보드는 빌보드 핫100 순위 집계에 유튜브 조회수를 포함시키면서 비판을 수용했다. 그래서 싸이는 BTS가 달성한 빌보드 핫100 1위에 작은 기여를 했다고 말한다.[3]

아시아 가수 중에서 빌보드 핫100 1위에 오른 것은 사카모토 큐뿐이다. 지난 1963년 '스키야키'로 처음이자 마지막 1위에 올랐다. 그래서 '다이나마이트'는 아시아 대중음악 그 중심이 일본에서 한국으로 옮아가고 있다는 상징적 의미가 있다.

싸이가 '강남스타일'로 전 세계를 휩쓸던 2012년 BTS는 12월부터 블로그·트위터 등 SNS를 통해 활동을 시작한다. 이듬해 6월 정식으로 창단한다. 2016년 3월 미국 경제전문지 《Forbes》는 전 세계에서 가장 많이 리트윗한 가수로 BTS를 선정한다. 한 달 동안 539만 건에 달하는 SNS 리트윗을 기록했다. 여태까지는 구 미디어를 통해 신곡을 발표하고 차트를 석권한 뒤 팬덤을 형성하는 순서였다. BTS는 SNS를 통해 알리고 팬덤을 형성한 뒤 차트를 석권했다. 대중음악 유통과 소비가 피지컬에서 디지털로, 구 미디어에서 신 미디어로 변동하는 상황을 간파한 결과다.

BTS 소속사 빅히트엔터테인먼트 의장 방시혁은 2020년 8월 3일 방탄소년단 일곱 멤버에게 1인당 6만8385주씩 모두 47만8695주를 골고루 증여한다. '다이나마이트'가 빌보드 핫100 1위에 오른 이튿날인 9월 2일 방시혁은 금융감독원에 증권신고서를 제출하고 본격 공모 절차에 들어간다. 빅히트엔터테인먼트 공모가 희망 범위는 10만5000원~13만5000원이다. 상한가인 13만5000원에서 결정된다면 멤버 1인당 최소 주식 평가액은 92억3200만 원이다. 하한가인 10만5000원으로 상장해도 1인당 보유액은 71억 원이 넘는다.

노예계약은 옛날이야기다. 빅히트엔터테인먼트의 2019

년 연결기준 매출은 5879억 원에 영업이익은 975억 원에 이르렀다. 영업이익은 국내 엔터테인먼트 빅3를 합친 것보다 많다. 2020년 10월 5일 일반청약을 받았다. 공모 규모만 최대 9626억 원에 달한다. 그해 빅히트엔터테인먼트 상장 후 시가총액은 최대 4조6천억 원에 이를 것으로 전망했다.[4]

방시혁 의장은 상장과 주식증여를 통해 한류는 산업이라는 점을 일깨운다. 현대경제연구원에 따르면, BTS 인지도가 한 단위 올라가면 우리나라를 찾는 외국인 관광객은 한 분기에 0.45% 증가한다. 한 해에 79만6천 명에 달하는 외국인 관광객이 우리나라에 더 들어와서 외래 관광객이 7.6% 증가한다는 뜻이다. 이들은 1조6300억 원에 달하는 생산 유발효과와 약 7천억 원에 달하는 부가가치를 산출한다. 방탄소년단으로 인한 소비재수출액은 의류는 2억3398만 달러(9월 5일 환율 1달러 1890원 기준, 442억2222만 원), 화장품 4억2664만 달러(806억3496만 원), 음식류는 4억5649만 달러(862억7661만 원). 양자를 합친 총 경제효과는 생산 유발효과 4조1400억 원과 부가가치유발효과 1조4200억 원 등에 이른다.[5]

동시에 사회적 책임을 상실한 아이돌과 착취하는 비윤리적인 기업이라는 부정적 의견을 불식시키고 있다. 2019년 3월 강남 클럽 폭행 사건, 즉 승리게이트 또는 버닝썬게이트가 불거졌다. 외신들은 한류 엔터테인먼트 기업이 돈과 인기만 좇다가 도덕성을 잃었다고 비판했다. 한류 아이돌 스타는 걸어 다니는 시

2018년 미국 시사 주간지 〈TIME〉은 BTS를 '차세대 리더(Next Generation Leaders)'로 선정한 데 이어 2020년 '올해의 엔터테이너(Entertainer of the Year)'로 BTS를 선정했다. (ⓒ TIME)

한폭탄으로 전락한다. 한류 기업은 아이돌을 착취해서 번 돈으로 각종 범죄를 일으키는 비윤리적인 기업으로 낙인찍힌다.[6]

방시혁 의장은 빅히트엔터테인먼트 상장 전에 BTS 멤버에게 주식을 증여함으로써 모든 우려를 잠재웠다. BTS는 유엔본부 아동기금행사에서 연설을 통해 "자신의 목소리를 내주세요. 조금씩 자신을 사랑하는 방법을 배워나갑시다"라는 메시지를 던진다. 미국 ABC 텔레비전에서 생중계한 6분짜리 영상은 미국 내 일부 학교에서 자기긍정 교육자료로 활용하고 있다. 총알을 막아내는 방탄조끼처럼 10대에 대한 모든 편견과 억압을 막아내겠다는 뜻은 '방탄소년단'이라 이름 지었다. 다른 한편으로 청소년들을 향해 부모를 졸라 몇십만 원짜리 패딩을 입는 청소년을 준엄하게 꾸짖는다. '등골브레이커스'라는 노래가 던지는 메시지다. 잔소리도 BTS가 하면 손뼉 치며 열광한다.[7]

BTS가 전 세계를 휩쓸기 시작한 2019년 10월 17개국 8천 명을 대상으로 조사하였더니 케이팝을 좋아하는 이유 중에서 두 번째로 꼽은 것은 매력적인 외모 스타일(15.9%)이었다.[8] BTS는 한류 이미지를 바꿔놓고 있다. 그 연장 선상에서 BTS는 서양인이 가진 아시아인에 대한 이미지도 바꾸고 있다. 여태까지 아시아인은 조직폭력배이거나 무술을 하는 사람 정도였다. 이소룡·성룡 등 홍콩 스타들이 형성한 이미지다. 이제는 멋지고 세련된 사람이다.[9] BTS를 비롯한 한류 스타들이 만들어가고 있는 이미지다.

동영상 서비스 업체 넷플릭스에서 공개한 국산 드라마 〈오징어게임〉이 2021년 10월 6일 당시 14일째 텔레비전 프로그램 부문 전 세계 1위 자리를 지켰다. 넷플릭스가 동영상 서비스를 제공하고 있는 83개국 모두 1위다. 언론사마다 경쟁적으로 〈오징어게임〉에 관해 보도했다. 영국 일간지 〈가디언the Guardian〉에서 가장 많이 본 기사 10건 중 두 건은 〈오징어게임〉에 관한 기사다. 미국 케이블 뉴스 방송 CNN은 아예 〈오징어게임〉을 메뉴에 올리기도 했다.[10]

〈오징어 게임〉은 456억 원의 상금이 걸린 서바이벌에 참여한 사람들이 최후의 승자가 되기 위해 목숨을 걸고 극한의 게임에 도전하는 내용이다. 에피소드 아홉 개로 이루어진 넷플릭스 드라마다.

주인공 성기훈은 어머니 카드를 훔쳐서 경마장에서 도박을 한다. 1등으로 456만 원을 번다. 그러나 새터민 새벽에게 소매치기당하고 빚쟁이들 협박으로 신체포기각서에 도장을 찍는다. 길거리에서 만난 사람과 10만 원 내기 딱지치기를 한다. 몇십만 원을 번 기훈은 길거리 남자가 제안한 서바이벌 데스 게임에 참가한다.

움직인 사람과 시간 내에 결승점에 들어오지 못한 사람을 모두 죽인다. 456명 중 생존자는 201명. 사람이 죽어 나자빠지는 상황에서도 1번 참가자 일남 노인은 게임을 즐긴다. 199번 외국인노동자 압둘 알라 때문에 기훈은 목숨을 건진다. 게임이 끝난 뒤 게임을 계속할지를 놓고 찬반투표를 한다. 100:100에서 일남 노인은 게임중단을 선택한다.

일상으로 다시 돌아간다. 기훈은 어머니 치료비가 없다. 상우는 선물·옵션에 손을 댔다가 진 빚으로 경찰에 쫓긴다. 소매치기 새터민 새벽은 북에 있는 어머니에게 보낼 돈이 없다. 새터민 알라는 밀린 임금을 받으려다가 사장을 해치고 도망친다. 결국 201명 중 183명이 게임으로 되돌아간다.

기훈은 우산 모양을 선택한다. 10분 내에 달고나를 깨끗하게 오려내야 한다. 쉬운 모양을 선택한 사람들은 쉽게 통과한다.

기훈은 긴장해서 흘린 땀에 뽑기가 녹는 것을 보고 혀로 핥아서 통과한다.

덕수가 이끄는 깡패들은 배식을 두 번 가져간다. 식사를 못하게 된 사람과 싸움이 벌어진다. 그 과정에서 참가자들은 살인을 저질러도 된다는 것을 알게 된다. 그날 밤부터 매일 어둠 속에서 살인이 벌어진다.

10명씩 팀을 짜서 줄다리기를 한다. 기훈 팀은 깡패 두목 덕수팀과 줄다리기를 한다. 일남 노인은 버티기를 제안한다. 버티기에서 밀리기 시작하자 상우는 세 발짝 앞으로 갔다가 전력으로 당기는 긴급제안을 한다. 줄다리기에서 깡패팀을 물리친다.

기훈은 일남 노인과 한 팀이 되어 구슬치기를 한다. 둘 중 한 명은 죽어야 한다. 기훈은 일남의 치매를 이용해서 속여서 이긴다. 일남은 치매가 아니었으나 일부러 치매인 척하면서 모두 잃어준다.

상우는 유리전문가를 밀어 죽이고 징검다리를 모두 건넌다. 뒤따라 기훈과 새터민 새벽도 징검다리를 무사히 건넌다. 최후까지 남은 세 사람은 여섯 번째 게임을 한다.

상우가 새벽을 죽인다. 기훈과 상우 두 사람이 오징어게임을 한다. 마지막 한 발짝에서 기훈은 다 이긴 게임을 포기한다. 동네 동생을 살리기 위해 상금을 포기한 것이다. 양심의 가책을 이기지 못한 상우는 자결한다. 456억으로 불어난 상금을 탄다. 기훈은 돈을 쓰지 않고 노숙자로 살아간다.

넷플릭스 드라마 〈오징어게임〉 포스터 (©netflix)

어느 날 일남 노인에게서 연락이 온다. 일남은 죽은 것이 아니라 게임의 호스트였다. 일남은 어렸을 때 뭘 해도 재밌었던 그 즐거움을 좇아서 게임을 했다고 고백한다. 기껏 재미 때문에 사람들을 죽음으로 내몰았단 말인가!? 기훈은 주최 측에 대한 복수를 다짐하며 다시 게임장으로 향한다.

황동혁 감독이 2008년 시나리오를 썼을 때 제작사들은 '난해하다' 또는 '기괴하다'면서 제작하기 힘들다고 말했다. 10년이 지난 지금 〈오징어게임〉은 구체적인 현실이 되었다. 일확천금을 노리며 주식·부동산·비트코인을 한다. 모두가 서바이벌 데스 게임 같은 일상을 영위한다. 〈오징어게임〉이 어떤 드라마라고 굳이 설명하지 않아도 나름대로 잘 이해하고 해석한다. 황동혁 감독 말처럼 현실이 슬프다.

문화부에서는 지난 1996년부터 간헐적으로 '한국인 가치 관 조사'를 하고 있다.[11] 한국 사람들은 한국 영화·한국 드라 마·K-pop 등 한류에 대한 자부심이 대단하다. 1996년 53.6% 에 불과했으나 2013년에는 81.5%로 껑충 뛰어오른다. 2016년 박근혜 정부 때 78.7%로 잠시 주춤했으나 2019년 92.8%로 크 게 상승했다.

그래서일까?! 한국 사람으로 태어나서 한국에 사는 것이 자랑스럽다고 생각하는 사람은 1996년 김영삼 정부 때 88%로 가장 높았다. 2016년 박근혜 정부 때는 75.6%로 가장 낮았다. 2019년 현재 83.9%로 다시 회복하고 있다.

한국 역사를 자랑스럽게 생각한다는 사람도 일관되게 상승 하고 있다. 조사를 시작한 1996년에는 55%에 불과했다. 10년이 지난 2006년에는 77.5%로 뛰어올랐다. 2016년 박근혜 정부 때 76.8%로 조금 줄었으나 2019년 다시 83.3%로 최고치를 갱신 했다.[12]

한국 사람들이 생각하는 것처럼 한국 역사는 자랑스러운 역사일까? 한국 사람과 한국 역사를 찾아 나섰다.

경북 경주에서 신라 사람을 찾았다. 왕망이 전한을 무너뜨리고 신나라를 세웠다. 그러나 오래 가지 못했다. 왕망과 함께했던 김일제 후손들은 오랜 시간 멀고 먼 망명길을 걸어온다. 사라斯羅에 이르러서 다시 오랜 시간을 보낸 뒤 드디어 마립간에 오른다. 덕업을 날로 새롭게 하여 사방을 망라하고자 국호를 신라新羅로 바꾼다. 삼국 중에서 가장 뒤처졌던 신라는 꾸준히 갈고 닦는다. 목숨을 잃을 수도 있다는 것을 알면서도 고구려로 간다. 오랜 숙적 일본으로 건너가서 대화하는 것도 마다하지 않는다. 바다를 건너 중국으로 가서 앞선 문물을 받아들인다. 알타이 고산지대에서 스키타이 문화를 수입한다. 흑해 건너 그리스와 만난다. 마침내 백제와 고구려를 무릎 꿇린다. 22번째 전투에서 최후 승리를 거머쥐고 당나라를 쫓아낸다. 신라 사람들은 삼한일통 대업을 달성한다.

전남 화순에서 고려 사람을 찾아 걸었다. 온 세상 한가운데에 북극3성 태일이 있다. 뭇별들은 태일을 중심으로 돌고 있다. 고구려가 본 하늘이다. 고려는 고구려를 계승한다. 그래서 모두 다섯 곳에 태일전을 세운다. 태일5궁 중 간방 곧 남서쪽 화순에 태일전 운주사를 세운다. 화순이 속한 능주 권역은 황후 공예태후를 배출한 지역이다. 공예태후가 낳은 다섯 아들 중 세 명이 황위에 올랐으니 화순보다 태일전을 짓기 좋은 곳도 없다. 태일 다음 가는 남쪽 하늘신 운중군에게 초례를 지내기 위해 초성처를 조성한다. 운주사다. 동산 오층석탑은 비어5성, 육층석탑은 심방6성, 나도와 계후를 꼭꼭 묶어놓은 평지 석감, 원반육층석탑은 남두6성, 서산 동쪽 하늘에 둥실 뜬 달 두꺼비바위, 칠층석탑 관삭7성, 오층석탑 선후5성, 그 위에 북쪽 하늘 북극3성 태일과 그 주위를 맴도는 칠성바위 북두7성! 운주사에서는 모두 신선이 된다. 고려 사람들은 땅에 사는 하늘 신선이다.

강원도 강릉에서 조선 사람이 누구인지를 찾았다. 강릉 사람 안동 권씨는 남편 효령대군 10세손 이주화가 죽자 삼년상을 치른다. 두 아들을 데리고 고향 강릉으로 돌아와서 염전을 일군다. 아들 이내번은 농지를 개간한다. 염전과 농지를 경영하면서 번 돈으로 배다리골에 집을 짓는다. 선교장이다. 좌우에 오죽헌과 초당을 끼고 있다. 선교장은 왕실 후손 집, 오죽헌 서인 영수 율곡의 집, 초당은 동인 영수 허엽이 가꾼 집! 궁궐을 중심으로 좌우에 서인과 동인이 살았던 그야말로 작은 한양이다. 병조판서 율곡은 제자 선조에게 조선이 무너지지 않도록 바로 세우라고 강권한다. 유능한 인재를 임용하라, 군사와 백성을 양성하라, 국고를 풍족히 하라, 국경을 튼튼히 하라, 전쟁에 쓸 말을 준비하라, 백성을 교화하라! 동인 영수 허엽의 아들 허균은 자신이 지은 소설 홍길동 같은 삶을 살다 간다. 다만 홍길동은 신선이 되어 하늘로 올라가고 허균은 역적이 되어 저잣거리에 효수되었을 뿐 나머지 삶은 별반 다르지 않았다. 강릉 사람은 조선 사람이다.

서울 남촌에서 대한민국 사람을 찾아 걸었다. 의병 13도창의대진소 한양 진공 작전은 실패로 끝난다. 일제가 벌인 남한

대토벌 작전으로 의병은 생과 사 그 귀로에 선다. 안창호·이동녕·이동휘·조성하 등은 국외에 독립군 기지와 무관학교를 세운다. 우당 이회영과 다섯 형제는 1910년 남촌을 떠나 서간도에 신흥무관학교를 세운다. 졸업생들은 1920년 청산리대첩을 승리로 이끈 주역이 된다. 그러나 단원으로 밀정을 색출하고 일제 잔당을 처단하던 여섯째 이호영 일가족은 1931년 일제에 몰살 당했다. 넷째 이회영 선생은 1932년 모진 고문으로 여순감옥에서 순국했다. 둘째 이석영은 전 재산을 독립전쟁 자금으로 헌납하고 정작 자신은 1934년 굶어 죽었다. 단 한 사람 다섯째 이시영만 1945년 광복과 함께 조국으로 돌아온다. 우당6형제는 한국 사람이다. 그들이 살았던 남촌은 대한민국이다. 자랑스러운 한국 사람으로 한국 역사를 걷는다.

1 남촌 대한민국길 산책

물길과 언덕을 따라 사람들이 걸어 다니면서 작은길이 생겼다. 주자소 장인들이 일하러 가던 주자동천길, 남학 학생들이 공부하러 가던 필동천길, 무예를 연마하러 가던 남산동천길. 모두 남산에서 솟구쳐 청계천으로 흘러가는 물길이다. 구불구불하고 좁다. 북촌 궁중에서 남촌 영희전永禧殿으로 가는 수표다리길은 큰길이다. 남북을 반대 방향으로 관통한다. 도시계획에 따라 큰길도 만든다. 북촌에서 영희전으로 향하는 큰길은 영희전을 중심으로 좌우 두 길 모두 반듯하다. 왼쪽 큰길은 수표교로 이어지고 오른쪽 큰길은 광통교로 이어진다.

주자소·영희전·장악원·혜민서 등 몇몇 중앙관서가 있었다. 비만 오면 질퍽거려서 진고개泥峴라 불렀다. 질퍽거리는 물빛이 햇볕에 반짝거려서 구리개銅峴라 불렀다. 진고개와 구리개 언덕 좌우로 큰길을 냈다. 구리개와 진고개를 중심으로 남촌을 좌우로 잇는다. 구리개 북쪽에 장악원이 자리하고 있고 남동쪽에 혜민서가 크게 자리하고 있다. 진고개를 잇는 길은 퇴계로, 구리개를 잇는 길은 을지로, 남촌과 북촌을 가로지르는 길은 충무로. 지금도 주요 간선도로로 기능을 다 하고 있다. 조선시대 한양 청계천 남쪽 남촌이다.

그렇지만 남촌을 북촌과 견주면 하찮다. 반듯하고 넓은 길에 복잡

하게 얽힌 좁은 골목길이 조화를 이룬 북촌에는 고관대작들이 산다. 구불구불하고 좁은 길이 마치 서촌 골목길 같은 남촌에는 천예가 산다. 그래서 한양지도 수선전도〈首善全圖〉에 남촌 길은 상대적으로 구불구불하고 단순하다. 오르내리는 언덕이 많다.

남산 목멱산은 서울의 안산案山이다. 주산 북악산 기슭에 자리 잡은 궁궐에서 바라보는 산이다. 목멱대왕께서 조선과 왕실을 굽어살피는 산이니 국사당이 자리하는 것은 당연지사. 그러나 일제강점기에 접어들면서 모든 것이 엉키기 시작한다. 일제는 1925년 국사당을 서산 인왕산으로 옮긴다. 대신 그 자리에 일장기 게양대를 세운다. 그해 7월 일제는 아마테라스 오미카미あまてらすおおみかみ, 天照大御神를 모시는 신사, 조선신궁을 남산에 짓는다.[1]

광복과 한국전쟁을 거치면서 조선신궁 자리에 이승만 동상이 세워진다. 멀쩡하게 살아 있는 사람 동상을 세우는 나라는 독재국가다. 동상을 쓰러뜨린다. 공산국가에서 종종 보는 장면이다. 조선신궁 중광장에 백범 김구 선생 동상을 세운 것은 1969년 8월, 조선신궁 상광장에 안중근 의사 기념관을 세운 것은 1970년 10월.[2] 자주독립으로 가는 길은 험했다.

　제자리를 찾아가는가 싶더니 1972년 국가안전기획부 본관 건물이 들어서면서 남산은 또다시 무시무시한 곳으로 변한다. 많은 사람이 간첩으로 둔갑한다. 고문을 받으면서 죽어간다. 남산이 국민의 품으로 돌아온 것은 1995년. 신군부까지 몰아내고 민선민간정부를 세우고 난 뒤에야 가능한 일이었다.

　계획적으로 만들었다기보다는 한 걸음씩 발로 밟아서 다진 동네다. 그래서 한양은 남촌 사람 동네고 조선은 남촌이다. 외세가 쳐들어와서 나라를 빼앗는다면 되찾을 때까지 다툴 것이다. 남촌 사람들은 독립전쟁 선봉에 선다. 되찾은 나라를 독재로 얼룩지게 한다면 민주주의를 회복할 때까지 싸울 것이다. 남촌길은 민주주의로 가는 길이다. 그래서 대한민국길이다.

남촌
민국을 세우다

1882년 조미조약朝美條約을 체결하고 양국은 서로 수도에 머무르고 주둔駐紮할 수 있도록 약속한다駐紮彼此都城.[3] 같은 해 청나라 군대가 한양에 들어온 뒤 조중상민수륙무역장정朝中商民水陸貿易章程을 체결하고 시장을 개방한다. 일제는 예장자락에 임시 공사관을 짓고 구리개 장악원·훈동방 저동 등 남부 세 곳에 주둔한다. 1893년 일본공사관을 남산 예장자락에 짓는다. 1898년 프랑스 신부들은 구리개 언덕 위에 종현성당을 짓는다. 십자가 모양으로 지은 성당 머리를 경복궁에 조준한다. 어진을 모신 봉안각 영희전을 코앞에서 내려다본다. 1899년 대한제국은 영희전을 경모궁 터로 옮긴다.

　일제강점기에 접어들면서 제국주의 도시체제로 변화한다. 1914년 〈경성부명세신지도京城府明細新地圖〉에는 구리개길이 곧게 펴지고 넓어진다. 일제는 구리銅를 황금黃金으로 바꾸고 동洞

을 정町으로 바꿔서 중심으로 삼는다. 황금정3정목은 중심이 된다. 수도를 뜻하는 글자 京경과 마찬가지로 중심에서 여섯 방향으로 길을 낸다. '신성하게 높이 솟은 울' 서울은 제 모습을 빼앗기고 경성京城이 된다.[4] 일제는 황금정3정목을 내려다볼 수 있는 남산 예장자락에 통감부를 짓는다. 남산 회현 자락에 조선신궁을 짓는다. 남촌은 식민통치의 수도가 된다.

남촌 집과 땅을 모두 팔고 서간도로 간다. 한인촌을 만들고 신흥무관학교를 세운다. 봉오동전투와 청산리전투에서 승리한다. 그러나 독립으로 가는 길은 훨씬 멀고 험했다. 한반도로 진공하기 직전 일제는 연합국에 항복한다. 1946년 8월 15일 광복을 되찾고도 1년이 지난 뒤에 경성은 다시 서울이 된다. 우남시로 하자는 사람들의 압력을 겨우 물리치고 서울시로 했다. 우남은 이승만의 호다.

4.19혁명은 5.16쿠데타에 가린다. 구군부는 남산에 중앙정보부를 짓는다. 북촌 기독교방송국은 민주화 보루가 된다. 신군부는 국가안전기획부로 이름을 바꾼다. 남촌 명동성당은 민주화의 성지가 된다. 대륙을 피로 적시고 독립으로 가는 길을 모두 다 걸었다. 관료로 옷을 갈아입은 친일매국한 자들에게 처참하게 고문당하면서도 민주주의로 가는 길을 모두 다 걸었다. 대한민국으로 우뚝 선다.

남촌 사람
따뜻한 남촌에서 차디찬 서간도로

사랑하는 한국 슬픈 한민족 – 우당 이회영

이회영은 1908년 10월 20일 남대문 상동교회 예배당에서 이은숙과 결혼한다. 당시로서는 보기 드문 신식 결혼이다. 이즈음 전덕기·김지호·이용태·이동녕 등이 교사로 재직하는 상동교회 청년학원 학감으로 근무하고 있었다. 이회영의 아내 이은숙은 이들을 비밀독립운동 발기인들이라 하고, 청년학원을 독립운동자 기관소라 한다.[5] 신민회는 이렇게 탄생했다.

　유인석이 이끄는 13도창의대진소 서울 진공작전은 실패로 끝난다. 의병은 일본군과 전투에서 참패했다. 1908년부터 1909년까지 일제는 남한대토벌작전을 벌여 국내 의병을 거의 궤멸시킨다. 1910년 3월 신민회는 긴급회의를 연다. 독립운동 전략으로 독립전쟁을 채택한다. 국외에 독립군 기지와 무관학교를 설립하기로 결정한다. 이회영 · 이시영 · 최석하는 서간도, 안창호 · 이갑은 구미 지역, 이동녕은 노령 · 연해주 지역, 이동휘는 북간도, 조성하는 북경 지역을 각각 맡는다.[6]

1910년 8월 이회영은 안동현 횡도촌에 임시로 자리 잡고 돌아온다. 전답 · 가옥 · 부동산을 처분한다. 둘째 형 이석영도 만여 석 재산과 가옥을 처분한다. 1910년 12월 30일 압록강을 건넌다. 1911년 1월 28일 유하현 삼원보三源堡에 도착한 뒤 2월 초 추가가鄒家街로 가서 정착한다.

그해 3월 중국군이 들이닥친다. 추가 집안 사람들이 군당국에 고발한 것이다. "조선인들이 살림만 옮겨오는 것이 아니라 무기를 실어온다. 일본과 합하여 중국을 치려고 온 것이니 고려인을 몰아내 주시오."[8] 먼저 정착한 중국인들은 땅을 팔지 않았다. 더불어 살려고도 하지 않았다.

1911년 4월 '희망을 양식 삼고 곤란을 초석 삼아 마침내 집을 짓겠다希望爲糧自飽不食之食, 困難爲礎爰築無家之家'면서 경학사耕學社를 조직한다.[9] 낮에는 일하고 밤에는 공부하여 실력을 기르고자 한 것이다. 자주독립은 교육과 독립전쟁을 통해 달성된다. 나라 빼앗긴 망명 국민 모두가 교육을 받아서 실력을 키워야 한다. 5월에는 신흥강습소新興講習所를 열었다. 독립전쟁을 승리로 이끌어야 할 청년들에게 군사교육을 실시하기 위해서다. 신민회의 정신을 계승한다는 뜻으로 신新과 망명지에서 흥왕하여 다시 일어나는 무장독립투쟁기구가 되어야 한다는 뜻으로 흥興을 합친 이름이다. 이리하여 신민회에서 목적한 무관

남촌 면동 우당 이회영 육형제 집터

현재 YWCA 부근에 장남 이건영은 땅 371평과 집을, 막내 이호영은 땅 259평과 집을, 을지로 2가 부근에 다섯째 이시영은 땅 591평과 집을 처분하고 서간도로 가서 경학사를 조직하고 신흥무관학교를 세워 독립전쟁에 뛰어들었다. 둘째 이석영은 더 큰 대지와 가옥을 가지고 있었다. 이석영을 제외하더라도 땅과 집만으로도 1천억 원이 넘는다.[7]

학교를 시작한다.

1911년 7월 이회영은 봉천을 거쳐 북경으로 간다. 동북삼성 독군은 만나 주지도 않았다. 하는 수 없이 총리대신 원세개를 만나기 위해 북경으로 간 것이다. 부친 이유승과 친분이 있었기에 만날 수 있었다. 원세개 비서 호명신은 동북삼성 총독을 직접 만나 문제를 해결하는 데 도움을 준다. 그리고 추가가가 아닌 다른 지역에 정착하기를 권고한다.

결국 경학사를 해산하고 이동녕은 노령으로, 이시영은 봉천으로 떠난다. 새로운 독립운동 기지를 모색한다. 이회영은 1912년 땅을 사서 통화현 합니하哈泥河로 이주한다. 경학사를 대신하여 부민단扶民團을 조직한다. 많은 한인이 국내로부터 이주해 온다. 3월 이석영은 땅 1천 평과 식량을 내놓는다. 신흥강습소를 신흥학교로 고쳐 부르고 1913년 학교 건물을 짓는다.[10] 신흥학교 학생들은 학교 앞 언덕 아래 이회영의 집에서 침식을 같이하며 교육을 받는다. 둔전병제도를 도입하여 학생들이 직접 농사짓고 땔감을 한다. 재정난을 타개하고자 온 힘을 쏟는다.[11]

일제가 형사대를 파견하여 이회영을 암살하려 한다는 첩보를 입수한다. 1913년 이회영은 국내로 밀입국한다. 이상설은 1914년 블라디보스톡에 대한광복군 정부를 수립하고 1915년 3월 신한혁명당을 조직한다. 이어서 외교부장 성낙형을 국내로 잠입시켜 고종과 의친왕 망명을 시도하다가 실패한다. 8월

20일 일제는 이회영을 체포한다. 3주 구류 뒤 석방된다. 일제는 이상설과의 관계를 의심했다. 이회영은 1918년 북경에 행궁을 준비한다. 고종이 머물 곳이다. 고종을 망명시키고 해외에서 정부를 수립한 뒤 대일선전포고를 하고 일제와 전면전을 벌일 계획이었다. 그러나 일제는 이완용과 이기용을 내세워 고종을 암살한다. 이회영은 이승훈·오세창·한용운 등과 3·1독립만세운동을 도모한다. 국외 독립만세운동을 주도하기 위해 거사일 전 출국한다.[12]

이회영은 서간도로 돌아왔다. 3·1독립만세운동 뒤 국내에서 밀려오는 청년들을 수용하기 위해 신흥학교를 신흥무관학교新興武官學校로 확대한다.[13] 유하현 고산자에 고등군사반을 두고 고급간부를 양성한다. 신흥무관학교 졸업생들은 2년간 의무적으로 학교에서 지정한 임무에 복무해야 한다.

1919년 8월 북로군정서 김좌진 장군은 교관을 요청한다. 신흥무관학교를 졸업한 김춘식·오상세·박영희·백종렬·강화린·최해·이운강 등을 북로군정서 사관연성소에 파견한다. 11월 임시정부 관할로 서로군정서를 개편한다. 상해에 통합정부로서 임시정부를 두고 서간도에 군정부로서 서로군정서를 둔 것이다. 지청천 장군은 한편으로 신흥무관학교 교성대장으로 군사교육을 주도한다. 다른 한편으로 서로군정서 사령관으로 독립군을 이끈다. 신흥무관학교 졸업생들은 서로군정서 일원으로 항일투쟁에 참전한다. 신흥무관학교 졸업생이 교육시킨 북로군

유치웅(왼쪽)과 오세창(오른쪽)이 제시를 쓰고 이회영이 난을 쳤다

오글오글 위태롭게 뭉쳐 있는 것을 보면 흥선대원군이 그린 듯하고, 뭉툭한 난을 보면 운미 민영익이 그린 듯하다. 이회영은 무장독립투쟁에 모든 것을 다 바친다. 생활이 어려워 굶는 날이 많았다. 그림과 글씨를 내다 팔아서 생계를 이어가기도 했다. (© 이회영기념관)

정서 사관연성소 생도들과 서로군정서에 배속된 신흥무관학교 졸업생들이 청산리대첩을 승리로 이끈다.[14]

1920년 3월 이회영은 북경 자금성 북쪽 후고루원에 자리를 잡는다. 임시정부에도 참여하지 않는다. 헤이그 밀사사건을 겪으면서 외교적 독립이 불가능하다는 것을 알았기 때문이다. 1921년 5월 러시아에서 북경으로 온 조소앙을 만난다. 조소앙은 러시아 상뜨뻬쩨르부르크에서 열린 러시아혁명기념대회에 참석하고 오는 길이다. 사회주의에 대한 호기심을 접는다. 북경과 만주를 오가며 독립운동단체를 하나로 묶는 작업을 한다. 1922년 8개 독립운동단체와 9개 독립운동회를 모아서 대한통군부大汗統軍府를 결성한다.

1923년 정화암·백정기·이을규·이정규 등 동지를 만난다. 이정규는 중국인 무정부주의자 주씨가 추진하는 양타오촌 건설계획에 참여하고자 했다. 한국인을 양타오촌에 이주시켜서 인삼을 재배하게 함으로써 이상촌 건설에 동참하고자 한 것이다. 합니하에서 한국인 이상촌을 건설한 경험을 전수받기 위해 이회영을 찾는다. 이회영은 이정규로부터 무정부주의에 대해 처음 듣는다. 1923년 말에 이르러 이회영은 스스로 무정부주의자로 자처한다.

이즈음부터 이회영은 자금난에 시달린다. 천진과 북경을 오가면서 동가숙서가식한다. 또한 이회영을 잡으려는 일제의 추격을 따돌리기도 점점 더 어려워진다. 1930년 10월 우당은 아들 규창과 함께 천진에서 상해로 간다. 큰아들 이규학 집 근처에 집을 얻어 생활하면서 식사는 이규학 집에서 했다. 임정요인들은 이회영을 환영했다.

1931년 9월 18일 일제가 만주사변을 일으킨다. 만주를 탈출한 무정부주의자들이 상해로 온다. 10월 항일구국연맹抗日救國聯盟을 결성한다. 이회영이 정화암·유자명·백정기·이정규·이을규 등 무정부주의자 동지들과 함께 중·일 무정부주의자들과 연합하여 만든 조직이다. 우선 조선을 해방시킨 뒤 중국과 일본 각지에서 무정부사회를 건설한다는 전망을 공유한다. 11월 직접 행동조직으로 흑색공포단黑色恐怖團을 조직한다. 이회영과 정화암이 지휘하고 중국 무정부주의자 왕아초가 자금을 조달했다. 12월 천진과 하문에 있는 일본 영사관에 폭탄을 투척하고, 일청기선을 비롯한 일본 국적 대형 선박을 공격한다.[15]

1932년 3월 1일 일제는 만주국을 수립한다. 만주를 터전으로 한 무장독립투쟁에 치명타를 입는다. 이회영은 중국 국민당 오취휘와 이석증을 만난다. 광범위한 항일무장투쟁을 전제로 만주를 한국인 자치구로 인정하겠다는 약속을 받는다. 만주 군벌 장학량도 무기와 자금을 대겠다고 나선다. 100만 한국인이 후원하는 무정부주의자들의 항일무장투쟁은 만주정세를 바꾸는 변수가 될 수 있다.[16]

이회영은 동북항일의용군 창시자로 나선다. 11월 8일 상해 황포강 부두에서 남창호에 오른다. 중화민국 동북항일의용군 제3군단과 연합해서 무장투쟁을 전개하기 위해 나선 길이다. 11월 13일 대련에 내리는 순간 대련수상경찰서 형사들에게 붙들린다. 여순감옥에서 모진 고문을 당한다. 11월 17일 고문사한다. 딸 이규숙이 시체실에서 눈조차 감지 못하고 순국한 이회영을 확인한다. 일제는 이회영이 삼노끈에 목을 매고 자결했다고 발표한다. 그러나 삼노끈이 어디서 났는지 대지 못한다. 이회영 시신을 급히 화장한다. 11월 28일 한 줌 재 되어 경기도 장단역에 도착한다.[17]

첫째 이건영1853~1940은 형제들과 함께 1910년 서간도로 망명했다. 1926년 선산을 관리하는 것은 장자의 몫이라는 주변 권유에 따랐다. 1926년 선산이 있는 경기도 장단으로 돌아왔다. 일제의 감시 속에서 농사를 지으며 선산을 돌봤다. 1930년 78세를 일기로 장단에서 숨을 거뒀다.

둘째 이석영1855~1934은 가장 많은 돈을 독립전쟁 자금으로 지원했다. 빼앗긴 조국에서 살 수 없다며 1925년 상해로 망명했다. 80세 된 1934년 끼니를 이을 돈이 없어서 굶어 죽었다.

셋째 이철영1863~1924은 경학사 사장과 신흥무관학교 전신 신흥강습소 교장을 역임했다. 신흥무관학교 폐교 뒤 상해, 천진 등지를 떠돌다가 1925년 풍토병으로 사망했다.

다섯째 이시영1869~1953은 독립전쟁 뒤 임시정부 요인들과 함께 서울로 돌아왔다. 김일성이 한국전쟁을 일으키자 시민들과 함께 서울에 남아서 국난을 극복하고자 했다. 그러나 대한민국 부통령이 북한군 포로가 되는 일을 막기 위해 한강 다리를 끊기 직전 피난길에 올랐다. 부산 피난 중 이승만과 갈등을 빚었다. 1951년 군 간부들이 군수물자를 횡령해 수만 국민방위군 청년들이 굶어 죽은 국민방위군 사건이 일어났다. 5월 9일 이시영은 부통령을 사퇴한다. 1953년 4월 17일 부산 동래에서 숨졌다.[18]

여섯째 이호영1855~1931은 다물단원으로 독립전쟁에 참여했다. 밀정을 색출하고 일제 잔당을 처단했다. 일가족 모두 일제에 몰살당했다.[19]

남촌 산책
독립전쟁과 민주주의로 다진 대한민국길

제국 군복을 뚫다 – 서울역광장 강우규 의사 의거 터

서울역에는 역사가 두 개 있다. 서울종합민자역사는 KTX개통과 함께 2004년에 만들었고, 구 서울역사는 경성역이라는 이름으로 1925년에 지었다. 일제는 일본 시모노세키下關와 조선 부산釜山을 부관페리關釜連絡船로 연결한다. 이어서 부산에서 만주까지 철도를 부설한다. 시베리아 횡단철도를 타고 베를린까지 간다.

동경역은 일본 중앙역이다. 경성역은 조선과 만주의 중앙역이다. 동경역사는 암스테르담 중앙역사를 본뜬다. 서울역사는 동경역사를 본뜬다. 르네상스풍 절충주의 양식으로 지었다. 절충주의라고 표현한 것은 근대와 전통을 섞었다는 뜻이다. 철골과 벽돌쌓기는 근대적이고, 돔과 첨탑은 고전적이다.[20] 서구를 기준으로 한 표현이다. 중앙에서 좌우가 데칼코마니처럼 딱 맞

암스테르담 중앙역(위) / **동경역**(중간) / **서울역**(아래)

1882년에 시공하여 1889년에 완공한 암스테르담 중앙역(위). 1915년 완공한 동경역(중간)은 한눈에 봐도 짝퉁이다. 마냥 베끼기가 민망했던지 서울역(아래)을 지을 때는 돔으로 바꿨다.

아떨어져야 하는데 뭔가 이상하다. 오랫동안 고립된 채 대륙을 동경하면서 살았던 섬나라 한풀이는 이렇게 완성된다.

서울역 광장에는 우리가 인식하지 못하고 있는 동상이 있다. '이분은 누구지?' 강우규 의사라는 사실을 알게 되면 '뭐 하신 분이지?'라고 궁금해한다. 강우규 의사는 1855년 6월 1일 평안남도 덕천군 무릉면 제남리 68번지에서 태어난다. 평양 북쪽 150리에 있는 깊은 산동네, 가난하기 짝이 없는 농가 네 남매 중 막내였다. 친형에게 한학과 한의학을 익힌다.

애국운동에 관여하면서 신변이 위태롭게 되자 1885년 함경남도 홍원군 용원면 영덕리 68번지로 이주한다. 홍원 중심가 남문거리에서 잡화상을 운영한다. 물감 · 담뱃대 · 면사 · 포목 등을 팔았다. 다른 상인들에게 저리로 돈을 꿔주기도 했다.

1905년 5월 24일 이준 열사는 입헌군주제를 표방한 헌정연구회를 조직한다. 그러나 을사늑약을 강제로 체결하면서 통감부를 설치한 일제는 한국인의 정치활동을 금지한다. 운동 방향을 교육과 산업을 진흥시키고자 하는 사회문화운동으로 전환한다. 1906년 4월 14일 헌정연구회를 발전적으로 확장한 대한자강회를 설립한다.[21] 1908년 1월 3일 이동휘 선생은 애국계몽운동 단체 서북학회 창립을 주도하면서 교육활동을 전개한다. 1909년 5월까지 고향 함경도 지역을 순회하면서 서북학회 지회와 학교설립운동을 펼쳐서 많은 학교를 세운다. 9월부터는 기독교를 전파하는 데 최선을 다한다. 이로써 이동휘 선생이 다녀간 함경도 일대에 많은 학교와 교회가 세워진다. 이 무렵 이동휘 선생이 함경도를 순회할 때면 강우규 선생 집에 종종 머무른다. 이동휘 선생은 강우규 선생의 민족의식 형성에 결정적인 영향을 미친다.[22]

1910년 8월 22일 경술국치를 당하자 독립운동에 헌신한다. 1911년 봄 북간도 연길현 수신향 두도구로 이주한다. 한편으로 한약방을 운영하고, 다른 한편으로 교회를 세운다. 1915년 하바로브스크를 거쳐 1917년 북만주 길림성 요하현으로 이주하여 동포마을 신흥동新興洞을 개척한다. 러시아에 있는 우리 독립운동 단체와 왕래하기 쉬운 곳이다. 만주에 있는 우리 동포와 독립운동단체와 연락하기 위한 거점으로 안성맞춤이다. 광동학교光東學校를 세우고 직접 교장을 맡는다. 조선인 자제를 교육하는 데 전념한다.[23]

이즈음 국내외 정세가 급변한다. 1917년 레닌은 약소민족 해방운동을 전폭적으로 지원하겠다고 공언했다. 1918년 윌슨 미국 대통령은 민족자결주의를 천명한다. 급기야 1919년 3월 1일 독립만세운동이 일어나면서 민족지도자들이 각성하는 계기가 되었다. 이에 일제는 무단통치를 이끌었던 사세가와長谷川好子 총독 대신 문화통치를 이끌 사이토 마코토齊藤實를 총독으로 임명한다. 9월 2일 서울역에 당도한 신임총독 사이토에게 폭탄을 투척한다. 총독이 탄 마차 5~6곳에 폭탄 조각이 박혔다. 사이토 마코토의 해군 혁대와 군복을 뚫었다.[24] 무라다 육군소장,

강우규 의사 동상

강우규 의사께서 의거하던 날 밤 조선총독부는 불도 켜지 못했다.

고무다 혼마치 경찰서장, 구보 만두철도 이사 등이 부상을 당했다.

그날 저녁 총독부는 불도 켜지 못했다. 조선민중들이 습격할지도 모른다는 생각에 두려웠던 것이다. 다음날 경성 시내 대부분 상가는 철시했다. 감옥에서는 만세를 불렀다.

1920년 11월 4일 일제는 '형사자신취체법刑死者新取締法'을 만든다. 사형당한 자나 복역 중 사망한 자에 대한 일체 제사나

추도회를 금지하는 법이다. 강우규 의사 사형을 집행하기 위한 준비였다.[25] 일제는 강우규 의사가 두려웠다. 사형을 집행한 뒤 뒤어 닥칠 후폭풍은 더 두려웠다. 강우규 의사에게 일제 판사마저도 처음에는 피고라고 부르다가 선생님 또는 영감님이라고 불렀다는 일화가 알려주듯 의사는 의연했다. 1920년 11월 29일 짤막한 시를 남기고 서대문형무소에서 유명을 달리한다. 1962년 건국훈장을 추서했다.

서울역고가도로 – 서울로 7017

서울역 앞 교통혼잡을 해소하고 도심에 원활한 교통소통을 위해 만든 것이 서울역고가도로다. 1970년 8월 15일 준공했다. 불도저 시장이라는 별명으로 유명한 김현옥 서울시장이 철도로 단절된 자동차 교통을 연결하기 위해 만든 것이다. 건설한 지 30년도 안 된 1998년 9월 노선버스를 제외한 13톤 이상 차량 통행을 제한한다. 2006년 정밀안전진단 D등급 판정을 받으면서 노선버스 운행도 중단한다. 2007년 철거 뒤 재시공하기로 했다.

박원순이 서울시장에 당선된다. 유지하되 보행 및 휴식 공간으로 바꾸기로 한다. 1970년 자동차 중심으로 만들었다. 2017년에 사람 중심 친환경 휴식공간으로 다시 꾸민다. 1970년에 만들고 2017년 다시 만든 '서울로 7017'이다.[26]

서울로 7017 (© 권진만 작가)

2012년 12월 서울시장 박원순은 서울시민복지기준선을 발표한다. 건강·소득·주거·돌봄·교육 등 다섯 분야를 기준영역으로 설정한다. 기준 영역에서 시민이 누려야 할 복지 수준과 이를 달성하기 위한 방법을 제시한다. 이렇게 서울 10년 혁명을 시작했다.[27]

교통은 '편안하고 편리한 서울'을 만들기 위한 핵심 분야다. 부당하게도 서울시는 시민보다 물질적 가치를 우선했다. 그래서 서울시는 엄청난 비용을 치르지만 매일 시민은 죽어나갔다. 박원순 시장은 걷는 도시 서울에서 답을 찾는다. 걷기 전용거리

(생활권 보행자 우선도로)를 만들고, 횡단보도를 설치하고, 횡단 신호를 늘이고, 걷기축제를 개최한다. 보행자 우선도로는 현재 행정안전부에서 전국단위사업으로 확대·시행 중이다. 동네 차로를 줄이고 걷는 공간(보행친화공간)을 늘인다. 2020년 4만 대에 달하는 따릉이가 달린다. 자동차 중심 교통환경을 사람 중심으로 바꾸고, 도심교통수단을 자전거로 바꾼 것이다. 공용자전거 도입은 세종시 어울링, 안산시 페달로, 대전시 타슈, 순천시 온누리 등으로 다시 태어나고 있다.

2017년 5월 20일 보행특구 '서울로 7017'이 모습을 드러낸다. 완전히 새로운 공원을 만든 것이다. 달리는 차를 위한 시설을 걷는 사람을 위한 테마파크로 바꾼다. 서울역으로 말미암아 나뉘어져버린 두 지역 보행자를 이어준다. 이로써 보행량은 주말 최대 48.6% 주중 28.5% 증가했다.[28] 남대문시장 상권 활성화에도 기여한다.

목멱대왕 국사당 – 남산회현자락

1392년 태조는 조선을 건국한다. 1394년 개성에서 한양으로 천도를 결정한다. 이듬해 궁궐과 종묘 그리고 사직을 완성한다. 1396년 두 차례에 걸쳐 98일 동안 조선 팔도 20여만 백성들이 성벽을 완성한다. 산지는 석성으로 쌓고, 평지는 토성으로 쌓았다. 요즘과 같이 전체를 석성으로 쌓은 것은 세종 대에 이르러

조선신궁 배전 (© 국립민속박물관)

서다. 1422년 32만 백성들이 무너진 성벽을 보수하고 토성을
석성으로 다시 쌓았다.[29]

　　태조는 안산案山인 남산을 목멱대왕木覓大王으로 삼고 목멱
신사木覓神祠를 세워 봄가을 두 차례 초례醮禮, 도교제사를 지낸다.
나라가 평안하기를 비는 제사를 지내는 곳이라 해서 국사당國祠
堂이라 부른다. 일제는 1925년 조선신궁을 세우면서 국사당을
서산 인왕산으로 옮겼다.[30]

　　조선신궁 때문에 남산구간 성벽을 처음 훼손했다. 이승만
대통령 집권기 1959년 국회의사당 조성공사를 하면서 또다시
훼손했다. 원래 조선신궁 중광장 자리를 두 배로 확장하는 과정
에서 남산구간 서쪽 자락을 훼손한 것이다.[31]

2012년 복원한 한양도성 회현자락 성곽

2008년 남산 회현자락 한양도성을 발굴조사하면서 아동광장에서 34미터, 백범광장에서 42.4미터 성곽 흔적을 찾는다.[32] 남산르네상스 회현자락 복원사업을 시작한다. 2012년 아동광장에서 남산식물원까지 777미터 성곽 중 백범광장 일대 239미터를 복원한다.

2013년~2014년 발굴조사에서 일제가 헐어서 없애버린 줄 알았던 성벽구간을 찾아낸다. 1969년 남산식물원과 분수대를 만들었던 곳에서 1925년 조선신궁 배전拜殿 터를 거쳐 1941년 방공호를 만든 곳으로 이어지는 성벽구간이다. '柰字六百尺(내자육백척)'이라는 글자를 새긴 성돌刻字成石도 찾았다. '내자'는

한양도성 유적전시관

구간명칭으로 천자문에 나오는 60번째 글자다. 1척은 31.3센티
미터에 해당하므로 600척은 180미터 남짓한 길이에 해당한다.
이곳은 180미터 남짓한 60번째 구간이다.

　태조 이성계는 1396년 전국에서 약 20만 명을 동원하여 5
만9600척 도성을 쌓는다. 평평한 땅에는 흙으로 쌓고, 산에는
돌로 쌓는다. 회현자락이 속하는 60번째 구간은 천자문 59번째
李(이) 자 구간부터 74번째 師(사) 자 구간까지 전라도 백성 1만
8255명이 98일 동안 쌓은 도성이다. 전라도 백성들은 약 2.88킬
로미터에 해당하는 9천 척을 쌓았다. 1422년 세종대왕은 경상
도 백성 8만7368명을 동원하여 44번째 水(수) 자 구간부터 66

번째 鹹(함) 자 구간까지 7355척 2.35킬로미터를 보수하고 흙으로 쌓은 토성을 돌로 다시 쌓았다.[33]

　일제가 조선신궁과 방공호를 만들면서 헐어서 없애버린다. 대한민국이 분수대를 만들면서 망가뜨린다. 이만큼이라도 되찾았으니 다행이라면 다행이다. 한양도성 유적전시관을 만들어서 든든하게 지킨다.

대한국인 대한만세를 외치다 – 안중근의사기념관

안중근 의사는 1879년 7월 16일 황해도 해주부海州府 수양산 아래에서 태어났다. 아버지 안태훈과 어머니 조마리아 사이에 2남 1녀 중 장남이다. 아버지는 갑신정변 당시 박영효가 선발한 70명 해외유학생 중 한 명이었다. 갑신정변이 실패로 끝나고 박영효가 망명한다. 안태훈의 입신양명 꿈은 좌절을 겪는다. 가솔을 이끌고 황해도 신천군 두라면 청계동에 은거한다.

　안중근 의사는 학문에 힘쓰지 않았다. 글은 이름이나 적을 줄 알면 그만이라 여겼다. 자색 명주수건으로 머리를 동이고서 돔방총을 메고 날마다 사냥을 다닌다. 나는 새 달리는 짐승을 백발백중으로 맞추는 재주가 있다.[34]

　안태훈은 산포수 300여 명을 모집하여 신천의려信川義旅를 조직하고 의병대장이 된다. 동학군 소탕에 나선다. 백범 김구 선생은 최시형의 첩지를 받고 팔봉 접주가 된다. 고향 황해도 해

안중근 의사

주부 팔봉산 아래에 팔봉도소를 차리고 소총으로 무장한 700여 명으로 동학군을 조직한다. 안태훈이 이끄는 토벌군과 김구가 이끄는 동학군은 서로 치지 않기로 한다.[35] 동시에 어느 한쪽이 불행에 빠지면 서로 돕기로 한다. 동학군과 토벌군이 불가침협 정과 공수동맹을 맺은 특이한 사례다.

　1894년 12월 원용일이 이끄는 동학군이 쳐들어와 청계동 10리 전방에 진을 친다. 신천의려에서 40명을 가려 뽑아서 동학 군을 치러간다. 안중근은 동지 6명과 함께 정탐독립대를 조직하 여 선봉에 선다. 안중근이 호령하자 정탐독립대가 동학군 대장 이 있는 곳을 향해 사격한다. 포성에 놀란 동학군은 산과 들로 흩어진다. 정탐독립대는 파죽지세로 추격한다. 이윽고 해가 뜨자 동학군은 정탐독립대 숫자가 턱없이 적다는 것을 알아차리고 정탐독립대를 에워싼다. 동학군 뒤에서 신천의려 돌격대가 포성을 울려 전세를 다시 뒤집는다. 동학군 수십 명을 사살하고 무기와 식량을 전리품으로 거둔다.

안태훈은 동학군으로부터 노획한 500여석 곡식을 신천의려 식량으로 사용한다. 그러나 이 쌀은 애초 탁지부에서 관리하던 군량미였다. 1895년 여름 탁지부 대신 어윤중과 궁내부 특진관 민영휘는 "병정 수천을 길러 음모를 꾸미려 하니 속히 군대를 보내 진압"하기를 주청한다. 탁지부에서는 의병군량을 구실로 탈취한 쌀 500석을 거둬들이고 안태훈을 초치하라는 공문을 황해도관찰부에 보낸다. 궁내부협판 김종한은 정부에 제안한다. "안태훈은 의병을 일으켜 도적을 무찌른 공신이니 표창해야지 모함해서는 안 된다." 다른 한편 안태훈에게 "빨리 한양으로 올라와 뒷갈망하라"는 편지를 보낸다.[36]

안태훈은 김종한 문하에 있었다. 김종한은 청 오랑캐에 맞서 싸우다 순절하신 선원 김상용 선생 봉사손이다. 1899년 한성의숙을 세워 실력을 갖춘 인재를 양성함으로써 나라를 바로 세우고자 했다. 1891년 김종한이 시관으로 있을 때, 안태훈은 사마시를 통과한다.

아관파천으로 갑오경장 내각이 붕괴된다. 어윤중은 고향으로 피신하던 길에 용인에서 피살된다. 궁내부 특진관 민영휘도

탐학죄로 유배형을 받는다. 이렇게 사건이 해결되기 전까지 안태훈은 종현성당(명동성당)에 피신하여 빌렘Nicolas J. Wilhelm, 洪錫九 신부와 뮈텔 주교에게 의지한다. 삼국간섭 이후 극동에서 영향력을 대폭 강화한 프랑스 세력의 첨병인 천주교에 의지하여 자신과 가문의 안위를 보장받고자 교회에 발을 들였다. 노베르트 베버 신부는 "이기적인 공명심과 지배욕으로 개종했다"고 보았다.[37] 1896년 10월 천주교인이 되어 청계동으로 돌아온다.

11월 27일 성당 축성일에 청계동을 방문한 뮈텔 주교는 안태훈 일가 33명에게 세례를 베푼다. 안중근 의사도 도마로 다시 태어난다. 1898년 4월 빌렘 신부는 마렴에서 청계동으로 옮긴다. 청계동성당은 황해도 두 번째 본당이다. 1897년에서 1902년까지 대한제국은 안태훈을 계속 탄압한다. 빌렘신부는 그때마다 치외법권을 지닌 양대인洋大人의 위세를 발휘한다.[38]

기존 공소를 증축하여 성당을 짓는다. ㄱ 자 한옥 성당 중앙 돔과 통로 바실리카 공간 좌우에 회중석을 두어 남녀를 구분한다. 땅을 상징하는 한옥 사각형과 하늘을 상징하는 원형 돔을 결합한 건물이다.[39] 우리 민족이 지닌 우주관 천원지방天圓地方 사상을 성당에 구현한 것이다.[40]

1905년 러일전쟁이 터진다. 빌렘 신부는 한국이 장차 위태롭게 될 것이라 말한다. 러시아가 이기면 러시아가 한국을 주장할 것이고, 일본이 이기면 일본이 한국을 관할하려 들 것이기 때문이다. 안중근 의사는 중국으로 옮겨가서 살면서 그곳에서 선후 방책을 도모하기로 하고 중국으로 향한다. 상해에서 민영익을 찾아갔으나 문전박대를 당한다. 기도하기 위해 성당에 들렀다가 우연히 르각 신부를 만난다. 르각 신부는 황해도 재령 본당에서 한문서당을 세웠던 분이다.

르각 신부는 프랑스와 독일이 전쟁을 치른 경험을 들려준다. 프랑스는 두 지방을 잃었다. 40년 동안 그 땅을 회복할 기회가 두어 번 있었다. 그러나 회복하지 못했다. 그곳에 살던 사람들이 모두 외국으로 피해갔기 때문이다. 뒷날 운이 이르러 때가 오면 일본의 불법행위를 성토할 기회가 있을 것이다. 하늘은 스스로 돕는 자를 돕는다. 속히 본국으로 돌아가서 네가 할 일을 하라. 교육을 통한 실력 양성을 결심한다. 1905년 12월 하순 집으로 돌아온다. 아버지 안태훈은 유명을 달리하고 없었다. 대한독립하는 날까지 술을 끊기로 맹세한다. 1906년 3월 다시 가솔들을 이끌고 진남포로 이주한다. 돈의학교를 인수하고 삼흥학교를 세운다.[41]

을사늑약과 정미7조약 강제 조인을 지켜본다. 교육으로는 당장 망해가는 나라를 구할 수 없다는 것을 깨닫는다. 해외로 망명한다. 블라디보스토크에 있는 최재형의 집에 머물면서 무장독립투쟁에 돌입한다. 1908년 6월 최재형과 이범윤이 연합하여 연해주 의병부대를 조직하고 국내 진공작전을 펼친다. 안중근 의사는 대한의군 참모중장으로 300여 명 병력을 거느리고 두만강을 건너 함경북도에 이른다. 몇 차례 충돌을 거치면서 일

안중근 의사

이토 히로부미를 처단한 뒤 태극기를 펼쳐 든 당당한 모습으로 다시 세웠다. 조선신궁 방향을 바라보고 있다. 동양평화를 짓밟은 일제를 응징하고자 하는 큰 뜻을 알겠다. 뒤에 세운 '민족정기의 전당' 각자 바위는 후손인 우리들에게 민족정기를 바로 세우라고 당부하시는 듯하다. 우리를 깨우친다.

본군을 포로로 붙잡는다. 훈계한 뒤 빼앗은 총기까지 돌려주고 석방한다.

포로 석방 문제로 의견이 분분하던 차에 일본군에게 습격당한다. 폭우 속에서 5시간 동안 전투를 치르면서 일부 의병이 흩어진다. 게다가 복병까지 만나면서 남은 의병마저도 흩어진다. 용맹했지만 지략은 모자랐다. 절대 흔들리지 않았지만 성급했다. 스스로에게 말한다. "어리석도다. 나 자신이여!"[42]

1909년 10월 대동공보사 주필 이강으로부터 이토 히로부미가 하얼빈에 온다는 정보를 입수한다. 26일 오전 9시 30분 '누런 얼굴에 흰 수염을 가진 일개 조그마한 늙은이가 염치없이 감히 하늘과 땅 사이를 횡행'하듯 걸어온다. '늙은 도둑' 이토 히로부미에게 네 발을 쏜다. "대한만세"를 세 번 외친다.

안중근 의사를 붙잡은 러시아 헌병대는 일본 총영사관으로 넘긴다. 미조부치溝淵 검찰관은 왜 이토 히로부미에게 해를 끼쳤는지 묻는다. "명성황후를 시해한 죄, 광무 황제를 폐위시킨 죄, 을사늑약과 정미7조약을 강제한 죄, 한국민을 학살한 죄, 정권을 강탈한 죄, 철도·광산·산림·천택을 빼앗은 죄, 제일은행권 지폐를 마음대로 사용한 죄, 군대를 해산한 죄, 교육을 방해하고 신문을 읽지 못하게 한 죄, 교과서를 압수하여 불태워 버린 죄, 한국인이 일본인의 보호를 받고자 한다고 세계에 거짓말을 퍼뜨린 죄, 현재 한국과 일본 사이에 분쟁과 살육이 끊이지 않는데도 한국이 태평무사한 것처럼 천황을 속인 죄, 동양평화를 깨뜨

을사늑약 기념사진(© 코넬대학교)[43]

1905년 11월 28일 한국주차군사령관 하세가와 대장 관저(소공동 112-9번지) 앞에서 찍은 사진이다. 앞줄 왼쪽에서 다섯 번째에 앉은 노인이 이토 히로부미 특파대사이고 그 옆 앉은 작은 사람이 늑약 당사자 하야시 곤스케 주한 일본공사.

린 죄, 현 일본 천황이 선제 고메이를 죽인 죄" 등 거침없이 이토의 죄를 폭로한다. 검찰관은 놀란다.

11월 3일 여순감옥으로 옮긴다. 후대하던 미조부치 검찰관의 태도가 돌변한다. 안병찬 변호사와 영국인 변호사가 재판정에 나온다. 변호를 허용했기 때문이다. 그러나 재판정에서는 변호권을 주지 않는다. 안중근 의사는 재판정에서 미조부치 검찰관에게 사형에 처하는 이유를 묻는다. "세상에 살아 있으면 많

안중근 의사 기념관

은 한국인이 그 행동을 본뜰 것이라 일본인들이 두려워하고 겁이 나서 편안하게 살 도리가 없을 것이기 때문이다." 미즈노水野와 가마타鎌田 두 변호사가 변론한 것처럼 일본 사법관은 한국민에 대한 관할권이 없다. 1910년 2월 14일 재판관 미나베眞鍋가 선고한다. "안중근을 사형에 처한다."

안중근 의사는 고등법원장 히라이시平石를 만난다. 《동양평화론》을 저술하고 싶으니, 사형집행 날짜를 한 달 남짓 늦추어 줄 수 있겠는가?" "어찌 한 달뿐이겠는가. 설사 몇 달이 걸리더라도 특별히 허가하겠으니 걱정하지 말라." 공소를 포기한다. 《동양평화론》을 쓰기 시작한다. 3월 26일 일제는 사형을 집행한다. 《동양평화론》을 다 쓰기 전이다. '일본국 4700만 인격을

근수로 달아 본' 사형선고와 사형집행이다.[44]

1963년 안중근의사숭모회를 만든다. 초대 이사장은 윤치영! 1938년 전향성명서를 발표하고 심기일전해서 친일매국 한 길로 달려나간 인물이다. 1940년 "황군의 무운장구를 축도함"이라는 글을 《청년》에 실어 침략전쟁을 찬양한다. 1941년에는 임전대책협력회 채권가두판매대에 참여하고, 조선임전보국단 발기인으로 참여해 평의원으로 활동한다. 일제의 침략전쟁 참여와 헌금을 부추기는 글을 계속 발표한다. 1944년 국민동원총진회 중앙지도위원이 된다.[45]

광복 뒤 국정감사장에 나온 서울시장 윤치영에게 국회의원이 질문한다. "좀 더 좋은 도시를 만들 수 없습니까?" 윤치영이 답한다.[46]

"좋은 말씀입니다. 나도 좋은 도시를 만들 줄 압니다. 그런데 서울시는 아무런 도시계획사업도 하지 않고 있는 데도 이렇게 많은 인구가 전국에서 모여들고 있습니다. 만약에 내가 멋진 도시계획을 해서 서울시가 정말로 좋은 도시가 되면 더욱 더 많은 인구가 서울에 집중될 것입니다. 농촌인구가 서울에 몰려오지 않게 하기 위해서도 서울을 좋은 도시로 만들어서는 안 됩니다. 내가 서울에 도시계획을 하지 않고 방치해 두는 것은 바로 서울 인구집중을 방지하는 한 방안입니다."

안중근의사숭모회는 1967년 안중근 의사 동상을 세우고, 1970년 안중근의사기념관을 짓는다. 김경승이 만든 동상이다. 김경승은 1940년 〈목동〉으로 조선미술전람회 특선에 오른다. 한복 적삼에 낫을 든 남자를 형상화한 조각이다. 일제가 추진한 산미증산 계획을 주제로 한 것이다. 침략전쟁에 쓸 군량미다. 1942년 〈여명〉으로 총독상을 받는다. 젊은 조선 노동자가 망치를 어깨에 메고 노동현장으로 나선다. 일제 침략전쟁용 물자를 생산하러 나가는 모습을 형상화한 조각이다. 일제는 감격한다. 입상자 발표가 나온 다음에 무감사로 특선을 안겨준다. 〈목동〉에 이어서 두 번째 무감사 특선이다.[47] 김경승은 〈매일신보〉에 다음과 같이 밝힌다.

> "재래 구라파 작품의 영향과 감상의 각도를 버리고 '일본인의 의기와 신념'을 표현하는데, 새 생명을 개척하는 대동아전쟁 하에 조각계의 새 길을 개척하는 것일 겁니다. 나는 이같이 중대한 사명을 위하여 미력이나마 다하여보겠습니다."[48]

김경승은 이렇게 자주독립으로 가는 길을 가로막았다. 신군부가 또다시 쿠데타로 집권한다. 이번에는 평화통일자문위원으로서 민주주의로 가는 길을 가로막고 나선다.

2005년 안중근의사기념관 건립위원회를 꾸린다. 2006년

정읍시에서 친일매국 작가 김경승이 만든 전봉준 동상을 철거하고 있다 (ⓒ 정읍시) / 동학농민군이 처음으로 대승을 거둔 황토현에 설치할 임영선 교수 작품 〈불멸, 바람길〉 (ⓒ 정읍시)

국가보훈처는 안중근의사숭모회가 아닌 별도 법인을 만들어서 설립을 추진하고 운영도 제3의 기관에 위탁하기로 합의한 바 있다.[49] 2009년 안중근의사기념관을 다시 짓기 시작한다. 안중근 의사가 이토 히로부미를 처단한 지 101주년 되는 해 2010년 10월 26일 다시 문을 연다. 낡은 기념관과 함께 김경승이 만든 안중근 의사 동상도 철거했다. 대신 서울대학교 미술대학 이용덕 교수 작품을 세웠다. 이토 히로부미를 죽인 뒤 가슴에 품고 있던 태극기를 꺼내 펼친 당당한 모습을 작품으로 만들었다.

2013년 강남구 도산공원에 있는 도산 안창호 선생 동상을 바꾼다. 1973년 개관하면서 김경승이 만든 동상을 설치했었다. 흥사단 창립 90주년을 기념하여 조각가 이승택이 만든 작품으로 바꾼다. 2015년 국회에서도 이순신 장군 동상을 바꾼다. 철거 이유로 김경승이 저지른 친일매국 행적을 든다. 정읍시에서도 2021년 9월 14일 김경승이 만든 황토현전적지 전봉준 장군 동상을 철거했다. 대신 전국 공모를 거쳐 선정한 가천대학교 임영선 교수 작품 〈불멸, 바람길〉을 설치하겠다고 밝힌다. 바야흐로 전국으로 확산되고 있다. 안중근 의사가 살려놓은 독립전쟁 불씨가 온 세상으로 번져나가는 것처럼!

통감관저 터 - 기억의 터

1885년 일제는 조선시대 녹천정이라는 정자가 있던 자리에 일본공사관을 짓는다. 1905년 을사늑약을 강제로 체결하면서 군사권과 외교권을 빼앗는다. 이리하여 일본공사관은 더 이상 필요가 없어졌다. 일제는 남산 애니메이션센터 자리에 조선통감부를 짓고, 일본 공사관은 통감관저로 사용한다. 1910년 8월 22일 제3대 통감 데라우치 마사다케寺內正毅, 1852-1919와 총리대신 이완용은 통감관저에서 한일강제병합조약을 체결한다. 일본 공사관에서 통감관저, 그리고 마침내 경술국치의 현장이 되었다.

을사늑약 체결을 주도한 주한일본공사 하야시 곤스케林勸助, 1860-1939 동상을 이곳에 세운 것은 지난 1936년이다. 광복과 함께 동상을 깨부쉈다. 2006년 동상 잔해를 찾았다. 2015년 광복 70주년을 맞아 동상 받침대를 거꾸로 박았다. 일본군 위안부를 기리는 기억의 터로 꾸미면서 동상 받침대를 거꾸로 박아서 국치를 기억한다.

1905년 5월 27일과 28일 동해해전에서 일본은 승리한다. 미국이 중재하면서 러일전쟁을 끝맺는다. 일본은 러일전쟁에서 사실상 승리했다. 이어서 러일전쟁의 목적, 즉 조선을 보호국화하기 위한 절차를 밟는다. 7월 27일 미국과 가쓰라-태프트밀약, 8월 12일 제2차 영일동맹을 체결함으로써 미국 · 영국 등으로부터 조선보호국화를 인정받는다. 8월 18일 외부대신 박제순과 공사 하야시 곤스케는 을사늑약에 서명한다.

1905년 12월 21일 초대 통감에 취임한 이토 히로부미는 1906년 2월 1일 통감부를 개청한다. 6월 29일 광업법을 공포하

통감관저 터

을사늑약 체결을 주도한 공사 하야시 곤스케 동상을 세웠던 좌대를 거꾸로 박
아서 치욕을 기억한다.

고 광업권을 빼앗는다. 7월 13일 토지조사를 시작으로 토지수
탈에 돌입한다. 11월 11일 어업법을 공포하여 어업권도 빼앗는
다. 1907년 7월 24일 정미7조약을 체결하고 군대를 해산하고
군사권을 장악한다.[50]

정미7조약은 이토 히로부미가 말하는 자치육성을 통한
일·한 제휴를 추진하기 위한 것이다. 일제가 말하는 한일병합
은 군사력에 의한 조선통치와 과도한 군비지출을 야기한다. 반
면에 자치를 육성하면 조선인 심복을 내세워 적은 비용으로 대
리통치를 할 수 있다. 1909년 1월과 2월 순종을 앞세운 남순행

일본군 위안부 기억의 터 배꼽 (ⓒ 권진만 작가)

민국길 걷기여행에 나선 걷기여행 동아리 길따라 회원들이 원반을 굴려서 울림을 만들고 있다.

과 북순행은 자치육성정책를 완성하는 퍼레이드였다.

　그러나 부산에서는 4천 명 결사대가 선박 60척을 동원하여 순종이 승선한 군함을 에워싼다. 마산에서는 격노한 군중들이 이토 히로부미의 연설을 중단시킨다. 전국 곳곳에서 의병이 일어난다. 이토 히로부미는 조선을 자치식민지로 만들고자 했던 구상을 포기하고 1909년 6월 14일 통감에서 물러난다.[51]

　1910년 5월 3일 제3대 통감에 취임한 데라우치 마사다케는 조선병합을 추진한다. 6월 24일 대한제국 경찰권을 강탈하고, 6월 29일 악명 높은 헌병경찰제도 통감부 경찰관서제도를 공포한다. 8월 22일 남산 통감관저에서 이완용과 데라우치 마사다케는 한일병합조약에 서명한다. 8월 24일 동양척식주식회사 한성출장소에 벼락이 떨어져서 8명이 죽고 4명이 다친다. 8월 29일 한일병합조약을 공포한다. 동경에서는 집집마다 일장기를 내걸고 만세로 환호했다.[52]

짓밟힌 민주주의 – 남산예장자락

1986년 겨울 심진구 씨는 집 앞을 나서자마자 붙잡혀서 국가안전기획부로 끌려간다. 남산 국가안전기획부 제6별관 지하에서 13일 동안 고문을 당한다. 온몸이 피투성이가 된다. 이때부터 국가보안법을 위반한 간첩이 된다. 35년이 지난 2020년 6월 심진구 씨는 무죄 판결을 받는다. 심진구 씨가 사망한 지 6년 뒤다.[53]

현재 서울유스호스텔로 사용하고 있는 국가안전기획부 본관 건물을 준공한 것은 지난 1972년이다. 국가안전기획부 본관은 국가안전기획부 제6별관과 지하 100미터 통로로 연결되어 있다. 제6별관은 민주인사를 고문하던 곳이다. 국가안전기획부 제6별관 건물은 현재 서울종합방재센터로 사용하고 있다.

서울유스호스텔과 소방방재센터 사잇길로 들어가면 터널이 나온다. 터널을 지나면 국가안전기획부 제5별관으로 이어진다. 대공수사국 건물이다. 민주인사에 대한 고문과 간첩 조작으로 얼룩진 곳이다. 지금은 서울특별시 중부공원 녹지사업소로

옛 국가안전기획부 본관 서울유스호스텔(왼쪽) **/ 옛 안기부장 관사 문학의 집**(오른쪽)

쓰고 있다.

기억의 터와 교통방송 사잇길로 깊숙이 들어가면 가정집 한 동과 문학기념관이 나온다. 국가안전기획부장 관사다. 옛 안기부장 관사 지하 커피숍에서는 점심시간을 이용해 시 낭송을 한다. 참여하는 시민에게 커피 한 잔 무료로 내려준다.

1995년 국가안전기획부를 서초구 내곡동으로 이전하였을 때 서울시가 일괄 매입했다. 미군정과 정부수립 초기 수도경찰청, 이승만 정권에서 안하무인 권력을 휘두른 특무대, 박정희 장군 쿠데타 직후 중앙정보부 그리고 전두환 보안사령관이 또다시 쿠데타를 일으키면서 보안사와 국가안전기획부 등으로 이름을 바꾸어가며 민주주의와 인권을 마음껏 짓밟았다. 중앙정보부와 국가안전기획부, 그 이름만으로도 온 국민은 벌벌 떨었다. 특무대 헌병총사령부 치안국 사찰과 분실은 야당인사를, 중앙정보부는 군부·국회의원·반체제세력·언론을, 국가안전기획부는 온 국민을 감시했다. 심지어 검찰과 사법부도 꼼짝 못 했다. 대한민국의 일상을 살아가는 국민들이 그 희생을 이겨낸다.[54]

아시아 최초로 독재와 싸워 이긴다. 대한국인이 민주주의를 건설한다. 민주주의를 짓밟고 국민을 고문하던 국가안전기획부를 남산에서 쫓아낸다. 지금은 소방방재센터·시청별관·문학의집·서울유스호스텔·교통방송 등으로 쓰고 있다. 눈 떠보니 선진국이다.

정권안보에서 국가안보로 − 남산예장공원 이회영기념관

2021년 6월 9일 남산예장공원을 개장하면서 지하에 이회영기념관도 개관했다. 일제강점기에 총독관저와 조선신궁을 지으면서 망가졌다. 광복 뒤 중앙정보부가 들어서면서 국민들이 얼씬도 할 수 없는 곳이 되어버렸다.

1995년 안기부가 떠난다. 오세훈 시장은 2009년 남산르네상스 프로젝트를 발표한다. 장충·회현·한남·예장 등 남산 4개 자락과 서울타워 주변을 정비해서 시민에게 되돌려주고자 하는 프로젝트다. 예장자락은 남산르네상스 마스터플랜 마지막 구간이다. 2009년 아동광장, 2009년~2010년 백범광장, 2013년 중앙광장 등을 차례로 발굴한다. 아동광장구간 성벽 84미터, 백범광장구간 성벽 239미터 등을 복원한다. 2021년 6월 9일 남산예

이회영기념관

개관특별전으로 체코슬로바키아 군당 공동체가 소장하고 있는 체코무기를
전시하고 있다. 이회영 선생이 세운 신흥무관학교 졸업생들은 독립군을 이끌
었다. 체코 군대에서 사들인 무기로 무장하고 봉오동전투와 청산리전투를 승
리로 이끌었다.

장공원을 개장하면서 예장자락을 완성한다. 이로써 12년 만에
남산르네상스 전체 사업을 마무리한다.[55]

　　남산 예장자락은 조선시대 명례방 남산동으로 훈국 마병이
무예를 시험하던 곳이다.[56] 남촌사람 우당 이회영 선생은 서간
도에 신흥무관학교를 세워서 독립군 간부를 양성했다. 조선 무

관들이 무예를 연마하던 곳에 독립군 장교를 키운 분을 기리는 것은 지극히 옳다. 개관을 기념하는 특별전으로 체코군단이 사용했던 소총과 지도 그리고 군복 등을 전시하고 있다. 신흥무관학교 졸업생들이 독립군들과 함께 바로 이 소총을 주력 개인화기로 일제와 싸웠다. 무장독립투쟁 역사상 첫 정규전 승리를 기록한 무기들이다.

남산예장공원 지상에는 중앙정보부 6국을 허문 자리에 고문실을 재현했다. 기억해야 할 역사를 기억하는 공간으로 남기기 위해 '기억6'이라 명명했다.

우당 육형제 손자 이종찬은 육군사관학교를 졸업한 뒤 1965년 공채 수석으로 중앙정보부에 들어간다. 1980년 기조실장까지 승진한다. 1998년 김대중 정부는 이종찬을 국가안전기획부장에 임명한다. 이종찬 안기부장은 국가안전기획부를 국가정보원장으로 개편한다.[57] 국민을 감시하고 억압하는 정권안보 기관agency을 국민서비스 기관NIS, National Intelligence Service으로 바꿔서 새 시대를 열었다. 그래서 우당 손자는 마지막 안기부장 첫 국정원장이다. 민국 민주주의는 한 발짝 더 나아갔다.

윤덕영 가옥과 윤택영 재실 - 남산골한옥마을

1392년 조선을 건국하고, 1394년 한양을 수도로 정한다. 그로부터 600년이 지난 1994년 김영삼 정부는 서울시민과 서울을

윤택영 재실

대표하는 문물 600점을 타임캡슐에 넣어서 땅에 묻었다. 한양을 서울로 정한지 천 년 되는 2394년에 다시 꺼낸단다.

남산 제 모습 찾기의 일환으로 서울시가 수도방위사령부와 합의하여 수도방위사령부를 이전하고 그 자리에 남산골한옥마을을 조성했다. 해풍부원군 윤택영 재실, 대한제국 시종원경 윤덕영 가옥, 관훈동 민씨 가옥, 오위장 김춘영 가옥, 도편수 이승업 가옥 등으로 한옥마을을 만들었다.

윤택영은 윤덕영의 동생이다. 1907년 딸이 황후가 되면서 해풍부원군에 봉해졌다. 1910년 일왕으로부터 후작 작위를 받고, 은사공채 50만4천 원을 받는다. 1912년 일제로부터 한국병합기념장, 1915년 다이쇼大正 일왕 즉위 대례기념장, 1917년 욱일대수장旭日大綬章을 받는다. 엄청난 부채를 지고 빚 독촉에 시

남산골 한옥마을 윤덕영 가옥

옥인동 47번지 윤덕영 가옥을 순종효황후께서 어린 시절을 보낸 집으로 잘
못 알고 남산골 한옥마을에 다시 지었다.

달린다. 1920년 북경으로 도망친다. 1935년 10월 객사했다.[58]

윤택영 재실은 순종이 처가 제사에 참석하는 데 불편하지 않도록 지은 건물이다. 경운궁을 허물 때 나온 목재를 가져와서 지었다. 제기동에 있었던 건물을 남산골한옥마을로 옮겼다. 맨 뒤 재실 사당은 4.19혁명 때 국민들이 불태웠다. 다시 지은 것이다.

조선 수도 한양 500년을 노래 한 가사문학작품《한양가》에는 윤택영을 다음과 같이 노래한다.[59]

"합방이후 한양보소 만고역적 윤택영이
부원군 명색되고 인군(임금)에 옥새빼사
일본통감 갓다주고 저에비절[60] 벗고나내"

윤택영이 황제에게서 옥새를 빼앗아 일본 통감에게 갖다 주고, 그 대가로 자신의 빚을 갚았단다. 당시 민심은 윤택영을 매국 원흉으로 보고 있었다는 뜻이다.[61] 실제로 옥새를 훔쳐서 한일합방 조약서에 날인하게 한 것은 윤덕영이다.

1910년 8월 시종원경侍從院卿이었던 윤덕영은 합병조약 체결에 관한 어전회의에 참석해서 가결시켰다. 시종원경은 요즘 대통령 비서실장에 해당한다. 나라를 판 대가로 자작 작위를 받고 일왕에게 은사공채 5만 원을 받는다.[62] 전체 옥인동 부지의 54%를 사들여서 아방궁을 짓는다.[63] 같이 나라를 팔아먹은 동지 이완용이 이재명 의사 칼에 맞는다. 윤덕영은 서촌에 들어가서 사는 것이 두려웠다. 대신 첩에게 옥인동 집을 준다. 지금도 서촌에 그대로 있다. 너무 낡아서 남산골한옥마을로 옮기지 못했다. 그 모양 그대로 다시 지었다.

관훈동 민씨는 민영휘를 말한다. 본명은 민영준이다. 1905년 12월에는 을사늑약 체결에 앞장 선 대신들을 처벌하라는 상소를 올렸으나, 1907년에는 헤이그밀사사건에 대한 책임을 지고 양위하라고 고종에게 주청한다. 일본국 세자가 조선을 올 때 환영위원장을 맡아서 환영 행사를 주관한다. 1910년 정우회 총재로서 한일합방 찬성운동을 벌인다. 일왕으로부터 자작 작위와 함께 은사금 5만 원을 받는다. 1919년 한일강제병합 주범인 총독 데라우치 마사다케 소향식 발기인으로 사망을 애도한다. 일제는 민영휘가 참 고맙다. 1928년 7월 일본국 정부는 금잔을 주고, 1935년 10월 조선총독부는 은잔을 준다. 12월 30일 다시 금잔을 준다. 죽었기 때문이다.[64] 이자의 집을 고스란히 보존한다. 남산골한옥마을이다.

초계탕 - 평래옥

냉면은 깨끗하고 맑다淡白. 소면처럼 부드러운 면이 아니다. 쫄면처럼 쫄깃하지도 않다. 냉면은 거칠고 뚝뚝 끊어진다. 간장을 넣은 짠맛이 없다. 된장을 넣은 구수한 맛이 없다. 고추를 사용한 매운맛이 없다. 젓갈로 맛을 낸 감칠맛이 없다. 결국 아무 맛도 나지 않는다. 고향을 떠난 실향민들은 어릴 적 북에서 어머니가 해 주던 맛과 가장 비슷한 맛을 내는 집이 가장 잘 하는 냉면집이란다.[65]

그래서 을지로에는 냉면 맛집이 여럿이다. 어릴 적 북에 살지 않았던 서울민들에게 냉면은 한입에 착 달라붙는 맛이 없다. 자꾸 먹어야 맛을 겨우 안다. 다른 사람들과 냉면 맛을 두고 싸워야 맛의 추억을 만들 수 있다.

달걀로 속을 달랜다. 그런데 반쪽이다. 채우지 않기 위해서다. 납작·길쭉한 무로 맛을 자극한다. 잘게 썬 채소로 입을 씻는다. 식초로 닭고기 비린내를 잡는다. 차가운 육수에 시큼한 식초를 넣어서 시원하게 만든다. 무김치로 메밀껍질을 해독하고 소화를 돕는다. 진한 겨자로 찬 메밀을 따뜻하게 만들어 몸을 보한다.[66] 평래옥 초계탕이다.

점심시간이면 을지로 직장인들로 붐빈다. 그 시간을 전후해서 어르신들이 평래옥 2층으로 모인다. 닭가슴살로 무친 반찬을 안주로 소주 한잔 기울인다. 초계탕보다 더 인기다. 추가로 주지 않는다고 써 놨다. 어르신이 좀 더 달라고 하면 직원들은 잽싸게 다시 드린다. 을지로 인쇄 골목 전성기를 추억하는 맛이다. 책을 만드셨던 분들이라 그런지 남다른 품위가 있다.

혜민서 터 - 커피한약방

1405년 행정관서를 육조로 나누면서 예조禮曹 전형사典亨司에서 의약醫藥, 즉 보건의료를 담당하도록 했다. 사司는 오늘날 실室이나 국局에 해당한다. 보건의료행정을 담당하는 예조 전형사는 내의원·전의감·혜민서·활인서·제생원 등 의료기관을 거느렸다.

내의원內醫院은 어약을 조제하는 곳이다. 1392년 건국할 때는 내의국이라 불렀던 것을 1443년 내의원이라 고쳤다. 왕실의료기관이지만 전의감·혜민서 등과 함께 도성 내 환자를 치료하기도 하고, 전염병이 일어나면 외지로 나가서 파견 의료 활동을 펼치기도 했다. 전의감典醫監은 궁중에서 사용하는 의약이나 내려주는 의약을 공급하는 왕실의료기관이다.

혜민서·활인서·제생원 등은 서민을 치료하는 의료기관이다. 혜민서惠民署는 내의원·전의원 등과 함께 조선시대 삼의사三醫司 중 하나다. 고려시대 혜민국惠民局을 고스란히 이어오다가 세조12년 1466년 혜민서라 고쳐 불렀다. 혜민서는 의약과 서민치료, 활인서는 도성 환자치료, 제생원은 무의탁환자 수용 보호 및 의녀양성 등 각각 역할을 맡았다.[67]

1460년 관제를 개혁하면서 제생원을 혜민국에 합친다. 1466년 혜민국을 혜민서로 고쳐 부른다. 1882년 관제개혁 때 혜민서와 활인서를 혁파한다. 일단 전의감으로 이속했다가 1894년 전의감도 폐지하고 내의원에서 흡수한다. 1884년 의료

혜민서

고려대학교 박물관에서 소장하고 있는 1864년 수선전도(© 서울역사박물관).
김정호가 그린 목판 한양 지도다. 광통교에서 남산쪽으로 곧장 올라가면 처음
나오는 사거리 모퉁이에 혜민서가 있었다. 지금은 표지석만 있다. 그 대신 허
준이 진료했던 곳에서 커피한약 한잔!

선교사 알렌Horace Newton Allen, 1858-1932이 갑신정변 때 칼에 찔
려 생명이 위태롭게 된 민영익을 살려낸다. 알렌은 고종의 윤허
를 받아 1885년 재동齋洞에 광혜원廣惠院을 개원하면서 혜민서
의 뒤를 이었다. 곧 바로 제중원이라 고쳐 부른 뒤 구리개銅峴로
옮겼다. 혜민서 맞은편 언덕이니 제자리를 찾은 셈이다. 우리나
라 첫 서양식 의료기관이다.

혜민서와 활인서가 하던 역할을 되살린 의료기관이었으므로
혜민서와 활인서에 배정했던 쌀·돈·무명 등을 제중원에서 쓰게
했다. 새로 부임한 제중원 원장 애비슨Oliver R. Avison, 1860-1956은

커피한약방 커피

나태하고 부패한 관료들이 환자들 위에 군림하는 것을 보고 격분한다. 1894년 고종에게 주청을 올려 미국 북장로교 선교부로 제중원 운영권을 넘겨받는다. 재정을 미국 선교본부에서 조달하고, 부패한 관료를 몰아낸다. 대한제국 정부는 1899년 한방과 양방을 같이 둔 내부병원을 세워 일반 환자를 치료한다. 1905년 대한적집자병원을 설립하고 혜민서와 활인서가 하던 역할을 잇

는다.[68]

혜민서는 궐 밖 남촌 태평방太平坊에 있었다. 을지로 2가와 수표동·장교동 등지에 걸쳐 있었는데 '혜민서골'이라 불렀다. 제중원이 자리 잡은 구리개 맞은편에 혜민서가 자리 잡았기 때문이다. 남촌에는 중인들이 많이 살았다. 구리개에는 약재상들이 많이 모여 살았다. 의약과 서민치료를 담당했던 혜민서에 약재를 공납하면서 많은 수익을 올릴 수 있었기 때문이다. 커피한약방에서 조금 떨어진 혜민서 터 표지석을 놓은 자리다.

혜민서 터 표지석이 있는 뒷골목 커피한약방에서 허준이 진료를 했을까? 모르긴 하지만 레트로 감성을 자극하는 커피한약방 인테리어 덕분에 나누는 이야기가 더욱 정겹다. 그래서인지 커피 맛이 참 좋다.

남촌 대한민국길 산책로

지하철 1호선 서울역 1번 출구로 나오면 동상이 있다. 강우규 의사가 사이토 마코토 총독에게 폭탄을 투척한 의거 현장이다. 동상 오른쪽으로 조금 가면 '서울로 7017'로 올라가는 회전계단이 있다. 1970년 만들고 2017년 리모델링 한 서울로 7017은 고가도로를 재활용해서 만든 걷기여행길이다. 걸으면 자연스럽게 시장으로 이어진다. 상권활성화도 겨냥한 재활용이다. 길 끄트머리에 있는 엘리베이터를 타고 올라가면 남산구간 성곽에 올라선다.

성곽을 따라 올라가다가 도로를 건너서 계단을 올라간다. 다시 성곽을 따라 걸어 올라간다. 맨 위 전망대에 올라서면 인왕산과 북악산 등 내 사산뿐만 아니라 북한산과 관악산 등 외사산까지 볼 수 있다. 병풍처럼 펼쳐 놓은 높은 호텔이 시야를 가리지 않는다면…… 전망대 바로 앞은 백범광장이다. 김구 선생과 이시영 선생 동상이 반긴다. 광장에서 호현당 옆길로 내려간다. 도로를 건너 숲길로 들어선다. 남산 둘레길이다. 오른쪽에 대리석 계단이 나온다. 조선신사로 올라가는 계단이다. 계단 위에 올라서면 오른쪽에 안중근 의사가 쓴 글씨를 새긴 바위가 당당하게 서 있다. 그 뒤에 있는 유리 건물이 '안중근의사기념관'이다. 기념관을 관람하고 다시 나온다. 오른편에 박정희 장군이 쓴 글씨를 새긴 바위를 등지고 안중근 의사가 서 있다. 조선신사 배전터를 향해 금방이라도 총을 쏠 것만 같다.

잠두화장실 옆 계단으로 내려와서 다시 남산 둘레길을 걷는다. 차량을 전면 통제하면서 서울시민 품으로 돌아온 길이다. 사시사철 밤낮없이 많은 시민이 걷거나 뛰는 길로 되살아났다. 10분가량 걸으면 왼쪽에 '기억의 터' 방향 팻말이 나온다. 좁은 길로 내려간다. 일제 통감관저가 있었던 자리다. 이완용이 한일병합조약에 서명한 경술국치의 현장이다. 성노예로 희생당하신 할머니들을 기리는 기억의 터로 꾸몄다. 배꼽을 상징하는 검정색 원반 모양 돌은 움직인다. 진실을 여울지게 해서 곳곳으로 퍼트리자는 뜻이다.

도로 건너 데크길을 따라 도로를 한 번 더 건너면 예장공원이다. 엘리베이터를 타고 내려가면 '우당기념관'이다. 우당기념관에서는 왠지 가슴이 먹먹해진다. 나를 돌아본다. 우당기념관을 나와서 왼쪽 문으로 나가서 오른쪽으로 올라 깊숙이 들어가면 문학의 집과 문학기념관이 나온다. 옛 안기부장 관사를 문학의 집으로 만들었다. 다시 되돌아 나와서 기억의 터 뒤편 돌계단을 넘어가면 서울유스호스텔이 나온다. 국가안전기획부 본관과 제6별관이다. 본관과 별관 사이길을 따라 들어가면 터널이 나온다. 옛날에는 철문으로 닫혀 있었다. 터널을 지나면 국가안전기획부 제5별관이다. 드디어 남산에 있어야 할 안성맞춤 공공기관이 나온다. 지금은 서울특별시 중부공원녹지사업소로 쓰고 있다. 우리나라 국가정보기관은 다크투어Dark tour 현장이다. 나라를 위해 음지에서 애쓴 분들에게 감사하는 현장이 되기를 기원한다.

가던 길을 계속 가면 구름다리로 도로를 넘어갈 수 있다. 오른쪽으로 내려가서 돌아 들어가면 '남산골한옥마을'이다. 제일 먼저 1994년 서울 정도 600주년을 기념하면서 타임캡슐을 묻은 곳이 나온다. 1000년 되는 2394년에 다시 꺼낸단다. 운명이다. 나는 못 본다. 인생이 무상하다. 돌아 들어가면 의외의 풍광에 감탄한다. 남산타워가 이렇게 멋있었나! 정문 쪽으로 내려가면 조선시대 우리 양반가를 볼 수 있는 다섯 한옥집이 나온다. 그중 둘은 윤덕영과 윤택영 형제의 집 또는 재실이다. 이완용을 기억하듯 꼭 기억해야 할 사람이다. 신사 허물어서 왜 귀신 몰아내고 나니 친일매국 귀신이 들어섰다. 가슴 아프다. 조선집은 참

멋스럽고 편안하다.

정문으로 나와 직진하면서 약간씩 왼쪽으로 가다가 도로를 한 번 건너면 초계탕으로 유명한 평래옥이다. 냉면보다 반찬으로 내 놓은 닭가슴살이 더 맛있는 냉면집이다. 오랜 추억을 찾아 다시 뭉친 어르신들의 음식 이야기가 정겹다. 다시 왼쪽으로 조금씩 가면서 가던 방향으로 직진하고 도로를 한 번 더 건너면 혜민서 터 표지석이 나온다. 좁은 골목길로 들어가면 숨겨진 보물처럼 커피한약방이 나온다. 한나절이 이렇게 행복하다.

서울역 ▶ 강우규 의사 동상 ▶ 서울로 7017 ▶ 안중근의사기념관

▼ 남산골한옥마을 ◀ 문학의 집 ◀ 우당기념관 ◀ 통감관저 기억의 터

평래옥 ▶ 커피한약방

• 남촌 대한민국길 산책로 1

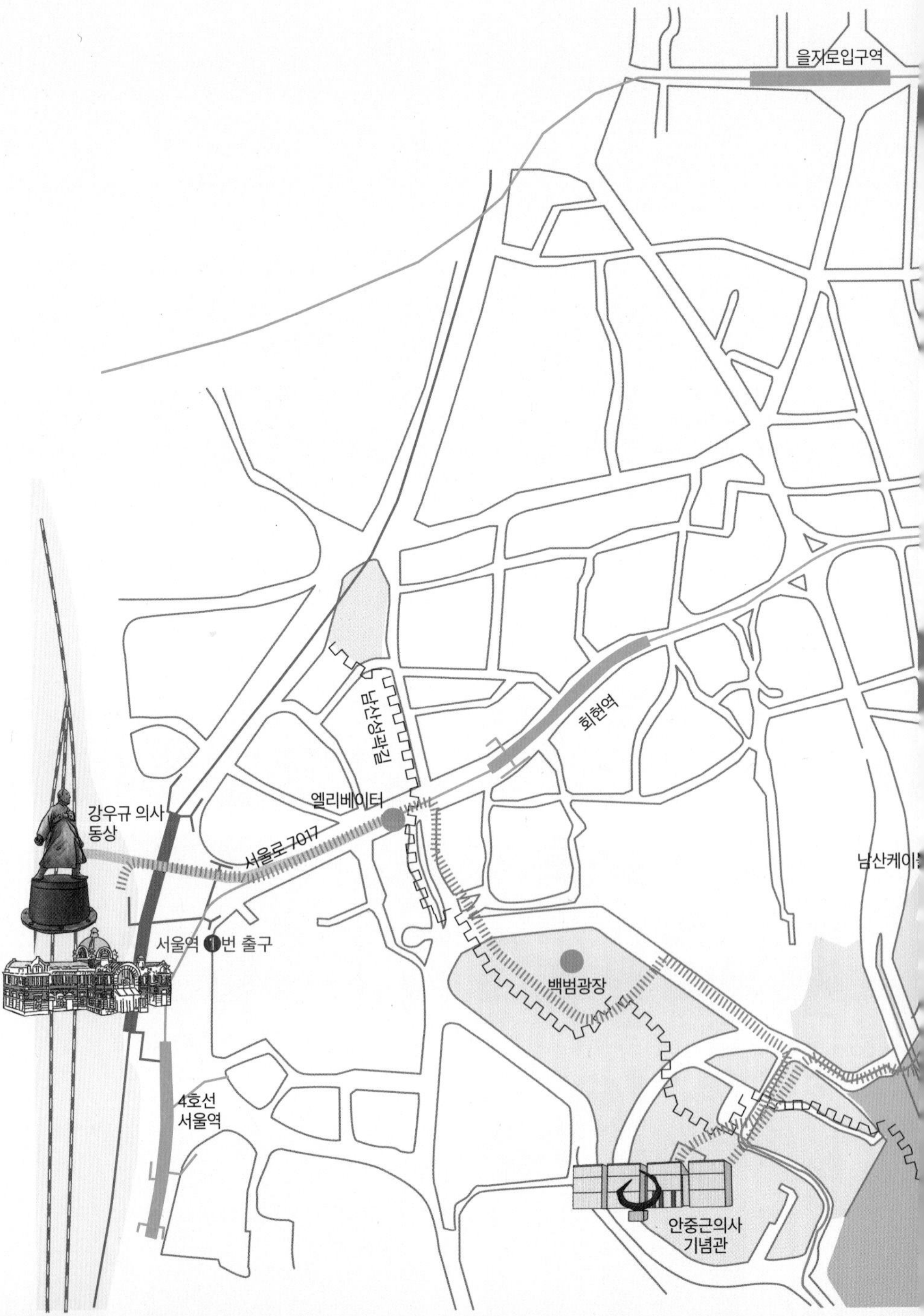
을지로입구역
남산성곽길
회현역
엘리베이터
강우규 의사 동상
서울로 7017
서울역 1번 출구
남산케이블
백범광장
4호선 서울역
안중근의사 기념관

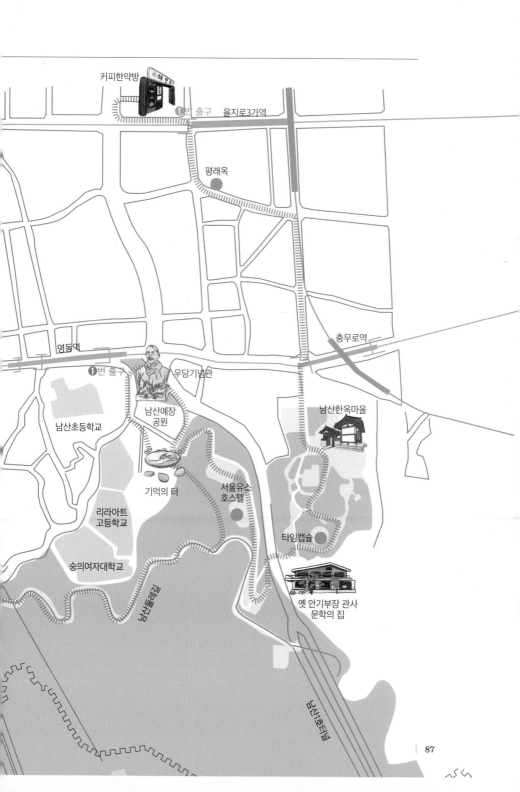

커피한약방

①번 출구   을지로3가역

평래옥

충무로역

명동역

①번 출구   우당기념관

남산예장
공원

남산초등학교

남산한옥마을

기억의 터

서울유스
호스텔

리라아트
고등학교

타임캡슐

숭의여자대학교

남산둘레길

옛 안기부장 관사
문학의 집

남산3호터널

2 운주사 고려길 산책

1983년 어느 날 화순군청 권장주 주사는 급히 운주사로 달려갔다. 어제까지 그 자리에 있던 석탑이 사라졌다. 운주사 옆 교회 화장실에서 일을 보던 담임목사가 좀처럼 듣기 힘든 트럭의 굉음을 들었다. 불길했다. 교회 화장실 창문을 열고 운주사 쪽을 살폈다. 달아나듯 폭주하는 트럭 한 대! 바지도 추스르지 못한 채 차량번호를 화장지에 적었다. 화순군청 권장주 주사에게 전화했다.

경찰에 차적을 조회해서 찾아간 곳은 경상도 진주. 석탑은 거기에 있었다. 다시 가져와서 제자리에 갖다 놓았다. 마음이 놓이지 않았다. 다시는 이런 일이 일어나서는 안 된다는 생각에 운주사 석탑과 석상 위치를 기록하기 시작했다. 권장주 주사가 기록한 것은 훗날 발굴의 기초자료가 된다.

운주사를 처음 조사한 때는 1918년 일제강점기다. 일제는 유적을 분류하고 사진으로 기록했다. 놀랍게도 사찰로 분류하지 않고 그냥 다탑봉多塔峯이라 하고 사찰과는 별도로 분류했다.[1] 처음으로 발굴조사를 한 것은 1984년 전남대학교 박물관이다. 가장 큰 성과는 '여말선초에 운주사 입구 대초리를 중심으로 건물이 있었다는 것과 12세기경에 운주사 안쪽 용강리 사지를 조성했다는 것 그리고 홍치 8년(1495년)에 중수하

고 정유재란으로 16세기경에 폐사된 듯하다[2]는 것. 이때 불교 유적으로
분류한다. 그러나 발굴단장 정영호는 입버릇처럼 도교 유적이라고 말한
다.

　그래서일까! 1964년 5월 화순에서 한 시간 거리에 있는 강진군 대
구면 사당리 이용희 집 마당에서 청와靑瓷器瓦를 발굴하고, 수동리에서
도교 명문 청자를 발굴한다. 9월에는 이용희 집 마당 바로 옆 기슭에서
청자 가마터를 발굴한다. 고려 황실 가마터다. 개성 황실에 양이정養貽
亭을 짓고 강진에서 생산한 청자로 덮었다.[3] 오이 모양 청자 명문 도자
기로 초례(도교 제사)를 지내려 했다.

　고려는 중앙 개성을 비롯해서 전국에 도교 사원을 짓고 하늘에 제
사를 지냈다. 이름하여 태일오궁太一五宮. 드넓은 땅을 차지한 중국이
사방四方(동서남북)과 사유四維(동북·동남·북서·남서) 그리고 중앙에
모두 태일구궁太一九宮을 짓고 초례를 지냈다면 고려는 사유와 중방에
태일오궁을 짓고 초례를 지낸 것이다. 그중 남서방에 간궁艮宮 운주사
를 지었다. 강진에서 생산한 청자로 운주사에서 초례를 지낸다. 그 시기
는 전남대학교 박물관에서 밝힌 바와 같이 12세기. 당시 화순은 나주에
속했는데, 나주 출신 공예태후(恭睿太后, 1109-1183)의 세 아들 의종

(毅宗, 재위 1146-1170)·명종(明宗, 재위 1170-1197)·신종(神宗, 재위 1197-1204)이 차례로 황위에 오른 때다.

운주사 하늘에 별은 빛나고 그 아래 땅은 아름답다. 누구든 운주사에 들어가면 고려 신선이 된다. 고려 하늘을 날아 빛나는 별과 아름다운 땅을 내려다보며 노닌다. 서울에 북악 스카이웨이(하늘길)가 있다. 화순에는 고려 스카이웨이가 있다. 오직 우리나라에만 있는 고려길을 걷는다.

운주사
누구냐 넌?

사찰 또는 도관

광주에서 버스를 타고 한 시간 반을 덜컹거리면서 여기저기 다 돌아서 도착한 곳 운주사. 구름雲이 머무는住 곳寺이다. 보통 우리가 아는 사찰은 불국사·해인사·통도사·범어사 등 주로 부처의 가르침이나 불교 교리를 가지고 이름 짓는다. 운주사, 불교와 아무 관련 없는 이름!

전라남도 화순군 도암면道岩面에 운주사가 있다. 천년 된 불교사찰이 있는 동네 이름이 도암道岩이다? 불암佛岩이어야 하는데? 맞닿은 마을도 도곡면道谷面이다. 불곡면佛谷面이 아니네? 온통 도교다.

운주사 앞 주차장에 내려서 경내로 들어서니 매끈하게 빠진 일주문一柱門이 역사산책자를 반갑게 맞이한다. 그런데 불이문도 없고 사천왕문도 없다. 사찰이라면 일주문 뒤에 불이문이나 사천왕문이 있어야 한다.

그러면 그렇지! 본래 일주문은 없었다. 최근에 세운 문이다. 일주문 왼쪽 실개천 건너편에 절터가 있었다. 일주문을 지나서 안쪽으로 들어가면 구층석탑과 석상을 시작으로 무수하게 많은 석탑과 석상이 이어진다. 안쪽 깊숙한 곳에 사찰이 있다. 절터가 불상과 불탑보다 앞서 등장하는 사찰구조, 이런 가람배치는 한반도에 없다.

가람배치·지명·사찰명 등 불교 유적이라고 보면 설명할 수 있는 것이 없다. 그러다 보니 궁색하게 미스터리라고 말한다. 그러나 도교 유적이라고 보면 미스터리는 스르르 풀린다.

고려시대에 도교가 크게 일어난다. 도교에는 성수星宿신앙 중 하나 태일太一신앙이 있다. 태일, 곧 북극성에 대한 믿음이다. 북극성은 하늘의 중심을 이루고 자연계와 인간계 현상의 모든 것을 주관한다. 성수 북극성의 신격, 즉 별자리 신은 태일이다. 태일은 하늘의 황제로서 매년 한 차례 구궁九宮을 순행한다.[4] 구궁이란, 9개의 방위에 세운 황실 도교 사원[5]을 말한다. 중국에서도 당송대에 성행한 도교 신앙이 태일 신앙이다. 각 방위별로 9개의 태일전을 세워 봄과 가을로 북극성에 제사를 지낸다. 기근과 가뭄 같은 자연재해와 병란과 정변 같은 인재를 막고자 한 것이다.

고구려는 독자적인 성수신앙을 가졌다. 고구려에는 선후5성先后5星[7]이 있다. 중국에는 없다. 고구려는 하늘의 중심을 '북

태일구궁도와 태일 5궁도[6]

四 선궁(選宮)	九 이궁(離宮)	二 곤궁(坤宮)
三 진궁(震宮)	五 중궁(中宮)	七 태궁(兌宮)
八 간궁(艮宮)	一 감궁(坎宮)	六 건궁(乾宮)

극3성-북두7성'北極3星-北斗7星으로 그린다. 중국에서는 '북극5
성-사보4성'北極5星-四輔4星으로 그렸다. 고구려는 북극성을 북
극3성으로 표현하지만 중국은 북극5성으로 표현했다.

고구려 성수신앙은 고려와 조선으로 이어진다. 고려와 조
선에서 중국 도교를 받아들이면서 더 풍성해졌다. 강역이 중국
보다 작았기 때문에 고려에서는 태일전의 규모를 9개에서 5개
로 줄여서 운영한다.

화순이 속한 능주 권역은 고려 황후 공예태후를 배출한 지
역이다. 공예태후의 다섯 아들 중 세 아들이 황위에 오른 유력
한 고장이다. 방위로도 한반도 남서쪽에 위치함으로 태일오궁
중 간궁을 세우기에 적합한 곳이다. 북극3성을 상징하는 좌불·입
불·시위불과 북두7성을 상징하는 칠성바위 등을 운주사 서산에
배치한다.[8] 애초에 운주사는 불교 사원으로 기획된 것이 아니라
는 것을 한눈에 알 수 있다. 중앙정권과 지방토호 간에 정치적

이해를 공유하면서 빚어낸 도관道觀, 도교사원[9] 중 하나다.

역사 속으로

운주사에는 천불천탑이 있다. 석상과 석탑이 매우 많다는 뜻이다. 전남대학교 박물관 발굴팀 조사에 따르면, 지금 사찰 영역에 남아 있는 석상이 온전한 것과 부분적인 것 모두를 합쳐 100여 개에 달하고, 석탑 역시 18개 정도의 온전한 것이 있고 부분적인 것까지 합하면 30여 개에 달한다.[10]

운주사 석탑과 석상은 창건 당시부터 자리 잡은 것 같다. 《신증동국여지승람新增東國輿地勝覽》[11] 제40권 전라도 능성현 불우佛宇 조항에는 운주사를 다음과 같이 기록하고 있다.[12]

> "운주사 : 천불산에 있다. 사찰의 오른쪽 왼쪽 산등성이에 석불과 석탑이 각각 천 개가 있다. 또한 석실에 석불 두 개가 서로 등지고 앉았다."[13]

이보다 조금 후대의 기록으로 《동국여지지東國輿地志》 제5권 능성현 고적 조항에는 조금 더 자세하다.

> "운주사 : 천불산 서쪽에 있는데 사찰이 오래전에 폐해졌다. 그 왼쪽 오른쪽 산기슭에 석불과 석탑이 크고 작

은 것이 심히 많아 이를 천불천탑이라 부르며, 또한 한 석실이 있는데 그 안에 두 개의 석불이 벽을 격하여 서로 등을 대고 앉아 있다. 백성들이 전하는 바에 의하면, 신라 시대 때 조영한 것이라 한다. 혹은 고려 승려 혜명 惠明이 따르는 이들 수천 명으로 하여금 만들었다고 한다."

운주사에 대한 오래된 두 기록은 대동소이하다. 다만 후대의 기록에는 사찰 창건에 대한 이야기가 덧붙여져 있다. 운주사 외관과 특징에 대한 기록은 크게 다르지 않다. 석상과 석탑이 다른 사찰에 비해 특별히 많다. 영내에 있는 석실이 있다. 석실 내부에 있는 석상을 독특하게 본 모양이다. 아주 짧은 기록인데도 석실 내부를 자세하게 기록했다. 석실 안에 불상은 서로 등을 맞대고 있다.

전남대학교 박물관에서 1984년부터 10년간 네 차례 발굴 조사를 했다. 운주사 관련 논문과 소설 그리고 다큐멘터리 등이 줄을 잇는다. 어떤 사람은 해상왕 장보고 추모 유적이라 한다.[14] 또 어떤 사람은 고려를 침입한 몽골군이 이 지역에 주둔했을 때 다수를 점하고 있던 티베트인들이 운주사에 천불천탑을 조성했다고 한다.[15] 운주사 석탑에 새긴 몇몇 기호들이 티베트에서 볼 수 있는 것과 유사한 데서 나온 추론이다. 또 다른 사람은 모든 산이 푸르게 되고 모든 길 위에 비단이 깔리면 오는 그 세계 미륵의 용화세계를 구현한 것이라고 하고,[16] 천민들이 자기 모습대로 만든 미륵이라고도 한다.[17] 어떤 사람은 불교 유적이라 한다.[18] 그러나 많은 부분 미스터리로 남았다. 주류의 해석은 불교 유적이라는 것이다. 과연 그럴까?

지난 1984년 전남대학교 박물관에서 운주사 유적을 발굴 조사 하다가 암막새 한 개를 발견한다. 기와에 '雲住寺丸恩天造(운주사환은천조)'라는 글자를 새겼다. 이 명문을 근거로 명칭을 운주사로 확정한다. 운주雲住, 즉 구름집이다. 붓다가 구름을 집 삼아 머물지는 않을 것이고……. 누가?

중국 문학의 양대산맥이라면 《시경詩經》과 《초사楚辭》를 꼽는다. 굴원이 쓴 《초사》에는 도교 아홉 신[19]에게 초례를 지내면서 부르는 노래 '구가九歌'가 전한다. 제일 처음 노래하는 신은 하늘신 태일太一. 다음으로 구름신선 운중군雲中君에게 초례를 지낸다.

"난초 탕에 몸을 씻고 향기로 머리를 감으니
(浴蘭湯兮沐芳 욕란탕혜목방)
아름답게 빛나는 옷자락 꽃 같다
(華采衣兮若英, 화채의혜약영)
운중군 굽이쳐 이미 내려오시니
(靈連蜷兮既留, 영연권혜기류)
찬란한 빛 그지없이 비친다

원나라 화가 장악(張渥, 1341~1368)이 그린 《구가도(九歌圖)》중 운중군
신장의 호위를 받으며 용수레를 타고 내려오고 있다.

(爛昭昭兮未央, 난소소혜미앙)

아! 수궁(壽宮)에서 안식하시니

(蹇將憺兮壽宮, 건장담혜수궁)

해와 달 두루 빛난다

(與日月兮齊光, 여일월혜제광)

용수레(龍駕) 타시고 하늘님 옷 입으시고

(龍駕兮帝服, 용가혜제복)

여기저기 노니시고 두루 다니시다가

(聊翱遊兮周章, 요고유혜주장)

운중군 찬란하게 내려오셨다가

(靈皇皇兮旣降, 영황황혜기강)

1910년대에 촬영한 운주사 삼청상 또는 운중군 석상 (ⓒ 국립중앙박물관)
초례를 흠향하기 위해 운주사로 내려온 운중군을 표현한 것일 수 있다. 달리
보면 구요당에 모신 삼청 중 한 분이다.

홀연히 멀리 구름 속에 거하신다

(焱遠擧兮雲中, 표원거혜운중)

기주를 둘러보시고도 더 보시고자

(覽冀州兮有餘, 람기주혜유여)

사해를 가로지르니 어디에 머무실까?

(橫四海兮焉窮, 횡사해혜언궁)

운중군을 생각하며 큰 탄식하노라니

(思夫君兮太息, 사부군혜태식)

애타는 마음 지극하여 근심만 늘어간다.”

(極勞心兮忡忡 극로심혜충충)

구름신선이 수궁에서 용수레(임금님 가마) 타고 노닌다. 잠시 초성처에 내려오셨는가 싶더니 순식간에 다시 올라가 구름 속에 머문다. 구름신선 운중군이 사람 세상에 잠시 왔다가 다시 올라가서 머무는 곳이 수궁이다.

수궁에 있는 구름신선의 구름집, 이름하여 운주雲住다. 평지 쌍교차문칠층석탑 뒤편 석상은 바로 이 구름신선 운중군과 호위신장이라고 해석할 수 있다. 그래서 운중군 석상 양옆을 구름무늬로 장식하고 있다. 화염무늬와는 확연하게 다른 구름무늬다. 달리 해석하면, 삼청이라고 할 수 있다. 고려 황실에서 제일 먼저 지은 도관 구요당에 삼청상을 모셨기 때문이다.

이제 전체 모양이 분명하게 드러난다. 평지 은하수 하늘길에 구요당이라는 사실을 알리는 입구 구층석탑과 삼청상 그리고 구요가 차례로 이어진다. 동산 동쪽 하늘에 비어5성, 남쪽 하늘에 심방6성과 남두6성 수성노인 그리고 도관 주인 운중군, 서산 동쪽 하늘 달 두꺼비 바위 위에 관삭7성과 선후5성 북쪽 하늘에 북극3성 태일과 북두7성.

운주사 사람

지방에서 중심을 아우르다

도선

운주사 이야기는 항상 도선道詵, 827~898으로부터 시작한다. 도선에 관한 사료는 많지 않다. 그중 제일 자세한 것은 최유청崔惟淸이 고려 인종의 황명을 받들어 찬술한 "백계산옥룡사증시선각국사비명白鷄山玉龍寺贈諡先覺國師碑銘" 정도다.[21] 《동문선東文選》 제117권에 수록된 이 글에 따르면, 도선은 김씨 성을 가진 신라 영암 사람이다. 선조에 관한 역사 기록은 없지만, 삼국을 통일한 신라 29대 태종무열왕太宗武烈王, 604~661의 서손이라는 이야기가 전한다.

신라 사람 최씨가 정원에 열린 오이를 따 먹고 임신을 했다. 달이 차서 아이를 낳자 최씨의 부모는 대숲에 버린다. 사람 관계 없이 태어났기 때문이다. 두어 주일 만에 딸이 가서 보니 비둘기와 수리가 날개로 덮고 있었다. 부모도 이상히 여겨 데려다 길렀

영암 구림마을 국사암(國師岩)

월출산 주지봉 자락 성기동에 사는 처녀가 성기천 구시바위에서 빨래를 하고 있을 때 먹음직스러운 오이가 하나 떠내려왔다. 이 오이를 먹고 낳은 아이를 버린 곳이 바로 이곳 국사암이다. 아이는 비범하게 자라서 과연 국사(國師)가 된다.[23]

다. 바로 이 아이가 도선이다. 뒤에 마을 이름을 구림鳩林이라 했다.[22] 비둘기가 대숲에서 아이를 지켰기 때문이다. 이 아이가 바로 도선국사다.

15살 되던 문성왕 3년 841년에 지리산 월유봉 화엄사에 들어가 머리를 깎고 불경을 읽었다. 한 해도 안 돼서 문수보살의 지혜와 보현보살의 행실을 모두 깨쳤다. 20살 때인 문성왕 8년 846년 문자에만 종사하고 있는 자신에게 회의를 느끼고 동리산으로 들어가 혜철대사 문하에서 선종을 수련한다. 현학적인 교학敎學의 한계를 선학禪學으로 극복하고자 한 것이다. 23세가 된 849년 천도사穿道寺에서 계를 받고 명산을 두루 다니면서 수련한다.

　옥룡사를 중건하기 전 지리산 구령 암자에 머물고 있을 때, 한 사람이 도선에게 나타나 '대보살이 세상을 구제하고 인간을 제도하는 술법을 드리겠다'고 말하고 사라진다. 그 말을 쫓아 남해 물가 전라도 구례현 사도촌求禮縣 沙圖村에서 환하게 깨닫는다. 음양오행을 더욱 연구한다. 신선이 사는 곳 금단金壇과 도교 비서祕書가 있는 옥급玉笈에 깊이 감춘 비결을 모두 가슴에 새긴다雖金壇玉笈幽邃之訣皆印在胸.[24] 이로써 불교와 도교를 아우르는 비보풍수의 비조가 된다.

　이 무렵 신라의 정치와 교화가 흐트러져서 무너질 징조가 나타났다. 도선은 간간이 송악(개성)에 가서 놀곤 했다. 태조 왕건의 아버지 세조가 송악에 살림집을 만들고 있을 때다. 도선이 세조가 짓고 있는 집 문 앞에 나아가서 "여기는 마땅히 왕이 될 자가 날 것인데 이 집을 경영하는 자는 알지 못하는구나. 집을 고치고 2년 뒤 반드시 귀한 자식을 얻을 것이다"라고 말했다. 그리고 책 한 권을 지어 봉하여 세조에게 주면서 "이 글은 장차 그대가 낳을 아들에게 올리는 것이다. 그러나 나이 장년이 되거든 주라"고 이른다. 헌강왕 4년 877년에 태조 왕건이 이 집에서 태어난다.

37세에 이른 863년 그윽한 경치가 좋았던 백계산에 거처를 정하고 옥룡사를 중건한다. 헌강왕의 부름을 받고 잠시 궁에 들어가 왕의 마음을 계발하기도 했으나 왕에게 간청하여 옥룡사로 돌아갔다. 옥룡사에서 제자를 기른 지 35년째 되던 어느 날 "나는 장차 갈 것이다. 대저 인연을 타고 이 세상에 왔다가 인연이 다되면 가는 것은 이치에 떳떳한 것이니 어찌 싫어하겠는가"라는 말을 남기고 앉은 채로 입적한다. 효공왕 2년 898년 72세 때다.

문헌 속에 등장하는 도선과 운주사의 관계는 1743년에 중간된 《도선국사실록道詵國師實錄》이다.[25] 그 이후 이런저런 서적들이 이 이야기를 확대 재생산하면서 운주사 명칭도 변화를 겪는다. 운주사雲住寺는 '구름에 머무는 곳'을 뜻한다. 그런데 한때 운주사를 '운행하는 배運舟'라는 이름으로도 불렀다. 도선 설화를 수용한 것이다. 도선은 배 모양을 한 한반도의 균형을 잡으려고 했다. 동쪽은 태백산맥이 터를 잡고 있어 무겁고 서쪽은 평야지대라 가볍다. 서로 균형이 맞지 않아 나라가 순조롭게 운행할 수 없다. 그래서 배의 중심에 해당하는 운주사 일대에 천불천탑을 세워 균형을 맞추려 했다.

그런데 전남대학교 박물관에서 발굴조사 하면서 운주사 원래 이름을 밝힌다. 발굴팀이 찾아낸 고려 후기에 만들어진 것으로 추정되는 암막새에 '雲住寺丸恩天造(운주사환은천조)'란 글자가 새겨 있다.[26] 이를 통해 운주사 이름을 '구름에 머무는 사찰雲

住寺'로 확정한다. 또한 명문에는 홍치 8년(연산군 1년 1495년)이라 연대를 기록해 놓았다. 도선 이후에 중건했다는 뜻이다.

　　의종 4년 1150년 의종 황제는 최유청에게 도선의 생애를 기록하라고 명한다. 개국에 큰 공을 세웠으나 문장으로 전하는 것이 없음을 부끄럽게 여겼다. 최유청은 난감했다. 도선에 관한 기록이 전무한 데다가 알려진 바 역시 없었기 때문이다. 하는 수 없이 동리산 선문을 개창한 혜철비문慧徹碑文에서 도선의 탄생 설화를 짓는다. 어머니가 태몽을 꾸고 낳은 혜철785-861은 어려서부터 남달랐다. 도선도 그렇다. 동리산 선문 법통을 이은 선승 도선은 이렇게 탄생했다. 옥룡사를 세운 경보비문慶甫碑文을 이용하여 도선 전기를 엮는다. 경보869-984는 김씨 성을 가지고 영암 구림마을에서 태어나 월유산 화엄사에 출가하여 공부하고 옥룡사에서 입적한다. 도선도 그렇다. 태조 왕건의 탄생과 고려 창업을 하늘의 명령에 따른 것으로 만들고자 한 고려 황실 현창 사업의 일환으로 도선국사 현창운동을 벌인 것이다.[27] 도선 창건설은 설화로 존재할 뿐 역사적 사실은 아니다. 그렇다면 누가 진짜 화순사람인가?

공예태후

통일신라 말 이 지역에 힘깨나 쓰던 호족들이 운주사를 세웠다는 견해가 있다.[28] 태조 왕건이 수군 장군으로서 나주에 출진해서 목포에 배를 정박하고 시냇물 위를 보니 오색구름이 일어난다. 가서 보니 나주 호족 오 씨의 딸이 빨래를 하고 있다. 태조가 불러서 잠자리를 같이했으나 집안이 한미해서 임신시키지 않으려고 정액을 자리에 배설한다. 오 씨의 딸은 정액을 즉시 흡수하여 아들을 낳는다. 태조 왕건의 아들을 낳은 이분이 바로 장화왕후莊和王后, 생몰연대 미상. 장화왕후가 용꿈을 꾸고 낳은 용의 아들, 고려 2대 혜종惠宗, 912~945이다.[29] 고려 초기 전라남도 화순을 포함한 나주 지역이 가지는 위상을 짐작할 수 있다. 황위를 계승한 것을 보면 고려 초기 개경에 있는 중앙정권에 대한 강한 후원 세력은 나주지방 토호였다.

공예태후의 외할아버지 문하시랑門下侍郎 계양(부평)사람 이위李瑋는 꿈에 큰 황색깃발黃大旗을 본다. 이 깃발은 선경전 치미를 감싸고 휘날렸다. 공예태후가 태어난 날 저녁 꿈이다. 선경전, 즉 황궁에서 놀 아이가 태어난 것이다. 공예태후의 아버지 임원후가 개성부사로 재직하고 있을 때 휘하 막료 중 한 사람이 꿈을 꾼다. 청사에 대들보가 벌어지더니 황룡黃龍이 솟아오른다. 다음 날 아침 이 막료는 조복을 갖춰 입고 임원후에게 축하인사를 한다.

인종仁宗, 1109~1146 황제도 들깨荏 5승升과 황규黃葵 3승을 얻는 꿈을 꾼다. 척준경이 꿈을 푼다. 들깨荏는 임任이다. 임씨성을 가진 비를 맞을 징조다. 황규黃葵의 황皇은 황제고 규葵는 도규道揆다. 황제가 도규를 잡고 나라를 다스릴 것인데, 모두 다섯 아들이 태어나 그중 셋이 황제가 된다. 인종은 이자겸의 두 딸을 내보내고 인종 4년에 임씨를 비로 맞이하여 연덕궁주延德宮主라 부른다. 향년 75세 순릉에 안장하고 공예태후 시호를 올린다.[30]

인종 4년 1126년 화순을 비롯한 나주권 세력은 다시 중앙 정계로 진출한다. 장흥 임씨 중서령中書令 임원후任元厚의 딸 공예태후恭睿太后, 1109-1183가 인종의 비妃가 되면서 나주권 세력은 중앙정부와 다시 이어진 것이다. 인종이 승하한 뒤 공예태후가 낳은 다섯 아들 중 첫째 의종毅宗, 재위 1146~1170, 셋째 명종明宗, 재위 1170~1197, 다섯째 신종神宗, 재위 1197~1204 등 세 아들이 황위에 오른다. 결국 거의 100년 동안 고려를 다스린 셈이다. 100년 동안 나주권 세력은 중앙 개성 황실과 연합한 지방 거점이었다. 그 거점의 중심 화순에 운주사를 세웠다.

운주사 산책
신선이 되어 나니는 고려길

일주문에 들어 운주사 전경을 본다. 좌우 산길과 가운데 평지
길. 오른쪽 동산東山 하늘길과 왼쪽 서산西山 하늘길 그리고 가
운데 평지平地 은하수 하늘길에 온 우주를 담았다.

도관 구요당 - 평지 구층석탑

운주사 첫 장면은 평지 구층석탑과 아슬아슬한 동산 오층석탑
그리고 반듯한 서산 칠층석탑, 마치 솟을대문을 보는 것 같다.
새로운 세계로 들어가는 대문이니 당연히 주인장이 나와서 손
님을 맞을 것이다. 과연 평지 구층석탑과 동산 오층석탑 사이
바위 아래에 공손하게 손을 모으고 도사들이 서 있다.

구층석탑 탑신을 장식한 특이한 기호가 눈에 들어온다. 마
름모꼴 틀에 네 잎 꽃처럼 보이는 무늬다. 그리고 보통 탑이라

은하수 하늘길 마름모문구층석탑[31]

운주사 입구 구층석탑은 운주사 정문이다. 구층석탑은 이곳이 구요당이라는
것을 말한다. 즉, 운주사는 황제가 하늘에 초례를 지내는 곳이다.

하면 부처님의 사리나 유품을 모시는 일종의 무덤과도 같은 것
인데 운주사 탑들은 통돌로 되어 있다. 탑 안에 공간도 없고 실
제로 아무것도 없다. 일반적인 사찰 석탑이 아니라는 말이다.

　운주사 구층석탑과 월정사 구층석탑을 비교해 보면 이 말
이 무슨 뜻인지 금방 알 수 있다. 운주사 구층석탑을 불탑이라
고 하기에는 지나치게 소박하다. 사찰 불탑과는 다르다고 말한
다. 또한 구층석탑은 운주사의 의미와 목적을 알려주는 일종의

명패 같은 역할을 하고 있다. 석탑에 새긴 기호는 정확한 방위를 표시하는 것으로서 운주사가 어디에 속하는 태일전인지를 말하고 있다.

고려 태조 9년 924년 수도 개성에 구요당九曜堂을 세운다. 고려 최초로 세운 도교기관 초성처醮星處, 즉 일월성신에 제사를 지낸 도교 사우祠宇다.[32] 구요당에서 도교제사를 지낸 전통은 후대로 계승된다. 구요당 기사는《고려사高麗史》에 모두 27차례 등장한다. 구요당은 초성처이기도 하지만 황제의 친행을 맞을 정도로 국가적 위상을 지닌 곳이다. 구요당에 삼청상三淸像을 중심으로 구요상九曜像을 봉안했으리라 추정한다.[33] 일·월·화·수·목·금·토 등 별자리 일곱을 7정七政이라 한다. 나후·계도·자기·월패 등 별자리 넷을 4요四曜라 한다. 4요 중에서 나후羅睺와 계도計都를 7정과 합한 것이 바로 구요다. 태일오궁 간궁의 위상을 드러내는 정문으로 구층석탑 만한 것도 없겠다.

동쪽 하늘길 비어5성 – 동산 오층석탑

운주사가 구요당이라는 것을 알려주는 정문 구층석탑 오른쪽 바위 밑에 석상들이 서 있다. 석상 뒤에 큰 바위가 병풍처럼 석상을 둘러치고 있다. 그 바위 위에 투박한 오층석탑이 자리 잡고 있다. 이 거대한 바위 덩어리는 또 뭔가? 그 위에 오층석탑은 왜 얹었나? 오층석탑 옥개석은 왜 이다지도 투박하고 날카

동산 석상과 오층석탑
동쪽 하늘을 날고 있는 비어5성을 형상화하고 있다. 하늘을 나는 물고기이기 때문에 빠른 속도로 날아가고 있는 물고기를 표현해야 한다. 바위 결로 표현하고 있다.

로운가?

지금 우리 눈앞, 그러니까 운주사 입구 동산에 있는 석상-바위-석탑은 이곳 외에도 몇 군데에 더 있다. 석상은 대체로 바위 밑 또는 바위 앞에 있고, 석탑은 대체로 바위 위에 있다. 동산에 두 곳, 서산에 한 곳, 모두 세 곳에 이런 방식으로 배치했다.

모두 네 곳에 있었을 것이다.

지금 우리가 서 있는 곳은 그 첫 번째다. '석상-바위-오층석탑'이 한 세트를 이루고 있다. 두 번째는 조금 더 안쪽으로 들어간 동산에 '석상-바위-육층석탑'을 한 세트로 배치하고 있다. 마지막으로, 서산 중턱에 '석상-두꺼비바위-오층석탑과 칠층석탑'을 한 세트로 하고 있다. 의도적으로 석상-바위-석탑 구조를 만들고 의도적으로 배치했다는 뜻이다. 무슨 뜻일까?

각각 하늘을 상징하고 있다. 첫 번째는 동쪽 하늘, 두 번째는 남쪽 하늘, 세 번째는 서쪽 하늘이다. 고구려 사람들은 하늘의 동과 서를 오늘 우리와 달리 보았다. 그래서 동쪽 하늘과 서쪽 하늘이 서로 뒤바뀌었다. 동쪽 하늘과 남쪽 하늘을 동산에 두었으니 와불이 있는 서산은 북쪽 하늘은 필시 북쪽 하늘과 서쪽 하늘이다. 따라서 각각 북남동서 사방 하늘을 상징한다.

첫 번째 바위는 태양, 세 번째 바위는 달이다. 첫 번째 오층석탑은 비어5성飛魚五星, 두 번째 육층석탑은 심방6성心房六星, 세 번째 오층석탑과 칠층석탑은 각각 선후오성先后五星과 관삭7성貫索七星이다.

비밀을 푸는 열쇠는 고구려 무덤벽화 별자리와 고려 무덤벽화 별자리다. 두 별자리는 크게 다르지 않다. 고려가 고구려의 천문학을 계승했기 때문이다. 먼저 고려 사람이 생각한 하늘 모양을 이해하면 왜 세 곳에 석상-바위-석탑을 한 세트로 배치했는지 알 수 있다.

지난 1989년 누군가 민통선 안 파주 석곡리에 있는 무덤 한 기를 도굴했다. '文烈公韓尙質之墓문열공한상질지묘'라고 쓴 묘비는 무덤 주인이 한상질1340~1400이라고 말한다. 단종을 죽이고 왕이 된 세조의 문신으로 호사를 누렸던 한명회의 할아버지다. 도굴되었으니 어쩔 수 없는 노릇! 청주 한씨 문중에서는 발굴에 동의한다. 1991년 4월 6일 국립문화재연구소에서 발굴을 시작한다. 모두 네 개의 묘지석墓誌石 중 한 개에서 '贈諡昌和權公墓銘(증시창화권공묘명)'이라는 글을 발견한다. 무덤 주인이 한상질이 아니고 고려 문신 창화공 권준昌和公 權準, 1280-1352이라는 말이다.

　　1374년 사랑했던 노국공주가 죽고 난 뒤 공민왕은 방황한다. 남색을 즐기다가 아예 자제위라는 관청까지 만들어서 잘생긴 귀족자제를 선발한다. 난삽한 성관계를 문틈으로 엿보는 것도 모자라서 자제위 귀족자제를 독려해 익비 한씨益妃 韓氏와 성관계를 맺도록 한다. 9월 1일 내시 최만생은 익비가 홍륜과 관계하여 임신을 했다고 보고한다. 공민왕은 입을 닫기 위해 홍륜 무리와 내시 최만생을 내일 죽이겠다고 말하고 술 취해 잠든다. 홍륜 일파는 살기 위한 궁여지책으로 술에 취해 잠든 공민왕을 살해한다. 이 사실을 안 이인임은 홍륜과 자제위 권진과 한안 등을 죽인다. 이때 죽은 권진이 바로 권준의 증손자다.

　　안동 권씨는 청주 한씨 집안에 권준 할아버지 제사를 부탁하고, 시해사건에 연루된 권씨 집안은 뿔뿔이 흩어진다. 권준의

파주 서곡리 고려 무덤벽화 천정석 천문도와 북벽 인물상
묘지석 명문은 무덤주인이 창화공 권준이라고 말한다. 〈천상열차분야지도〉
제작을 지휘한 양촌 권근의 조부가 창화공이다.(© 국립문화재연구소)[35]

둘째 아들 권적의 사위가 한상질의 아버지인 한수였기 때문이
다. 몇백 년간 권씨 집안 제사를 지내주다가 한상질의 무덤으로
오인하게 되고 1700년대에 잘못된 비석까지 세웠던 것이다.[34]

관심사는 공민왕의 남색도 아니고 무덤 주인이 뒤바뀐 사연
도 아니다. 파주 서곡리 벽화무덤 천장에 새긴 천문도다. 중앙에
북두7성과 북극3성이 선명하다. 왼쪽 끄트머리 중앙에 흐릿하
게 태양이 보인다. 오른쪽 끄트머리에는 달이 있었을 것이다. 고
려 사람들은 태양이 동쪽 하늘을 비추고 달이 서쪽 하늘을 비춘
다고 생각한 것이다. 북반구의 중앙 하늘(북쪽 하늘)에 북두7성과

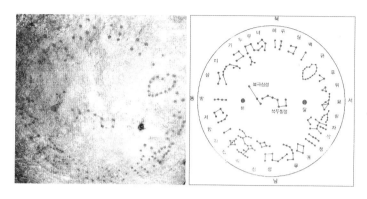

안동 서삼동 고려 무덤벽화 천문도 (© 김일권)36

북극3성이 있다. 전체 구조는 '해-북극3성-북두7성-달' 순서다.
한 가지 더! 무덤 주인 권준은 권근陽村 權近, 1352-1409의 할아버
지다. 권근은 세계에서 두 번째로 오래된 석각천문도 〈천상열차
분야지도〉 제작 책임을 맡았던 천문학자다.

　고려 천문도 한 개만 더 보자. 현재 우리가 직접 접근할 수
있는 벽화무덤이 있다. 안동시 녹전면 서삼동에서 지난 1980년
에 발견한 벽화무덤이다. 동서남북 각 7수씩 모두 28수 별자리
를 새기고 중앙에 '해-북극3성-북두7성-달'을 새겼다. 고려 사
람들이 생각한 하늘을 뚜렷하게 보여주고 있다. 파주 서곡리 고
려 벽화무덤 천문도와 안동 서삼동 고려 벽화무덤 천문도는 일
치한다.

　고려 사람들이 생각한 하늘을 운주사에 적용하면 절로 답
이 나온다. 전체적으로 보았을 때, 운주사 동산과 서산에 석상-

덕흥리 무덤벽화 동쪽 하늘

오른쪽 아래 큰 갈색 원에 둥근 금까귀를 그렸다. 태양이라는 뜻이다. 그 위로 비어5성 그 옆으로 하늘을 나는 물고기 비어를 그렸다. (ⓒ 동북아역사재단)

바위-석탑을 한 세트로 동쪽 하늘, 남쪽 하늘, 서쪽 하늘을 구현했다.

그렇다면 북쪽 하늘은 어디에 있는가? 북쪽 하늘은 하늘의 중심이다. 가장 중요하다. 전체 방위를 결정하는 움직이지 않는 하늘이다. 북극성과 북두7성이 있는 하늘이다. 운주사 서산에 북극3성과 칠성바위가 있다. 고려 사람들은 북극성을 별 세 개로 표현했다. 그래서 북극3성이다. 서양 별자리 큰곰자리 중에서 일곱 개 별을 북두7성으로 생각했다. 석상·바위·석탑 등을 한 세트로 세 곳에 배치함으로써 동쪽 하늘·남쪽 하늘·서쪽 하늘을 표현했다. 나머지 한곳에 북쪽 하늘 칠성바위와 북극3성을 배치함으로써 전체 하늘을 운주사에 구현했다.

다음은 바위와 오층석탑이다. 평양 덕흥리 벽화무덤에서 그리고 있는 동쪽 하늘에는 세 발과 세 날개로 태양을 지고 나르는 금까마귀金烏, 하늘을 나는 날개 달린 물고기飛魚, 그리고 V자를 거꾸로 한 모양으로 비어5성飛魚五星을 그리고 있다. 고구려 무덤벽화 천문도가 중요한 이유는 고구려 천문을 고려가 계승하고 있기 때문이다. 금까마귀는 다리가 세 개라서 세발까마귀, 즉 삼족오三足烏라고 부르기도 한다. 둥근 원 안에 그렸다. 태양을 상징한다. 태양 바로 위에는 비어와 비어5성을 그렸다. 비어5성은 중국 천문도에 나오지 않는 고구려만의 별자리다. 서양 별자리에서 카시오페이아자리에 해당한다.[37] 운주사 동산 바위 위에 오층석탑이 있다. 동쪽 하늘 태양 위에 비어5성이다.

남쪽 하늘길 수직문육층석탑 심방6성 – 동산 칠층석탑

비어5성 오층석탑을 지나 데크를 따라가면 다시 아래 평지로 내려간다. 평지 아래에서 운주사 안쪽으로 조금 걸어가면 오른쪽 동산에 두 번째 석상-바위-석탑이 나온다. 아까 미뤘던 석상을 자세히 보자.

모양새가 매우 독특하다. 머리 정수리 상투에 금관을 하고 있다. 황제 행차에 호종하는 용호친위군장龍虎親衛軍將 같다. 치렁치렁 늘어진 옷 주름, 오대당풍吳帶當風이다. 하늘과 땅 그리고 물을 관장하는 삼관의 호위신장護衛神將 같기도 하다. 최소한 불상은 아니다.

석상의 자세도 불상과는 다르다. 불교예술에서 불상의 자세나 손 위치 등은 특별한 의미를 지니고 있다. 불교의 가르침과 교리를 일러주는 일종의 시청각 교재다. 보통 불상은 좌상과 입상 그리고 와상으로 나뉜다. 좌상으로 유명한 것은 결가부좌. 다리를 꼬고 앉아 있는 결가부좌는 오른발이 위로 온 것을 길상좌라 하고 반대로 왼발이 위로 온 것을 항마좌라 한다. 싯다르타 붓다가 보리수 아래에서 깨달음을 이룰 때 취했던 자세다. 반가좌상은 의자에 앉은 상태에서 한쪽 다리를 밑으로 내리고 있다. 입상은 보통 두 다리를 가지런히 해서 곧게 서 있다. 와상은 붓다께서 열반하실 때 모습인데 옆으로 누운 자세다. 줄지어 서 있는 석상이 취하고 있는 자세 중 어느 하나도 불상은 아니다. 앉아 있거나 서 있거나 두 손을 모은 공손한 자세의 석상들이 다양한 크기로 암벽 앞에 서 있다.

해설사는 석상의 손 모양을 부처 수인이란다. 비로자나불 지권인智拳印이라는 설명이다. 비로자나는 태양을 뜻하는 '바이로카나Vairocana'라는 말에서 유래했다. 따라서 이 붓다는 법신불法身佛이라 부른다. 그의 지혜가 태양처럼 온 세계를 비추고 있

지권인

음을 상징한다. 오직 비로자나불만이 취하고 있는 수인이 바로 지권인이다. 법으로써 중생을 구제한다는 의미를 담고 있다. 정확한 모양새는 두 손을 모두 금강권 자세로 한 것이다. 금강권이란 네 손가락으로 엄지를 싼 모양이다. 두 손을 가슴 위치로 올린 후 왼손의 식지를 똑바로 펴고 오른손바닥에 넣고 잡는다.

본디 불교의 수인이란 인도의 춤 동작에서 비롯된 것이다. 불교 설화와 붓다의 다양한 형상들을 모티브로 깨달음을 상징하는 손 모양으로 이어진다. 그런데 운주사 어떤 석상도 비로자나불 지권인 모양 수인을 한 석상은 없다. 일단 손 위치가 다르다. 더욱이 손이 옷 속에 감춰져 있어서 보이지 않는다. 손 모양으로 깨달음을 주고자 한 것이 수인인데 수인을 옷 속에 감추고 있다!

석상의 얼굴도 투박하고 소박하다. 눈썹과 코 그리고 머리 정도만 뚜렷하다. 이러하니 적잖은 사람들이 이 석상에서 미륵 신앙을 읽는다. 황석영이 쓴 《장길산》이 그렇고, 도선설화에 등장하는 새 정부론도 그렇다. 민중지향적 감성은 독일인 요헨 힐트만 교수에게까지 이어진다. 80년대 중반 전남대학교 교환교수로 왔을 때 운주사 석탑과 석상을 보고 감탄한다. 힐트만 교수는 민중들의 미륵신앙을 읽는다. 운주사 일대는 민중들이 꿈꿨던 용화세계를 구현한 것이라고 선포한다. 그러나 어떤 민중도 이 정도 크기와 숫자의 석상과 석탑을 이 정도 규모로 세울 수는 없다. 있다면 이미 민중이 아니다. 이는 지배계층의 작품이다.

이제 석상들이 서 있는 암벽 쪽 나무 데크 계단을 올라간다. 동산에는 석탑이나 석상이 많지 않다. 대신 절경을 감상할 수 있다. 철저한 계산으로 조성한 인공 정원 운주사를 만끽한다. 서산에서 바라보는 동산이 아름답다. 봄 꽃, 여름 숲, 가을 단풍. 이 모두는 운주사 그 절경을 방해한다. 그래서 운주사는 겨울이 아름답다.

동산 능선을 따라 걷다 보면 육층으로 보이는 석탑이 눈에 들어온다. 이 탑을 칠층으로 볼 것이냐 아니면 육층으로 볼 것이냐에 따라 해석은 완전히 달라진다. 오주석은 칠층석탑이란다. 원래 있었던 한 층이 빠져 버렸기 때문에 칠층석탑이라는 주장이다. 상식적인 주장이다. 사찰에 육층석탑은 존재하지 않는다.[38] 그래서 칠층석탑이다. 눈앞에 빤히 보이는 탑을 보지 않는

남쪽 하늘 심방6성 수직문 육층석탑

동산 석상과 바위 그리고 육층석탑. 남반구 하늘을 날아다니는 비선과 그 하늘을 밝게 비추는 심방6성이다. (ⓒ 화순군청 제공)

다. 자신이 알고 있는 이념대로 말한다. 땅은 음이고 탑은 양이다. 짝수는 음이고 홀수는 양이다. 탑은 양이니 홀수여야 한다. 그래서 5층이나 7층은 있어도 6층은 없다.

그런데 일제강점기에 조선총독부는 육중석탑六重石塔이라고 기록했다.[39] 탑 모양을 자세히 살핀 후 6층이라고 결론을 내린 것이다.《조선고적도보朝鮮古蹟圖譜》에 운주사를 사찰로 분류하지도 않았다. 사찰에서 빼서 기타로 분류하고 있다. 사찰이 아니라고 결론을 내린 것이다. 북쪽 하늘 서산에 북두7성을 상징하는 칠성바위가 있다. 그렇다면 남쪽 하늘 동산에는 남두6성을 상징하는 육층석탑이 있어야 한다. 이것이 상식이다. 운주사는 하늘과 땅 온 세상을 구현하고 있기 때문이다.

다만 지형 특성을 고려하여 서산에 북쪽 하늘과 서쪽 하늘을 두고, 동산에 동쪽 하늘과 남쪽 하늘을 담았다. 가운데 평지는 남쪽 하늘 은하수 하늘길이다. 자세히 보면 평지 왼쪽에 마치 은하수처럼 개천이 흐르고 있다. 그렇다면 운주사는 그대로 우주를 담은 작은 세계다. 운주사에 들어온 사람은 하늘 위를 나니는 비선飛仙이 된다. 이곳이야말로 '구름 신선이 머무는 곳'이다. '날아다니는 신선들의 세계'라는 말이다. 인간은 죽음을 넘어서야만 이를 수 있는 세계다.

유주자사 진의 무덤벽화 천장 남쪽 궁륭을 보자. 은하수가 남쪽 하늘을 가로질러 흐른다. 은하수를 사이에 두고 견우와 직녀가 애틋하다. 견우 머리 위에 인간의 수명을 관장하는 남두6성이 선명하다. 은하수 건너 소를 끌고 가는 견우의 눈높이 저 멀리 동쪽 하늘 경계면에 심수3성心宿三星과 방수3성房宿三星이 떠 있다. 덕흥리 무덤벽화에서 처음 등장했다. 이후 고구려의 동쪽을 지키는 심방6성心房六星으로 자리 잡는다. 심방6성이 되면 아예 동쪽 하늘로 옮겨가서 청룡별자리가 된다.[40] 처음 등장한 덕흥리 무덤벽화에서는 아직 동쪽 하늘과 남쪽 하늘 경계면에

덕흥리 무덤벽화 천장 남쪽 하늘

있다. 따라서 은하수 하늘길보다 동산 동쪽 하늘길에 더 가까이 있을 것이다. 과연 동산 오층석탑, 즉 동쪽 하늘 비어5성 옆에 있다.

심방6성을 표현한 이 탑에는 또 하나의 특징이 있다. 바로 탑신에 새겨져 있는 ▦ 모양의 문양이다. 하늘과 땅을 이어주는 세로 선이다. 비가 내리면 하늘과 땅이 서로 이어진다. 초례의 상당수를 차지하는 기우제와 관련된 문양이다. 고려사에 나오는 기록만 보더라도 황제들은 총 222회 초례를 지냈다. 설행 목적별로 보면, 기우제가 22회로 제일 많다.[41] 그중에서도 비 내리기를 기원하는 기우는 오직 구요당에서만 지냈다.[42]

남쪽 하늘 수궁에 운중군이 머문다. 운중군은 비를 주관하는 구름신이다. 농경사회 고려에서 더없이 중요한 신이다. 운주사 전체 공간 구성을 보면 운주사를 만든 사람들이 어떤 세계관을 담았는지 잘 알 수 있다. 온 하늘의 중심 북쪽 하늘을 제일 높은 곳에 만든다. 남쪽 하늘은 가장 넓은 공간을 차지한다. 마른하늘에 비 내리지 않는다. 구름이 있어야 비가 내린다. 구름집 운주사는 구요당이다.

은하수 하늘길 - 평지

동산 능선을 따라 걷는다. 동쪽 하늘과 남쪽 하늘이다. 반대편 서산에 있는 북쪽 하늘과 서쪽 하늘이 한눈에 들어온다. 가운데 은하수 하늘길 남쪽 하늘로 내려간다. 땅에 구현한 하늘길이다. 구층석탑 바로 뒤에 있는 칠층석탑과 석감이 신비로운 세계로 초대한다. 운주사 은하수 하늘길 석탑들은 대부분 7층이다. 7이라는 숫자는 도교에서 매우 중요한 뜻을 지닌다. 우선 해와 달 일월과 화성·금성·수성·목성·토성 등 오성을 합친 칠정七政이다. 해달별 칠정의 운행에 일정한 질서가 있는 것처럼 황제가 주도하는 정치도 정해진 법과 제도를 따라야 한다. 다음으로 생명을 주관하는 북두7성을 뜻한다. 또한 오행(5)과 음양(2)을 합한 것으로 우주의 모든 현상과 그 운행을 상징한다.

칠정과 북두7성 그리고 음양오행이라는 관점에서 운주사를 조망하면 운주사에는 우주의 기운이 서려 있다. 운주사에서는 역사산책자도 땅을 걸어 다니는 사람이 아니라 하늘길을 날아다니는 신선이 된다.

운주사 은하수 하늘길 석탑과 석감 (ⓒ 화순군청 제공) (위) / **은하수 하늘길 쌍교차문칠층석탑**[43] 뒤에 삼청상이 보인다. (아래)

동쪽 하늘길 동산 수직문육층석탑 심방6성처럼 은하수 하늘길 칠층석탑도 통돌이다. X 자 두 개를 연이어서 새긴 쌍교차문으로 장식했다. X 자 네 모퉁이는 북서·서남·남동·동북 등 네 방향, 즉 사유를 가리키고 있다. 앞에 있는 구층석탑에 새긴 마름모꼴 문양 네 모퉁이가 북·서·남·동 사방을 가리키고 있는 것과 같은 방식으로 해석할 수 있는 문양이다. 추정컨대 운주사를 창건한 주체가 기획한 자리에 정확하게 석탑을 배치했을 것이다. 운주사의 위치와 탑의 자리를 정확히 설명해 주는 일종의 이름표이자 지도다.

은하수 하늘길 나후와 계도 – 평지 석감

그 뒤로 사신처럼 보이는 몇 개의 석상이 자리하고 조금 거리를 두고 그 유명한 석조불감이 서 있다. 돌로 만든 방 안에 석상 두 개가 서로 등을 맞대고 앉아 있다. 석조불감 안에 앉아 있는 석상 모습이 재밌다. 앞서 살펴보았던 암벽에 서 있던 석상처럼 눈썹과 코가 강조된 얼굴에 손을 가슴에 공손히 모은 자세다. 그리고 손을 옷 속에 감추고 앉아 있다.

많은 사람이 석조불감 안 석상은 지권인을 한 붓다라고 말한다. 아무리 양보해도 저 손 모양은 불교의 수인이랄 수는 없다. 석조불감 안 두 석상의 손 모양이 서로 다르다. 앞쪽, 즉 남쪽을 바라보고 있는 석상은 손을 자연스럽게 늘어뜨린 모습이고

은하수 하늘길 석감

북쪽을 향하여 앉아 있는 공손한 석상(오른쪽)[44] 자칫 황실을 위험에 빠뜨릴 수 있는 나후와 계도를 석감 안에 모셨다. 나후와 계도는 일식과 월식을 주관한다. 태양과 달은 황제를 뜻하니 나후와 계도는 황실에 그림자를 드리울 수 있는 위험한 신이다. 나후와 계도를 석감에 모심으로써 황실의 안녕을 도모한다.

반대쪽 북쪽을 바라보고 있는 석상은 손을 공손히 모으고 있다.

　해설사는 손을 늘어뜨린 남쪽 방향 석상이 석가모니의 항마촉지인降魔觸地印이라고 말한다. 항마촉지인은 석가가 깨달음을 얻기 위해 수행을 할 때 그를 방해했던 악마들을 물리치고 얻은 참된 깨달음을 땅의 신이 증명했음을 나타내는 수인이다. 모양은 앉은 자세로 오른손은 자연스레 푼 상태에서 오른쪽 무릎에 놓고 땅을 가리킨다. 그런데 석실 속 석상은 왼손을 무릎에 얹었다. 게다가 땅을 가리키는 것이 아니라 무릎을 감싸고 있다. 이걸 가지고 석가모니불까지 끌어와야 할 필요는 없지 않을까! 대웅전도 아닌 야외 석조불감에 그것도 등 뒤로 비로자나불 지권인까지 함께하는 경우라면 정말 의아하다.

　석실 남쪽 석상은 당당하다. 지역 권력자가 남쪽 백성을 바라보고 있다. 북쪽 석상은 공손하다. 개경에 있는 황제를 바라보고 있다. 도교식으로 설명하면, 나후 · 계도 · 자기 · 월패 등 4요 四曜 중 나후와 계도를 모신 석감이다. 사요는 별이 아니다. 나후와 계도는 일식과 월식 등 식현상을 주관하는 신이다. 식은 불길한 현상이다. 식을 일으키는 나후와 계도를 무시무시하다. 자기와 월패는 황도에서 가장 멀리 떨어진 백도상 두 지점, 즉 황도 북쪽 끝과 남쪽 끝을 지칭한다.[45]

　태조 왕건은 개성 황궁에 사요 중 나후와 계도를 포함한 구요당을 지었다. 일식과 월식 등 황실에 그림자를 드리우고 임금을 가려버리는 불길한 징조, 곧 모반과도 같은 일이 고려에서는 벌어지지 않기를 간절히 바랐다. 제일 먼저 지은 초성처가 왜 구요당인지 짐작할 수 있다. 석감에 나후와 계도를 모심으로써 고려 황실의 안녕을 기원하고 있다. 달리 보면 위험한 나도와 계후를 꽁꽁 묶어놓았다.

은하수 하늘길 남두6성 − 평지 원형다층석탑

석조불감을 뒤로하면 또 하나 독특한 석탑을 만난다. 옥개석이 둥글넓적하다. 다른 사찰에서는 볼 수 없는 파격적인 형태다. 도대체 이 탑을 어떻게 이해해야 할까?

1918년 조선총독부에서 조사한 《조선고적도보》에는 六重圓塔(6중원탑)[46]이라 부른다. 탑의 형태로 보았을 때 지금 우리가 보고 있는 것이 전부라는 뜻이다. 전남대학교 박물관 조사보고

은하수 하늘길 원반육층석탑

북쪽 하늘 북두7성과 쌍을 이루는 남쪽 하늘 남두6성을 표현하고 있다. 남두6성은 인간의 수명을 관장한다. 수성노인(壽星老人)을 상징하는 별자리다. 수성노인은 너무 오래 살아서 머리카락이 하나도 남아 있지 않다. 그래서일까! 매끈한 원반으로 표현했다.

서는 원형다층석탑[47]이라 이름 붙인다. 현재 6층까지 남아 있고 몇 층이 더 있었는지 알 수 없어서 그냥 다층이라고만 표현했다.

남쪽 하늘 은하수 가에서 견우를 애틋하게 바라보는 직녀 머리 위에 솟은 별자리가 있다. 남두6성이다. 방위를 가리키는 별자리다. 북반구에 사는 고려 사람들이 초원을 달리거나 바다를 가로지를 때 방향을 잡아주는 별이 북두7성이다. 남쪽 하늘에도 그와 같은 방위 별자리가 있다. 남두6성이다. 남두6성은 궁수자리에 해당하는 여섯 개 별을 통칭해서 부르는 이름이다. 북두는 사후세계를 주관한다. 남두는 생전의 수명장수를 주관한다. 이렇게 북두7성과 쌍을 이룬다.[48]

은하수 하늘길 남쪽 하늘에 육층석탑을 세운 것은 지극히 당연하다. 그런데 불교적 관점에서 은하수 하늘길 원반육층석탑을 보면 문제가 생긴다. 티베트 불교를 제외하면, 짝수로 탑을 세우지 않는다. 한 층이 어디론가 사라진 것으로밖에 달리 해석이 불가능하다. 머릿속에 도교가 없고 불교만 있는 사람에게는 상식이다. 그러나 이 경우 탑신의 전반적인 비례가 어긋나야만 한다. 한 층이 없어졌으니까! 유감스럽게도 그런 흔적은 없다. 6층 그 자체로 완벽하고 아름답다.

남두6성을 달리 부르기도 한다. 수성·남극성·노인성·남극노인. 서양 별자리로는 처녀자리다. 중국 도교 전통에서는 예부터 이 수성을 매우 중하게 여겼다. 특히 이 별자리는 천하가 안정되고 평화로우면 나타난다. 전쟁이 일어나거나 나라가 혼란

수성노인도(壽星老人圖) (ⓒ 국립민속박물관)

에 빠질 위험이 닥치면 사라진다. 사람들은 수성壽星을 보면서 평안과 장수를 기원했다. 도교를 깊이 신앙했던 중국 전통에서 수성 이미지는 매우 친숙하고 익숙하다.

수성은 생명을 주관하는 별이다. 수성은 어르신이다. 너무 오래 살아서 머리카락이 다 빠져버린 대머리에 편안한 미소를 머금은 어르신. 다양한 공예품과 조각품에 등장하는 대머리 노인은 수성의 대표 이미지다. 긴 옷을 한쪽 어깨에 휘감아 치렁치렁 늘어뜨렸다. 신비한 버섯 영지와 신선초가 달린 지팡이를 들고 있다. 오래오래 살 수 있게 도와주는 식물이다. 종종 산타크로스처럼 루돌프를 탄다. 수사슴이다. 이놈은 깊은 산속 그늘진 곳에 숨겨져 있는 영지를 기가 막히게 찾아낸다.

은하수 하늘길 사요 – 평지 삼층석탑

이 원형탑을 뒤로하고 계속 전진하면 새롭게 조성한 사찰 운주사와 마주한다. 대웅전을 비롯해서 지장전·종각 등 각종 전통 불교 건물들이 자리하고 있다. 대웅전 앞뜰에 또다시 특이한 모양의 석탑이 등장한다. 이번에는 4층이다.

불교식으로 해석한다면 짝수 탑은 있어서는 안 된다. 그래서 발굴조사 보고서에서는 3층이라 한다. 만약 이 탑이 3층이라면 유사한 모양을 한 삼층석탑은 이층석탑이라 해야 한다. 두 탑은 1층 옥주가 긴 형태로 되어 있어서 서로 유사하기 때문이

하늘길 사층석탑 또는 대웅전 앞 삼층석탑

전남대학교 박물관 조사보고서는 3층 옥개석까지 완전하고 그 이상 각 부재
의 존재 여부를 알 수 없어서 삼층석탑[49]이라 명명했다. 그런데 왜 옥개석을
뒤집어 놨을까?

다. 설명을 할 수 없으니 또다시 상층이 없어진 것으로 추정만
한다. 짜 맞추기다. 그렇다면 육중원탑은 왜 다층석탑이라 명명
했나? 그 이상 존재 여부를 알 수 없는 것은 마찬가진데! 동일한
논리를 적용하면, 육층석탑이라 불렀어야 한다.

조선고적도보는 다탑봉 석탑多塔峯 石塔이라고 부른다. 더
있을 것으로 추정되기 때문에 이렇게 명명한 것이다. 육중원탑
의 경우는 그 자체로 완전한 형태를 갖추고 있다고 보았기 때문

에 육중원탑이라 부른 것이다. 역사산책자는 사요四曜[50]라고 본다. 사요 중 나후와 계도가 편히 쉬는 궁이 석감이라면, 사층석탑은 하늘 위에 당당하게 자리한 모습이다. 석감이 형상이라면 사층석탑은 별자리다.

은하수 하늘길 구요 – 평지 원구형석탑

사층석탑과 대웅전을 지나 안쪽 깊숙이 자리하고 있는 불사바

은하수 하늘길 항아리구층석탑

일제는 《조선고적도보》에 난탑(卵塔)[51]이라 기록하고 있다. 알모양 탑이라는 뜻이다. 전남대학교 박물관 조사보고서는 원구형석탑이라 부른다. 석감 속 나후와 계도 그리고 항아리탑 칠요는 은하수 하늘길 핵심 상징이다. 구요를 표현하고자 했을 것이다.

위로 올라가는 길목에 독특한 석탑이 또 하나 나온다. 둥글다 못해 아예 축구공처럼 만들어 놨다. 항아리탑이라는 별명으로 더 유명하다. 이 탑은 전라남도 유형문화재 제282호다. 일제강점기 때 찍은 사진에는 7층인데 지금은 4층까지만 있다. 동그라미·원반·항아리 등 둥글게 표현하고 있는 것은 모두 별을 뜻한다.

　　역사산책자는 원래 구층이었다고 추정한다. 일곱 개가 있었지만 현재 네 개밖에 없다. 그런데도 아홉 개가 있었다고 추정하는 근거는 뭘까? 개경 황궁 북쪽에 구요당이 있었다. 이제현이 《익재난고益齋亂藁》에서 노래한 '구요당九曜堂'이라는 시를 한번 읽어보자.

　　시냇물 잔잔하고 돌길 비꼈는데
　　(溪水潺潺石逕斜)
　　고요한 모습 도인의 집과 같구나
　　(寂寥誰似道人家)
　　뜰앞에 누운 나무 봄에도 잎이 없으니
　　(庭前臥樹春無葉)
　　벌들은 온종일 꽃에만 날아드네
　　(盡日山蜂咽草花)
　　빈 창에서 꿈을 깨니 달이 반쯤 비치었는데
　　(夢破虛窓月半斜)
　　숲 속에서 종소리 나자 중의 집인 줄 알았다오

(隔林鍾鼓認僧家)

새벽 무렵 부는 바람 느닷없이 험악하더니

(無端五夜東風惡)

아침 되자 남쪽 도랑에 떨어진 꽃 떠내려오네

(南澗朝來幾片花)

구요당은 시냇물 잔잔하고 돌길 비낀 숲속 집 같은 도인의 집이다. 운주사 은하수 하늘길 왼쪽에 실개천이 흐른다. 은하수 하늘길 안쪽으로 꺾어 들어서 깊숙한 곳 바위 언덕 아래에 돌맹이가 어지럽다. 익재가 노래한 구요당이다.

항아리탑을 지나면 왼쪽 절벽 안에 일군의 석상들이 있다. 암벽 아래 세워둔 모습이 구층석탑 옆에 있던 석상들과 크게 다르지 않다. 석상 앞에 돌무덤이 있다. 이 석상이 불교 혹은 민간신앙의 주요한 대상으로 기능하고 있다는 것을 웅변하고 있다.

석상들을 지나 안으로 들어간다. 끝에서 왼쪽 암벽에 올라서서 사선으로 오른다. 방향을 몇 차례 틀어서 오르면 불사바위에 이른다. 동산 가장 높은 위치다. 불사바위는 거대한 바위 덩어리다. 도선국사가 이 바위에 앉아 운주사의 공사를 진두지휘했다는 전설을 품고 있다. 동산 앞쪽에서 바라보는 운주사 전경과는 달리 하늘길 은하수 위에 탑들이 또렷하다. 장관이다.

남쪽 하늘길 운중군 - 동산 마애여래좌상

불사바위에서 올라갔던 반대 방향으로 내려오는 길 왼쪽 암벽에 마애여래좌상을 새겼다. 볕 좋은 맑은 날에는 윤곽을 또렷이 볼 수 있다. 흐린 날에는 있는지 없는지도 모른다. 다행히 역사산책자가 방문했을 때는 볕이 좋아 어느 정도 마애여래좌상의 모습을 확인할 수 있었다.

그러나 역시 운주사의 마애여래좌상은 다른 사찰과는 달리 불교색이 강하게 드러나지 않는다. 암벽에 부조나 선각 등으로 불상을 표현한 것을 마애불이라 한다. 마애여래좌상이란 암벽에 새겨 넣은 앉아 있는 석가모니불을 말한다. 붓다를 굳이 남쪽 하늘에 새겨야 할 이유가 없다.

불사바위에서 바라본 운주사 전경

남쪽 하늘 운중군

은나라 때에는 비신과 함께 구름신을 숭배했다. 중국 남쪽 양자강 일대를 장악한 초나라에서는 구름신을 운중군이라 부른다. 뒤에 운사雲師·운장雲將 등으로 부른다. 치우가 황제와 싸울 때 풍백·우사·운사 등으로 하여금 크게 바람을 일으키게 하여 황제군을 곤경에 빠뜨린다. 이때 운사가 바로 운중군이다. 바람·비·우레·구름 등은 모두 비내림降雨과 관련이 있다. 화순 운주사에서 운중군에게 비를 내려 주시기를 간절히 기원하려 했으리라! 때를 따라 내려주시는 비로 호남 드넓은 평야에 풍년이 든다. 조운선에 가득 실어서 황제 계신 개경으로 가지고 간다. 고려 시대만 하더라도 운주사 바로 앞 평야는 물길이었다. 운주사로 들어오는 초입에 장이 섰다.

운중군은 잠시 구요당 초례에 들렀다가 다시 구름 속 하늘로 돌아가신다. 하늘 수궁에 편히 계시는 운중군을 어떻게 표현할까?! 고려 석공은 마치 하늘 위에 둥실 떠 있는 듯 암벽 위에 새겼다. 암벽에 구름 문양을 새기니 암벽은 더 이상 암벽이 아니다. 영락없는 하늘이다. 그럼에도 세상의 중심 북쪽 하늘에 계신 북극3성 태일이나 북두7성보다 더 높이 계실 수는 없다. 그래서 남쪽 하늘에 높게 그러나 태일보다 낮게 모셨다. 능주는 황실 외척이 사는 으뜸 고장이다. 그러나 개경보다 높지 않다. 고려 석공은 위치·높이·모양·숫자 등 모든 것을 고려했다.

운중군이 수궁에서 내려와 평지 대웅전을 지나 오른쪽 서산에 오른다. 이제부터는 북쪽 하늘을 나는 신선이 된다. 북쪽 하늘에서 우리를 기다리는 것은 바로 북두7성과 북극성이다. 각각 칠성바위와 와불로 표현하고 있다. 북쪽 하늘 정상에 있는 북극성을 만나러 가는 길목에도 석탑과 석상이 있다. 여기서부터 새로운 하늘길이 열린다는 것을 말하고 있다.

서쪽 하늘길 두꺼비바위 - 서산 거북바위

제일 먼저 반기는 것은 오층석탑과 칠층석탑 그리고 거북바위다. 거대한 바위 끝부분을 다듬어 거북 머리 모양을 만들었고, 그 위에 칠층석탑과 오층석탑을 얹었다. 왜? 고구려 천문도에 등장하는 선후5성과 관삭7성貫索7星에서 그 실마리를 찾을 수 있다.

광개토왕이 다스리던 시절 영토 확장에 기여한 유주자사 진鎭, 332~408의 무덤으로 다시 한번 가보자. 408년 유주자사 진이 사망하자 12월 25일 평양 덕흥리로 옮겨서 안장한다.[55] 아름다운 벽화로 사방벽면과 천장을 장식하고 있어서 덕흥리 벽화무덤이라 부른다. 천장에 천문도가 그려져 있어서 조선 천문도 〈천상열차분야지도天象列次分野之圖〉의 원형에 해당하는 고구려 천문도를 엿볼 수 있다.

고구려 무덤벽화에서 원은 별을 뜻한다. 벽화무덤 서쪽 천장에 가장 큰 원이 등장한다. 원 안에 두꺼비를 그렸다. 두꺼비는 달에서 불사약을 지키는 파수꾼이다. 불로장생을 상징한다. 결국 두꺼비를 그린 원은 달이다. 달 위에 W 자 모양 선후5성先后5星을 그렸다. 선후5성은 서양 별자리 카시오페이아에 해당한다. 북두7성 맞은편에서 빛나는 별자리로서 중국 천문도에는 없는 별자리다. 북두7성과 함께 북극성을 마주하고 1년 내내 관측할 수 있는 주극성週極星이다. 선후5성 옆에 U 자 모양 관삭7성貫索7星을 그렸다. 서양 별자리로는 왕관자리에 해당하고 중국

서산으로 올라가는 길목에 있는 두꺼비바위[54]

두꺼비바위 위에 칠층석탑과 오층석탑 그 아래에 석상이 있다. 서쪽 하늘을
밝히는 달과 그 위를 비추는 선후5성과 관삭7성이다.

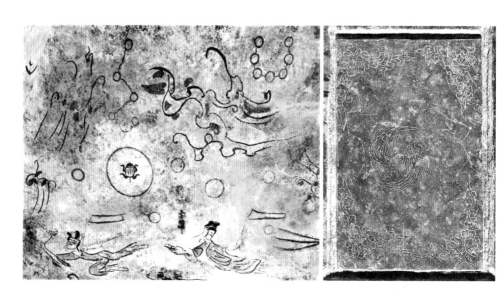

덕흥리 무덤벽화 천장 서쪽 하늘 서쪽 하늘에는 네 다리를 쩍 벌린 두꺼비를 그린 큰 원이 보인다. 달이다. 달 위로 W 자 모양 선후5성이 있고 그 오른편에 U 자 모양 관삭7성이 보인다. (© 동북아역사재단) (왼쪽) / **고려 석관 뚜껑 천문도** (© 국립중앙박물관)(오른쪽)

천문도에서는 9성으로 그려놓은 별이다. 덕흥리 무덤벽화에서는 선후5성과 나란히 그리고 있다. 지금 우리가 가진 지식으로는 고구려 사람들이 왜 이 자리에 관삭7성을 그렸는지 모른다.[56] 여하튼 오층석탑과 칠층석탑이 운주사 거북바위 위에 있는 이유는 알겠다. 선후5성과 관삭7성이 운주사 두꺼비바위 위에 나란히 서 있다.

조금 크게 보자! 거북바위에서 운주사 입구 쪽 옆에 호위신장이 있다. 입불과 좌불 두 석상이 있어야 할 원래 자리도 호위신장이 서 있는 곳이다. 북극3성에 해당하는 세 석상을 제 순서대로 배치하지 않은 것은 공사를 중단했기 때문이다. 예정대로 공사를 끝냈더라면 북극3성은 호위신장·태일·호위신장 순서로 배치했을 것이다.

호위신장에서 다시 운주사 입구 쪽 옆으로 가면 칠성바위다. 운주사 입구 쪽에서 안 쪽으로 배열하면, 칠성바위-태일·호위신장·호위신장-선후5성 순서다. 원래 기획한 대로 배치한다면, 칠성바위-호위신장·태일·호위신장-선후5성 순서다. 북두7성-북극3성-선후5성, 즉 칠성바위-입상·좌상·입상-5층석탑 순이다. 북극성을 중심으로 좌우에 북두7성과 선후5성이 자리하고 있다. 국립중앙박물관에 보관하고 있는 고려 석관천문도와 정확하게 일치한다. 해와 달을 상징하듯 두 마리 봉황이 태극모양으로 휘감아 도는 사이에 원이 3개 있다. 북극3성이다. 그 좌우로 북두7성과 선후5성을 그리고 있다.

북쪽 하늘길 호위신장 – 서산 시위불

고구려 천문관측술은 당대 최고였다. 여러 유적에 남아 있는 고구려 천문도를 보면 고구려는 중국과 다른 천문체계를 갖고 있었다. 고구려 지역에서 발굴한 벽화천문도는 같은 시기 중국 벽화천문도와 달리 단순한 장식이 아니다. 덕흥리고분(408년)에서 발견한 천문도는 별자리 형태와 위치가 정밀하다. 천문관측을 통해 확인한 별과 별을 선으로 연결한다. 중국 북위 원예묘보다 120년 앞선 것이다. 덕화리 2호분(5세기 말)과 진파리 4호분(590년경) 천문도는 전체 별자리를 한 장 천장판석에 그린 전천천문도全天天文圖다. 중심에 북극성과 북두7성을 놓고 둘레에 28개 별자리를 그렸다. 중국에서는 당송시대618~1279에 이르러서야 28수 천문도가 등장한다.[58]

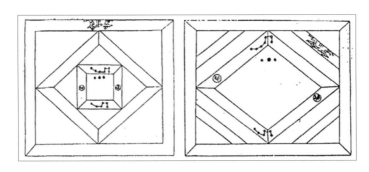

고구려 집안오회분 4호 및 5호 천정 돌그림[60]

고구려 고분 집안오회분(集安五灰墳) 4호 및 5호 천장 고임돌 그림. 북쪽 하늘에 북극3성과 북두7성 그리고 남쪽 하늘에 남두6성이 선명하다. 마름모꼴은 오방위 천하관을 보여준다. 오방위 천하관을 바탕으로 오방위 별자리가 발전한다.

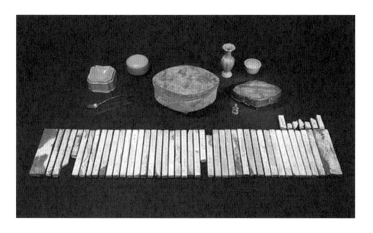

인종 장릉 출토 유물

아래에 인종시책 43엽, 위에 도교제사에 사용한 고려청자가 보인다. (ⓒ 국립
중앙박물관)

진파리 4호분과 집안오회분 등 약 여덟 기 고분에서 북극
3성을 확인할 수 있다. 고구려는 북극3성을 북두7성 옆에 있는
세 개의 별로 그리고 있다.[59] 세 개 별 중에서 중간에 있는 별을
더 크게 그렸다. 중국에서는 5성으로 그린 별자리다. 고려 능묘
에서도 북극5성이 아니라 북극3성으로 그리고 있다. 중국 천문
이 아니라 고구려 천문을 계승했기 때문이다. 시위불이라 부르
는 이 석상의 역할도 분명하다.

1916년 9월 25일 조선총독부박물관에서 구로다 다쿠미黑田
太久馬로부터 인종시책仁宗謚冊과 고려청자 등 인종 장릉에서 도
굴한 여러 유물을 사들인다.[61] 구로다 다쿠미는 일본육군대학

강진에서 발굴한 도교명문 고려청자(오른쪽)
개성 인종 장릉에서 출토한 오이 모양 고려청자 (왼쪽)[64]

교수다. 조선 도자기를 수집한다. 일제강점기 일인들은 고려청자에 열광했다. 1902년부터 1916년까지 일인들은 개성주변 분묘를 도굴하여 고려청자를 불법 유통했다. 1905년 12월 공민왕릉에서만 달구지 10대 분량을 도굴한 데 이어 이듬해까지 개성과 해주에서 2천여 기 고려 고분을 약탈했다.[62] 이때 인종 장릉에서 도굴한 유물도 도쿄로 흘러 들어갔을 것으로 추정한다.

1146년 2월 정묘일 황제가 보화전에서 승하하자 태자 현晛 의종毅宗은 대관전에서 즉위한다. 인종 황제와 공예태후 임씨의

정상에 누운 와불을 지키려는 듯 바로 밑에 서 있는 운주사 호위신장 (왼쪽) /
장릉에서 출토한 인종시책 호위신장 (ⓒ 국립중앙박물관) (오른쪽)

만아들이다. 의종은 선황에게 공효恭孝라는 시호와 인종仁宗이라는 묘효를 올린다. 3월 갑신일 장릉에 장사했다.[63] 즉위 하던 날 시호와 묘를 만들어 바친 인종시책과 고려청자 등을 함께 묻었다.

인종시책은 옥석을 가공하여 모두 43개 책엽으로 만들었다. 글자를 새긴 41개 책엽을 가운데 놓고 선으로 새긴 인물화 책엽 2개를 처음(제1엽)과 끝(제43엽)에 배치해서 끈으로 엮었다. 제1엽 선각인물화 신장神將과 제43엽 선각인물화 신장은 서로 마주 보고 서 있다. 장대 끝에 도끼를 매단 금월金鉞을 들고 있다. 문무백관이 제례를 올릴 때 착용하는 금관을 쓰고, 흉갑·퇴갑·요갑 등 갑옷을 입고 있다. 어깨 넘어 두 줄기 화염두광火焰頭光이 타오른다. 천의天衣는 마파람에 펄럭인다. 물에서 나온 듯한 조중달의 옷 그림曹衣出水과 달리 오도자의 옷 그림은 바람에 날리는 듯하다吳帶當風다.[65] 12세기 전반 송나라 도교미술과 원체화풍을 고려가 수용한 그림이다. 즉, 황실의 위엄을 보여주는 도교 호위신장이다.

북쪽 하늘길 북극3성 태일 - 서산 와불

시위불, 아니 호위신장을 뒤로하고 바로 위 정상에 오르면 와불이 있다. 보통 와불은 부처님이 열반에 드실 때의 모습을 본 따 옆으로 누워 있다. 그런데 운주사 와불은 앉아 있다. 만약 불상이라면, 와불이 아니라 좌불이라 불러야 한다. 거대한 바위 위에 세 개의 석상을 새겼다. 그중 작은 것은 뜯어내어 앞에 세웠다. 남은 두 개를 뜯어내는 작업을 하던 중 옛 신라지역 경주에서 동경반란이 일어났다. 백제지역으로 확산되면 큰일이다. 공사를 중단한다. 그래서 시위불은 서 있고 입불과 좌불은 여전히 한 몸으로 누워 있다. 그러나 뜯어내서 세우려고 했기 때문에 와불 모서리에 여러 개 홈을 판 흔적이 남았다. 한 몸에서 세 몸으로 분리된 한 쌍! 우주의 중심, 북극3성 태일이다.

덕흥리 무덤벽화 천장 북쪽 하늘

북쪽 하늘에 큰 원 두 개가 보인다. 아래원은 토성, 위원은 수성. 수성 왼쪽은 사다리모향 삼태6성 오른쪽은 북두7성. 북두7성 아래에 천마가 보인다. 그러나 북극3성은 그리지 않았다.

서양에서는 태양이 지나다니는 길, 즉 황도를 중심으로 한 황도좌표 체계를 갖추고 있다. 따라서 태양은 우주의 중심이다. 환하다. 태양이 지면 어둡다. 그리고 달이 떠오른다. 굶주린 늑대가 울부짖는다. 음침하다. 달을 뜻하는 라틴어 루나lunar에서 파생된 영어단어 루나틱lunatic은 미치광이를 뜻한다.

이와는 반대로, 고구려에서는 해와 달이 함께 우주를 밝힌다. 해가 밝게 빛나는 낮 하늘이 중요한 만큼 달이 빛나는 밤하늘도 중요하다. 고구려 무덤벽화에 금까마귀金烏와 두꺼비蟾蜍는 해와 달이 동서로 균형을 이루고 있다. 팔월 한가위가 되면 '더도 말고 덜도 말고 한가위만 같아라'는 덕담을 한다. '더도 말고 덜도 말고 보름달만 같아라'는 말이다. 우리에게 달은 풍요롭고 원만하다. 북극을 중심으로 한 적도좌표 체계다. 우주의 중심은 북극 하늘이다.[66] 이 중심을 별 세 개로 표현했다. 오직 고구려와 고려에만 있는 별자리다.

산 정상에 엄청난 크기의 석상이 있다 보니 이와 관련된 많은 이야기가 생겨난다. 특히 몇 해 전 KBS에서 방송한 〈추노〉라는 드라마를 운주사 와불에서 촬영했다. 드라마에서 사용한 와불 이미지는 새로운 세상에 대한 열망이다. 송태하와 곽한섬 그리고 언년이가 원손을 데리고 만나기로 한 곳 북쪽 하늘 운주사 석상이다. 원손으로 대표되는 새로운 세상을 상징하기에 와불이 적당한 곳이라고 생각했을 것이다.

실제로 운주사 석상은 새로운 세상과 왕조의 등장을 알리는 상징으로도 사용되기도 한다. 누워 있는 석상이 일어서는 날 새로운 세상이 열릴 것이라는 이야기다. 황석영은 자신이 쓴 대하소설 《장길산》에 바로 이 이야기를 끼워 넣는다. 《장길산》은 운주산 와불을 미륵사상과 연결시키고 대단원의 막을 내린다. 천불산에 천불천탑이 가득해지고, 와불이 일어서는 날 미륵이 왕생하며 참으로 백성들의 새로운 시대가 열릴 것이란 꿈은 운주사를 '새로운 세상으로 실어 나르는 배運舟寺'로 만들고 있다. 불상들의 얼굴이 소박하고 못생긴 것은 바로 새로운 세상을 꿈꾸는 민중들의 얼굴을 담아냈기 때문이란다. 미륵은 달리 있는 것이 아니라 바로 보통 사람들의 얼굴에 있다는 뜻이다. 상당히 그럴듯한 한반도의 묵시록이다.

역사산책자가 보기에는 문학적 상상에 불과하다. 운주사가 그처럼 새로운 세상을 갈망하는 민중 지향적 사상을 담고 있는 상징체라면 백성들이 운주사에 대한 애정을 듬뿍 갖고 있어야 한다. 현실은 전혀 다르다.

운주사는 역사 속에서 많은 우여곡절을 겪어온 유적지다. 왜구의 노략질과 왜란 등으로 수탈을 겪었다. 아주 오래전부터 영산강 물줄기가 운주사 앞까지 이어졌었기 때문에 왜구들의 침입에 시달렸다. 이는 왜구들을 막기 위해 쌓은 산성에 대한 기록이《신증동국여지승람》에 나오고 있는 것을 통해서도 확인할 수 있다.[67]

발굴조사 과정에서 상감청자 100여 편을 찾았다. 고려 중기 12세기경에 조성했을 것이다. 홍치 8년이라 새긴 기와도 찾았다. 홍치 8년, 즉 연산군 1년 1495년에 중수했다. 16세기경까지 존속했을 것이다. 운주사가 결정적인 타격을 입은 것은 정유재란 때다. 왜군이 화순으로 들어와서 운주사를 불질러 버렸다.[68] 또한 능주 일대에 몰아친 태풍과 지진 등으로 운주사 석탑과 석상들이 망가지기도 했다.[69]

남쪽 하늘 북극3성 태일 (© 박종인)

조선일보 박종인 기자가 역사산책자에게 선물한 사진이다. 하늘에 별들이 큰
원을 그리며 북극3성 주위를 돌고 있다. 사진이 아니라 작품이다.

여기에 주민들까지 가세한다. 운주사에 있는 유물들을 가져다가 생활 도구로 사용한다. 석탑과 석상 옆 평지에서 농사를 짓는다. 주민들에게 석탑과 석상은 새로운 세상을 알리는 미륵의 환생이 아니라 담과 디딤돌을 위한 석재다. 운주사 평지는 생계 수단이다. 그리고 몇몇 주민들은 석탑, 석상들 중 값나갈 만한 것들을 가져다 팔기도 한다.[70] 일제강점기에 석탑 22기 석상 71구였다.[71] 1980년 석탑은 18기로 4기가 줄고 석상은 70구로 1구가 준다. 운주사 천불천탑을 미륵신앙과 연결하기는 어렵다는 말이다.

또한 엄청난 크기의 운주사 석탑과 석상이 무수하게 널려 있는 점을 감안하면 더더욱 민중 지향적이라고 볼 수 없다. 민중적이라고 보기에는 엄청나게 크다. 이 정도 규모의 석상과 석탑을 조성하기 위해서는 수많은 주민을 강제로 동원할 수 있었던 강력한 권력 집단이어야 한다. 따라서 운주사를 미륵신앙과 연결시킨 것은 문학적 상상일 뿐이다.

북쪽 하늘길 북두7성 - 서산 칠성바위

북극3성 태일을 뒤로하고 잠시 내려와 다시 옆에 있는 능선을 따라 걷다 보면 운주사의 비밀을 한껏 품은 일곱 개의 바위를 만난다. 칠성바위다. 운주사 해석의 열쇠를 쥔 핵심이다. 만약 이 바위가 없었다면 운주사의 본 모습을 확인하기 매우 어려웠

서쪽 하늘 칠성바위와 칠층석탑[72]

북두7성 모양으로 원반형 바위를 배치하고 그 앞에 칠층석탑을 세웠다. 별의 밝기에 따라 원반바위의 크기를 달리했다. 맞은편 동쪽 하늘에 비어5성이 보인다.

을지도 모른다. 칠성바위에 관한 한 이론의 여지가 없다. 북두7성을 상징하고 있다는 것을 한눈에 알 수 있다. 바위의 구도는 땅에서 바라본 북두7성이 아니다. 하늘에서 내려다본 모양이다. 일곱 개 원형 바위의 크기와 두께가 다 다르다. 별의 밝기에 따라 돌의 크기와 두께를 달리한 것이다.

북두7성 다섯 번째 별자리 염정성을 따라가면 앞서 살펴보았던 태일이 자리한다. 칠성바위 바로 앞에는 칠층석탑이 서 있다. 이 석탑 역시 방위와 목적을 알리는 이름표 기능을 하고 있다.

스톤헨지, 모아이 석상

지금까지 전남 화순 운주사 고려 신선길을 산책했다. 화순에는

운주사와 스톤헨지

돌과 관련된 유적이 많다. 운주사 인근에는 고인돌 유적지가 있고, 노루목적벽·물염적벽·보산적벽·창랑적벽 등 멋진 기암절벽이 즐비하다. 석공들이 실력을 맘껏 발휘할 수 있는 돌들이 많으니 돌과 관련된 작품들이 많을 수밖에. 운주사에 석탑과 석상이 많은 것 또한 자연스럽다. 천불천탑으로 알려질 만큼 운주사를 채우고 있는 석탑과 석상은 숫자와 규모가 상당하다. 게다가 서산의 와불 두 개 상을 합쳐 250여 톤에 이르는 엄청난 크기다. 이 정도라면 세계적으로도 유래를 찾아보기 힘든 석조 유적이다.

우리가 알고 있는 유명한 석조 유적지로는 영국의 스톤헨지Stonehenge와 칠레 이스터섬의 모아이Moai 석상이 있다. 스톤헨지는 대략 기원전 2000년경에 수차례에 걸쳐 조성된 석조 유적지다. 영국 남부 월트셔주 솔즈베리 평원에 있다. 8미터 정도 높이에 50톤에 이르는 거대한 석상 80여 개를 둥글게 세웠다. 왜 이와 같은 석조 조형물을 그 옛날 어떤 용도로 세웠는가에 대해서는 여전히 논란거리다. 다만 하늘에 제사 지내는 시설로 추정한다.

이스터섬에 있는 모아이 석상 또한 규모가 어마어마하다. 사람 얼굴 모양의 거대한 석상이 남태평양의 작은 섬 이스터에 무려 900여 개나 된다. 이 석상의 높이는 대략 3미터에서 10미터에 이르고, 무게는 3톤에서 10톤까지 나간다. 이들은 부족의 수장을 기리기 위해 만들어진 것으로 알려져 있다.

운주사 석상과 이스터섬 석상

스톤헨지나 모아이 석상 모두 유네스코에서 지정한 세계문
화유산이다. 운주사 역시 이들에 못지않은 세계문화유산이다.
일단 규모 면에서도 압도적이다. 여전히 남아 있는 70구 석상과
18기 석탑만으로도 상당하다. 게다가 평지도 아닌 산등성에 수
십 톤에서 수백 톤에 이르는 석조 조형물을 세웠다는 것은 놀랍
다. 조형 과정과 결과물도 치밀하고 심도 있는 당시의 세계관과
천문관을 담고 있다는 점에서 그 문화적 의의와 가치는 더 크다.

운주사 조성 과정을 그려보자. 동과 서로 나뉜 언덕 그 사이
에는 널찍한 평지가 자리하고 있다. 앞쪽에 영산강 물줄기가 이
르러서 깊숙한 내륙이지만 바다와 이어져 있다. 지금으로부터
천년 전 이 지역을 호령하던 이들은 개성 황실과 연합하여 그 위
세가 하늘을 찔렀다. 수도 개성에 구요당과 복원당 등 도교사원

을 건설한 고려 조정은 지방에 4개의 도관을 지어서 태일오궁을 완성하고자 했다. 지방 거점에 도관을 짓는 것은 당연지사다.

　 전남 화순군 도암면에 하늘 세계를 품고 있는 태일궁을 세운다. 하늘 별자리를 땅 위 석탑으로 대신하고 다양한 석상으로 하여금 시중들게 했다. 땅 위에 하늘 별자리를 옮겨와 고려를 우주의 중심으로 만들었다. 우리는 땅 위에서 하늘을 걷는다. 하늘 위에서 내려다보는 또 다른 세계를 땅 위에서 석탑과 석상으로 연출한 셈이다. 스톤헨지나 모아이 거석보다 한 수 위다. 그런데 운주사 한가운데 화장실과 주차장이 있다. 웬 차들이 제 마음대로 황궁을 누빈다.

운주사 고려길 산책로

운주사 고려길은 크게 구요당 출입문(평지)-동쪽 하늘(동산)-남쪽 하늘(동산)-은하수 하늘길(평지)-남쪽 하늘(동산)-서쪽 하늘(서산)-북쪽 하늘(동산)-구요당 출입문(평지) 순으로 걸어서 한 바퀴 돌아 나오는 길이다. 운주사 입구부터 쭉 뻗은 길을 따라 걸어 들어가면 마름모문구층석탑이 인사를 한다. 여기는 도관 구요당이다. 구층석탑 오른쪽 바위 밑 석상들이 공손하고 반갑게 맞이한다. "구요당에 오신 것을 환영합니다." 바위 위 데크 계단으로 올라가면 오층석탑이다. 태양이 밝게 빛나는 동쪽 하늘길에 올라섰다. 동쪽 하늘을 밝게 비추는 비어5성(카시오페이아)이다. 하늘을 날아다니는 물고기여서 일까 옥개석이 삐쭉빼쭉하다. 그 길을 따라 쭉 걸어 오르면 몇 분 안에 운주사의 전경을 바라 볼 수 있는 높이까지 이른다.

데크를 따라 왼쪽으로 삼분 정도 더 걸으면 수직문육층석탑을 만난다. 남쪽 하늘을 밝게 비추는 심방6성이다. 남쪽 고려길로 옮겨온 것이다. 이곳에서는 보이지 않지만 육층석탑 아래에도 석상 신선들이 옹기종기 모여서 남쪽 하늘을 찾은 손님들을 반기고 있다.

가던 데크길을 계속 걸으면 다시 평지 은하수 하늘길 마름모문구층석탑 뒤쪽으로 내려선다. 쌍교차문칠증석탑과 삼청상을 나란히 모셨다. 그 뒤로 은하수 하늘길 원반육층석탑이 자리한다. 남쪽 하늘 방위별자리 남두6성이다. 사람의 생명을 관장하는 수성壽星이다. 이미지로 형상화한 것이 수성노인. 얼마나 오래 살았든지 머리카락이 다 빠지고 대머리다. 운주사를 찾은 사람들보다 족히 몇 천 살 아니 몇 만 살은 많은 분이다. 그러니 석탑 옥개가 대머리마냥 둥글납작하다.

바로 이어서 구요당에서 제일 무서운 계도와 나후를 모신 석감을 지난다. 일식을 주관하는 신이다. 황제에게 변고를 일으키지 못하도록 꽁꽁 묶어 놨다. 눈매가 매섭다. 다시 대웅전을 위시한 여러 사찰 부속 건물을 지나서 안쪽으로 걸어 들어간다. 원래 삼청상을 모신 도교사원 구요당이 있는 자리다. 오른쪽으로 걸어들면 현재 사층까지만 남아 있는 항아리구층석탑 왼쪽을 지난다. 안쪽으로 더 깊숙하게 들어간다. 맨 안쪽에서 바위언덕을 밟고 끝까지 올라가면 불사바위다. 불사바위에 앉으면 운주사가 한눈에 들어온다. 여기는 남쪽 하늘이다. 신선이 되어 하늘길을 두리둥실 날고 있다고 생각하면서 올라 온 반대편으로 내려간다.

내려가는 길 왼쪽 암벽에 운중군을 지나 다시 구요당으로 내려온다. 여기까지 45분가량 걸린다. 그냥 걷기만 한다면 잠시지만 유유자적한다면 그렇다. 잠시 평지 마당 찻집에 앉아 땀을 식히자. 서산으로 올라간다. 오층석탑과 칠층석탑이 나온다. 서쪽 하늘을 밝히는 선후5성과 관삭7성이다. 두꺼비바위가 두 탑을 떠받치고 있다. 두꺼비는 달이다. 바위 아래 서쪽 하늘 신선들이 나란히 자리하고 있다.

잠시 옆으로 걷다가 다시 오르막을 오른다. 길 한가운데 키 큰 석상이 서 있다. 여기에서 조금 더 올라가면 정상에 입상과 좌상(와불) 두 석상이 있다. 세 석상은 북극3성이다. 북극태일과 두 호위신장이 사는 곳 북쪽 하늘이다. 우리 민족이 생각한 세상의 중심 북쪽 하늘이다. 북극3성에서 왼쪽으로 계속 걸어가면 둥근 돌 일곱 개가 나온다. 북극3성과 함께 북쪽 하늘을 밝게 비추는 북두7성이다. 칠성바위를 뒤로하고 산책로를 따라 내려오면 다시 처음 만났던 구층석탑 구요당 출입문에 이른다. 신선과 더불어 하늘을 걸었다. 신선 운중군이 편안히 계신 도사바위골道巖面 구름집壽宮 雲住!

마름모문구층석탑   오층석탑   수직문육층석탑   쌍교차문칠층석탑

항아리구층석탑   석감   원반육층석탑   삼청상

운중군   두꺼비바위   서산 와불 북극3성 태일   서산 칠성바위 북두7성

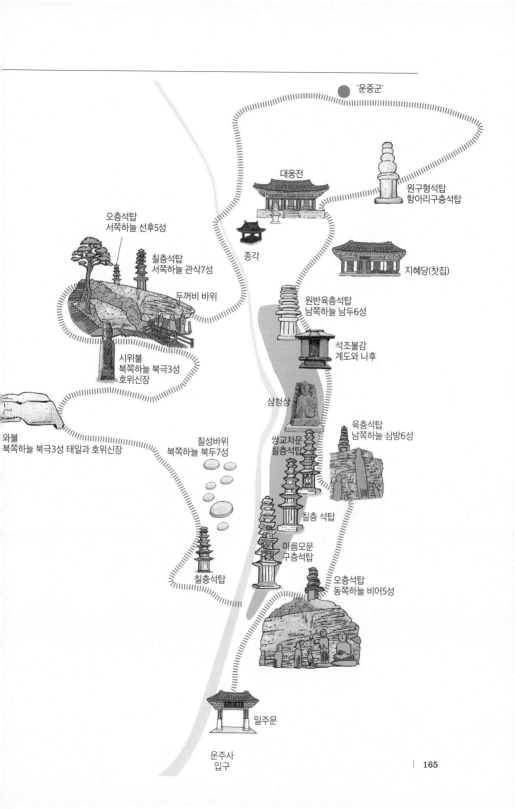

'운중군'

원구형석탑
항아리구층석탑

대웅전

오층석탑
서쪽하늘 선후5성

칠층석탑
서쪽하늘 관석7성

지혜당(찻집)

두꺼비 바위

종각

원반육층석탑
남쪽하늘 남두6성

석조불감
계도와 나후

시위불
북쪽하늘 북극3성
호위신장

삼청상

육층석탑
남쪽하늘 심방6성

와불
북쪽하늘 북극3성 태일과 호위신장

칠성바위
북쪽하늘 북두7성

쌍교차문
칠층석탑

칠층 석탑

마름모문
구층석탑

칠층석탑

오층석탑
동쪽하늘 비어5성

일주문

운주사
입구

3 강릉 조선길 산책

율곡기념관 / 오죽헌 / 선교장 / 활래정 / 경포가시연습지 / 허균·허난설
헌 기념공원 / 동화가든 / 경포해변 / 경포대

대학 다니던 시절 여름방학이 시작되면 농활을 갔다. 농촌봉사활동을 떠난 것인데 농활이라 줄여서 불렀다. 논일·밭일 아무리 해도 끝이 없고 티도 안 난다. 집도 고치고 다리도 손보고 아이들도 가르친다. 그렇게 시간을 보낸 뒤 여름방학을 시작했다.

집으로 가지 않고 강릉으로 간다. 돈 한 푼 없는 청춘들은 경포해변에서 여름을 마음껏 즐긴다. 경포호수에서 술잔에 뜬 달을 마신다. 결국 해변 상인들에게 몇 푼 안 되는 돈까지 다 털린다. 쓸쓸하게 집으로 간다. 그 시절 여름은 짧았다. 지금도 문득 강릉 생각이 난다. 무작정 강릉으로 가기도 한다. 경포는 여전히 달이 여섯 개 뜨겠지?

그사이 경포호와 경포해변 많이 변했다. 경포호에서 보든 경포해변에서 보든 랜드마크는 호텔이다. 싱가포르 센토사에서 봤던 호텔보다 윙이 하나 적은 짝퉁 같기는 하다. 그래도 나름 멋지다. 옥상에서 보는 풍광도 남다르다. 객실 어디에서나 바다 또는 호수가 보인다. 동계올림픽 개최 이후로 위상이 달라졌다는 것을 느낀다. 경포해변에서도 커피를 마시고 에일 맥주 한잔 즐길 수 있다. 호객하는 횟집 주인만 떠올리면 오산이다. 경포가시연습지는 강릉 사람들도 생각을 달리하기 시작했다는 것을 보여 준다.

　　그러나 변치 않는 것도 많다. 오죽헌·율곡기념관·선교장·경포 대……. 신사임당 그림 그리던 곳이다. 율곡 선생 나신 곳이다. 허초희 시를 짓던 곳이다. 허균 젊은 시절 기억이 서린 곳이다. 효령대군 후손들 이 정착한 곳이다. 강릉에서 변치 않는 것은 한결같이 역사와 관련된 것 들이다. 모두 조선 시대와 관련이 있다. 그래서 강릉에서 걷는 길은 조선 길이다.

강릉
책을 끼고 스승을 따른다

강릉은 본래 예국濊國 땅이다. 고구려는 하서량河西良 또는 하슬라주何瑟羅州라고 했다. 신라 지증왕 13년 512년 하슬라주 군주가 된 내물왕 4대손 이사부異斯夫가 꾀를 내서 우산국(울릉도)을 합쳤다. 우산국 사람들은 위세로 항복받기 힘들 정도로 사나웠다. 그래서 계략으로 복속시키기 위해 나무로 가짜 사자를 많이 만들어서 우산국으로 갔다. "너희가 만약 항복하지 않는다면 이 맹수들을 풀어놓아 너희를 밟아 죽일 것이다." 우산국 사람들이 두려워서 바로 항복했다.[1] 경덕왕 16년에는 명주溟州라고 고쳐 불렀다.

고려 때에는 동원경東原京, 하서부河西府, 명주도독부溟州都督府, 경흥도호부慶興都護府 등으로 불렀다. 고려 충렬왕 34년에 강릉도호부江陵都護府로 바꿔서 부른 것이 지금까지 전한다. 공양왕 때에 대도호부大都護府로 승격한 것을 조선 시대에도 그대로

유지했다. [2]

《신증동국여지승람新增東國輿地勝覽》에서는 강릉 풍속을 다음과 같이 전한다. "욕심이 적다. 질병을 싫어한다. 별을 살핀다. 벌할 때는 우마를 받는다. 학문을 숭상한다. 다박머리 때부터 책을 끼고 스승을 따른다. 글 읽는 소리가 마을에 가득히 들리며, 게으름 부리는 자는 여럿이 함께 나무라고 꾸짖는다. 놀이를 좋아한다. 불을 놓아서 구름 속에 개간한다. 예의를 서로 먼저 한다. 늙은이를 공경하여 매양 좋은 절후를 만나면 나이 70 이상 된 자를 청하여 경치 좋은 곳에서 위로한다."[3]

《삼국지三國志》위서 동이전에는 조선 동쪽을 일컬어서 예濊라 하고 고구려와 같은 종족이라고 한다. "문을 닫지 않아도 백성들은 도둑질을 하지 않는다. 성격이 질박하고 성실하며 욕심이 적다. 염치가 있고 부탁하지 않는다. 산천을 중요하게 여겨서 서로 함부로 건너거나 들어서지 못한다. 마을끼리 서로 침범하는 일이 있으면 노예나 소나 말을 내놓는다. 화를 부른 책임을 지게 한 것이라 해서 책화責禍라 칭한다. 길이가 세 길이나 되는 창長槍과 박달나무 활檀弓로 무장한 보병을 이루어 능숙하게 전쟁을 한다. 별자리에 밝아 수확이 많고 적음을 미리 안다. 10월에는 하늘에 제사를 지낸다."[4]

예국에서는 무천舞天이라 하고 고구려는 동맹東盟이라 했을 뿐 마한과 가락도 10월이면 대제를 지냈다. 단군이 태백太白에서 내려오신 단군 탄일에 제례를 지내는 것이다.[5] 강릉은 하늘

자손이 사는 곳이다.

강릉 사람들은 좀상날(음력 2월 6일) 달과 좀생이별 사이 거리를 보고 한 해 농사를 점쳤다. 좀생이별이 달을 바짝 따라가면 흉년이 들고, 떨어져서 따라가면 풍년이 든다고 믿었다. 달은 밥통이고 좀생이는 밥을 얻어먹으려고 따라다니는 아이들이다.[6] 배고픈 아이들이 밥통에 바짝 붙어서 따라가면 밥이 남아날 리 없으니 흉년이 들 것이다. 그나마 좀 떨어져서 따라가면 강릉 사람 먹을 양식이 풍성할 것이다. 강릉 사람이 이처럼 별자리에 밝았던 것은 하늘 자손이기 때문이리라.

강릉 사람
뼛속 깊은 조선 사람

벽을 바로 세우고 지붕을 다시 잇자 – 율곡 이이

연산燕山君, 재위 1494~1506은 왕권을 강화하고자 했다. 마침 이극
돈·유자광 등 훈신들이 김일손이 지은 사초에 대해서 문제를
제기한다. 김종직 문인 김일손·표연말·정영창·최부 등 영남 사
람이 몰락한다. 왕권을 견제하는 사림을 제거한 것이다. 1498
년 무오년에 선비들이 화를 입은 무오사화戊午士禍다. 다음 차례
는 훈신이다.

연산의 생모 성종비 윤씨가 투기하여 성종 얼굴에 상처를
냈다. 윤필상 등 훈신들이 주청하여 폐비하고 결국 사약을 내려
죽인다. 뒤늦게 사실을 안 연산은 윤필상 · 김극균 · 김굉필 등을
처형하고, 한치형·한명회·정창손·정여창·남효온 등을 부관참
시한다. 연산 10년 1504년 갑자사화甲子士禍다. 훈신과 남은 사
림을 제거한 것이다.

이조참판 성희안, 이조판서 유순정, 지중추부사 박원종 등이 훈련원 군대를 동원했다. 연산을 내쫓고 진성군을 추대하여 정치를 돌이켜 바르게 한다. 1506년 중종반정中宗反正이다. 현량과를 통해 중앙정계에 진출한 젊은 사림은 토지겸병 반대, 균전제 실시, 방납 시정 등 개혁정책을 통해 지방사회를 안정시키면서 백성들의 환영을 받는다. 반정공신 100명 중 76명의 책록을 취소시키고 토지와 노비를 몰수하려 하자 남곤·심정·홍경주 등 공신들이 반격에 나선다. 1519년 조광조 일파에게 역모죄를 덧씌워 죽이거나 유배 보낸다. 중종 14년 1519년 기묘년 젊은 선비들이 화를 입었다. 기묘사화己卯士禍라 부르고 젊은 선비들을 기묘명현己卯名賢이라 부른다.

중종이 승하한 뒤 인종仁宗, 재위 1544~1545이 즉위한다. 인종은 중종의 둘째 왕비 장경왕후 윤씨의 소생이다. 오빠 윤임이 권력을 쥔다. 그러나 여덟 달 만에 승하하고 명종明宗, 재위 1545~1567이 즉위한다. 중종의 셋째 왕비이자 명종의 어머니 문정왕후가 수렴청정하고 오빠 윤원형이 권력을 거머쥔다. 명종 척신 소윤 윤원형 일파는 인종 척신 대윤 윤임 일파에게 명종을 해하려고 했다는 음모를 씌워 죽이거나 유배 보낸다. 대윤파는 영호남 출신 신진 사림이 많고, 소윤파는 기호 출신 기득권 사림이 많다. 왕에게 선비들이 화를 입은 것은 아니다. 명종 원년 을사년에 외척 간 권력투쟁으로 신진 사림이 화를 입은 것이다. 을사사화乙巳士禍다. 이황·조식·성혼·기대승 등 사림 학자들이

율곡 선생 나신 곳 강릉 오죽헌

중앙정계를 떠나 재야에 은거한다. 1567년 선조宣祖, 1567~1608가 즉위하면서 사림이 정치를 주도한다.[7]

조선은 중쇄기에 접어든다. 사화가 기승을 부린다. 마치 어둠을 밝히듯 율곡栗谷 李珥, 중종 31년 1536년~선조 17년 1584년이 태어난다. 기묘명현 신명화의 둘째 딸 신사임당과 음직으로 수운판관이 된 이원수 사이에 난 셋째 아들이다. 외가 강릉부 북평촌 오죽헌에서 어머니 신사임당은 용꿈을 꾼다. 중종 31년 1536년이다.

여섯 살 때인 1541년 서울 수진방(청진동)으로 올라온다. 외할머니 용인 이씨가 물려준 집이다. 열여섯 되던 1551년에 삼청동으로 이사한다. 그곳에서 어머니를 잃는다. 고향 파주 두문리 자운산 기슭에 어머니를 모시고 3년간 여묘살이를 한 뒤 금강산으로 들어가서 승려가 된다. 1년에 불과하지만 어머니를 잃은 슬픔이 컸던 모양이다.[8]

명종 11년 1556년 21세 된 율곡은 한성시에 급제한다. 다음해에 정3품 성주목사 노경린의 딸 곡산 노씨와 결혼한다. 23세 된 1558년 봄 장인 노경린을 찾았다가 가까이 있는 예안 도산서원에 들러 퇴계를 만난다.

퇴계는 사람됨과 똑똑함에 놀란다. "노력하고 공부하여 날로 새로워지자努力工夫各自親"고 당부한다. 58세 대학자가 23세 청년에게 과연 이런 말을 했을까?! 사실이다. 이틀 밤을 보내고 눈 오는 날 아침 도산을 떠나면서 율곡은 "말씀과 웃음을 대하니 거친 물결이 멈춘다談笑止狂瀾"고 했다. 왕실 외척들이 서로 싸워 선비가 화를 입고 퇴계를 비롯한 사림이 낙향해야만 하는 세태를 비유한 것이다.[9]

그 뒤로 편지를 주고받으며 서로 학문을 논했다. 율곡은 퇴계에게 아직 깨우치지 못해서 의심스러운 바가 생기면 편지를 쓴다. 퇴계는 정성껏 답한다. 퇴계는 율곡에게 아직 출간하지 않은 《성학십도聖學十圖》를 미리 보내서 자문을 구한다. 율곡은 황송하게 답한다. "제8도 인설도仁說圖는 마땅히 심학도心學圖 앞에 있어야 할 것 같습니다. 잘 모르긴 합니다만 어떻습니까?"[10] 퇴계는 제7도와 제8도를 서로 바꿔서 출간한다.

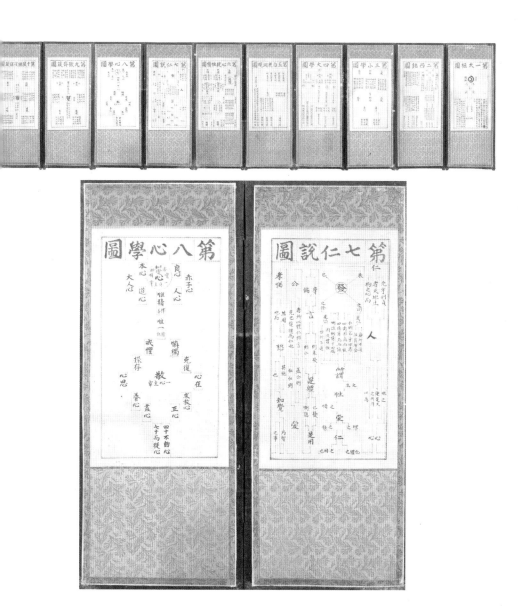

성학십도 (위) /성학십도 제7도 및 제8도 (© 국립고궁박물관) (아래)

26세 때 아버지 이원수가 세상을 떠난다. 탈상한 이듬해 29세 된 명종 19년 1564년 생원시에 급제한다. 초시와 복시 모두 장원이다. 진사시에도 급제한다. 역시 초시와 복시 모두 장원이다. 식년 문과에 급제하고 초시·복시·전시 모두 장원한다. 이때부터 사람들은 9도장원공九度壯元公이라 부른다. 열세 살 때 진사 초시에 급제한 것과 스물여덟 살 때 별시 초시에 장원한 것을 합쳐서 부른 말이다.

호조좌랑을 시작으로 고속승진을 거듭한다. 다음해 1565년 요망한 승려 보우를 논척한다. 을사사화를 일으킨 다섯 간신의 우두머리 척신 윤원형을 탄핵한다. 보우를 제주로 유배 보내고 윤원형을 삭탈관직한 뒤 내쫓는다.

선조 2년 1569년 두모포에 있는 동호독서당東湖讀書堂에서 공부할 수 있는 기회를 얻었다. 매달 글을 지어 바치는 과제물 월과月課로 "동호문답東湖問答"을 지어 올린다.[11]

"조선은 개국 이래 제대로 된 사람과 나쁜 사람이 수없이 진출하고 쫓겨났습니다. 을사사화는 사림을 모조리 죽여서 나라의 명맥을 끊었습니다. 유언비어를 만들어서 임금을 속였습니다. 죄 없는 사람을 잡아서 고문하고 거짓 자백으로 죄를 뒤집어씌웠습니다. 다섯 간신五 姦 정순붕·윤원형·이기·임백령·허자 등은 음모를 꾸며서 충신을 모조리 역적으로 몰아 죽였습니다. 정작 자신들이 꾸민 음모는 사직을 보위한 것이라 기록하여 스스로 위사공신衛社功臣이 되었습니다. 이리하여 충신은 역적이 되고 다섯 간신들은 공신이 되었습니다. 최고의 의리는 명분을 바로 잡는 것입니다. 죄 없는 사람을 사면하고 이미 죽은 자라 할지라도 다섯 간신에게는 형벌을 내려서 차제에 정치를 유신維新해야 합니다. 임금께서는 불끈 진노하시어 다섯 간신들의 죄상을 낱낱이 밝히고 관직과 작위를 빼앗고 거짓 공훈을 삭제함으로써 명분을 바로 잡으소서."

충성되고 현명한 사림은 반역의 죄명을 받았다. 흉악하고 간악한 을사오간乙巳五姦은 사직을 보위하였다는 공훈을 받았다.[12] 을사오간 중 한 사람 이기李芑, 1476~1552는 중종 때 우의정까지 오른 인물이다. 인종 때 대윤 윤임 일파에게 탄핵을 받고 병조판서로 좌천된다. 명종 때 소윤 윤원형과 손잡고 을사사화를 일으킨다. 스스로 공신이 되어 다시 영의정에 오른다. 양재역 벽서사건을 일으켜 윤원형을 탄핵했던 송인수, 윤임과 혼인관계를 형성한 이약수 등을 사사한다. 또한 이언적 · 노수신 · 유희춘 · 백인걸 등 스무 명도 넘는 선비를 유배 보낸다.

율곡이 지목한 다섯 간신 중 이기는 외척 윤원형과 더불어 을사사화를 일으킨 이흉二凶이다. 그러나 율곡에게는 인척이면서 고맙기도 한 분이다. 아버지 이원수를 천거하여 음직으로 수

운판관이라는 벼슬을 얻을 수 있게 도왔다. 신사임당은 남편 이원수가 당숙 이기 집에 출입하는 것을 만류해서 발길을 끊게 만들었다. 율곡도 어머니와 마찬가지다. 사사로운 정에 이끌리지 않는다. 선조는 이기의 작위를 모두 빼앗는다.

동호문답을 올려 을사삭훈을 주장한 뒤 백인걸이 을사사화와 기유사화의 억울함을 밝혀내고 치욕을 씻어달라 상소한다. 을사삭훈 논의를 공식적으로 시작한 것이다. 대사간 박계현 등 열한 명은 을사삭훈을 거론하지 못한 책임을 지고 사의를 표명한다. 유관 · 유인숙 · 윤임 · 계림군 등을 복관한다. 율곡은 을사삭훈 논의를 주도하면서 권신과 척신으로 구성된 잘못된 정치체제를 부정한다. 가짜 녹훈을 빼앗고 억울한 피해자를 복관함으로써 '선왕의 결정이라도 바꿀 수 있다'는 정치혁신의 계기를 마련한다.[13]

39세 때인 선조 7년 1574년 당상관 율곡은 첫 번째 "만언봉사萬言封事"를 올린다. 백성들이 편히 살 수 있는 방책, 곧 공안개혁·선상개혁·군정개혁 등 세 가지 개혁을 부르짖는다.

백성이 사는 곳에서 나는 토산물, 즉 공물貢物[14]을 궁중이나 관청에 바치는 것을 공납貢納이라 한다. 성종 때에 공물의 품목과 수량을 정한 장부, 즉 공안貢案[15]을 정비한다. 연산군 때에 궁중에서 사치하는 데 필요한 물품을 대폭 추가加定하여 새로 신유공안辛酉貢案을 만든다.

지방수령은 공안을 읽어 보고 부과된 공물을 지방관리 향리鄉吏에게 마련케 한다. 공리貢吏는 향리가 마련한 공물을 가지고 서울로 가서 중앙정부 각사에 공물을 납입貢納한다. 실무를 맡은 중앙정부의 이원吏員은 간품看品한다. 합격 여부를 판정하는 간품 과정에서 뇌물을 건네면 받고 그렇지 않으면 물리는 방납모리가 만연한다.[16]

게다가 부과된 공물 중에는 지방에서 나지 않는 물품도 많았다. 이리되면 서울이나 다른 지방에서 물건을 사서 바쳐야 한다. 부득이하게 공물 구매를 대행한다. 구매를 대행해서 공물을 바치는 방납인防納人들이 먼저 바친다. 뒤에 농간을 부려서 몇 배로 받아낸다. 농민들의 부담이 이중삼중으로 무거워진다.[17]

공물을 쌀로만 바쳐도 간품 비리를 막을 수 있다. 농민들은 공물을 쌀로 바치고, 조정에서는 그 쌀로 공물을 구매한다. 쌀로 바치면 간품할 필요가 없다. 공리나 이원이 필요 없다. 방납 몰이꾼이 없어지니 방납 비리도 사라진다. 방납인도 필요 없으니 방납인 농간도 없어진다. 율곡은 황해도 해주에서 실행되고 있는 공납방식을 사례로 든다. "해주의 공물법을 보니 논 1결마다 쌀 한 말씩을 징수한다. 관이 스스로 비축해 둔 물건을 서울에 바치기 때문에 백성들은 쌀을 내는 것만 알고 농간하는 폐단은 전혀 모른다. 이것이 정말 오늘날 백성을 구제하는 좋은 법이다. 만약 이 법을 사방에 반포하면 방납의 폐단이 머지않아 저절로 개혁될 것이다."[18]

백성들에게 쌀을 공물로 걷자! 그 쌀로 조정 각사에서 직접 공물을 마련하자! 공안개혁貢案改革이다.

　서울에 있는 관청 종들만으로는 조정에서 해야 할 일役事을 다할 수 없었다. 지방 공노비를 서울로 불러들여서 번갈아 가며 서울에서 일하게 했다. 지방 공노비를 뽑아서 서울 관아로 올려 보낸다는 뜻으로 선상選上이라 부른다. 서울로 올라온 지방 공노비는 역도 추가로 하고 밥도 제 돈으로 사 먹었다. 이를 감당하지 못해 지방 공노비 집안은 망하기 일쑤다. 뿐만 아니다. 조정 관리가 부패하여 선상을 고르게 하지 못한다.

　"노비 수가 많은 고을이라 하더라도 뇌물이 있으면 적게 배정합니다. 겨우 몇 가구가 있는 고을이라 하더라도 뇌물이 없으면 많이 배정합니다."[19] 서울에 올라와서 몸으로 노역을 치르는 신역身役, 즉 선상을 폐지하자고 주장한다. 대신 면포를 바치게 하는 신공身貢을 받도록 제안한다.[20]

　"선상제도를 폐지하고 신공을 바치도록 하는 것이 좋겠습니다. 노비장부를 자세히 조사토록 하시어 현존하는 숫자에 따라서 해마다 노복은 베 두 필 여비는 한 필을 바치도록 하십시오. 이렇게 하신다면 일정한 공물이 정해져 있어서 준비할 수가 있으니 갑자기 마련하는 데서 오는 병폐를 없앨 수 있습니다. 공물을 거두어들이는 데에도 일정한 장부가 있어 빼고 고치는 것이 없게 될 것이니 간사한 관리의 술책이 없어질 것이고 백성들이 혜택을 받게 될 것입니다."

선상을 폐지하고 신공을 받자! 공안을 만들어서 간사한 관리들이 술책을 부리지 못하게 하자! 선상개혁選上改革이다.

변방을 지키는 장수는 애초에 돈을 주고 장수 벼슬을 산다. 그런데 변방 장수에게는 녹봉이 없다. 사졸로부터 쌀이나 면포를 받는다. 농민들이 변방을 지키는 장수를 먹여 살리는 꼴이다. 게다가 군역을 감당하기 위해서 농민들은 자기 고을을 떠나 멀리 가야만 한다. 가는 길에 풍토병에 걸리기도 한다. 변방에 도착하면 장수에게 학대받고 그 지방 사졸들에게 곤욕을 치른다. 또한 농민들은 면포를 바치고 군역을 대신하기도 하는데 이 과정에 부패한 경저리京邸吏가 끼어든다. 서울에 머물면서 중앙과 지방 관아 연락사무를 담당하는 지방 향리를 경저리라 일컫는다. 경저리는 해당 지방 농민이 져야 할 군역을 다른 사람에게 대신 지운다. 나중에 해당 지방 농민에게 면포로 대역 비용과 이자를 세 배로 뜯어낸다. 농민 한 사람이 세 사람 군역을 지는 꼴이다.

"영營과 진鎭 또는 보堡가 있는 고을에는 곡식을 보태 주어서 변방 장수들이 생활하는 데 부족함이 없도록 해 주십시오. 한 자의 베나 한 말의 쌀이라도 군졸들에게 거두어들일 수 없도록 하십시오. 변방 장수는 녹봉으로 생활할 수 있도록 하십시오. 농민들이 나라를 지키기 위해 먼

곳으로 옮겨가는 수고로움이 없도록 해 주십시오. 군역을 지고 국경을 방비하는 군졸에게는 나라를 지키는 일 외에 다른 양역을 모두 폐지하여 주십시오. 면포를 바치고 군역을 대신하는 경우에 병조에 면포를 바치도록 하고, 병조에서는 관청에서 하는 일을 헤아려서 그 면포를 관청에 나누어 주도록 하십시오. 그리하면 경저리와 향저리가 불시에 독촉받지 않게 될 것이고, 백성들에게 세 배나 되는 면포를 받아내는 일이 없어질 것입니다."[21]

변방 장수들에게 나라에서 녹봉을 지급하자! 농민들은 자기 고장에서 군역을 지게 하자! 시골 관리들이 군역을 빌미로 농민들을 수탈하지 못 하도록 하자! 군정개혁軍政改革이다.

율곡은 공안·선상·군정 등 폐정에 대한 개혁을 경장更張이라 했다. 중쇠기에 접어들어 벽이 무너지고 지붕이 깨질土崩瓦解 위기에 처한 조선을 새롭게 고쳐서 백성을 편안케 하고자 하는 방책이다. 선조는 오랜 구법舊法을 함부로 바꿀 수 없다고 한다. 율곡은 구법이 아니라 악법惡法이라 한다. 홍문관 부제학 미암 유희춘은 "이이가 상소한 바와 같이 공물貢物·선상選上·군정軍政에 관한 일을 강구해서 시행한다면 백성들이 곤고함에서 벗어나 한 숨 돌릴 수 있을 것"이라 아뢴다.[22]

선조 5년 1572년 오건吳健이 김효원金孝元, 1532~1590을 이조전랑에 추천했다. 율곡 이이와 남명 조식의 문인으로 영남 신진 사림이다. 소윤파 윤원형과 한 패였다는 이유를 들어 이조 참의 심의겸沈義謙, 1535~1587이 반대한다. 명종 비 인순왕후의 동생이다. 그러나 무도한 척신은 아니었다. 서울에 기반을 둔 기성 사람이다. 2년 뒤 김효원은 결국 이조전랑이 된다. 그로부터 4년 뒤 김충겸이 이조전랑 추천을 받는다. 심의겸의 아우다. 김효원은 심의겸이 척신이라는 이유를 들어서 반대한다. 대신 이발李潑을 추천한다. 심의겸과 김효원은 서로 등을 돌린다. 심의겸이 정동에 살았기에 그 당인을 서인이라 부르고, 후배 사림 김효원은 낙산 건천동에 살았기에 그 당인을 동인이라 부른다. 이리하여 선배 사림과 후배 사림이 서와 동으로 나뉜다.

선조 8년 1575년 불혹이 된 율곡은 홍문관 부제학으로 당상관이 된다. 동서분당을 누그러뜨리고자 김효원과 심의겸 두 사람 모두 외직으로 내보낼 것을 주청한다. 선조는 두 사람을 지방관으로 내려보낸다. 율곡 자신도 벼슬을 버리고 고향 파주로 낙향한다.[23] 동서분당을 막으려 안간힘을 쓴 것이다.

선조 15년 47세 된 1582년 8월 형조판서 율곡은 세 번째 "만언봉사"를 올리고 다시 경장을 주장한다. 부제학 유성룡西厓 柳成龍, 1542~1607은 차자를 올려 경장에 반대한다. 경장은 좋지만 율곡은 처리할 만한 능력이 되지 않는다고 했다. 율곡은 벽이 무너지고 기와가 깨지는 위기라 한다. 유성룡은 태평시대라고 했다. 율곡은 동서화합에 뜻을 둔다. 유성룡은 서인과 맞서 싸우기에 힘쓴다. 율곡은 동인 유성룡과도 함께 일을 도모하고

파주 자운서원 율곡 신도비

율곡 선생은 10만을 양병하여 국방을 튼튼히 하고자 했다. 돌아가시고 47년 지난 인조 9년 1631년 백사 이항복이 짓고 선원 김상용이 전액을 써서 신도비를 세웠다. 6년 뒤 선원 김상용은 오랑캐 청에 맞서 싸우다가 강화 남문에서 자폭했다. 오랑캐에게 항복하느니 죽음을 선택한 것이다.

자 한다. 유성룡은 자기보다 나은 율곡을 시기했다. 율곡은 경연에서 미리 10만을 양병하여 대비해야 한다고 주장한다. 유성룡은 무사할 때 양병하는 것은 화를 기르는 것이라 했다. 경연을 마친 뒤 율곡은 유성룡에게 말한다. "속된 선비들이야 마땅히 해야 할 바를 모를 수도 있지만 공은 어찌 그런 말을 하는가?" 1592년 임진란이 일어나자 유성룡은 말한다. "율곡은 참으로 성인聖人이다."

12월에 병조판서가 된 율곡은 1583년 2월 "육조계六條啓"[24]

를 올린다. 첫째, 어질고 유능한 사람을 임용하시라. 유능한 사람에게 관직을 주어서 정성과 재주를 쓴다면 임금이 위에 있기만 해도 나라는 다스려진다. 허물을 들추어낼지라도 벼슬을 바꾸지 말라.

둘째, 군사와 백성을 양성하시라. 밀가루 없이 수제비를 만들 수 없다. 백성을 길러야 군사를 키울 수 있다.

셋째, 국고를 풍족히 하시라. 먹을 양식이 없으면 백성을 키울 수 없고, 백성이 없으면 쓸 만한 군사를 키울 수 없다. 수입은 적고 지출은 많다. 지출을 헤아려서 세금을 걷지 말고, 세금 걷어 들이는 것을 봐서 지출하라. 공안을 개정하면 나라의 재용을 넉넉하게 할 수 있다. 종묘와 능에서 한 달에 두 번 하는 삭망제 朔望祭를 한 해 네 번 하는 명절 제사로 바꾸고, 하루 세 번 하는 문소전과 연은전 제사를 하루 한 번으로 줄이라. 왕실 제사 비용을 1/3로 줄일 수 있다.

넷째, 국경을 튼튼히 하시라. 지방 감영을 견고히 하여 사방 군읍을 튼튼하게 세운 뒤라야 서울을 평안하게 할 수 있다. 쇠하고 퇴폐한 작은 고을을 합쳐서 하나로 만들라. 감사를 자주 바꾸지 말고 오래 책임을 맡기라.

다섯째, 전쟁에 쓸 말戰馬을 준비하시라. 북방 오랑캐는 말을 탄 기병인데 우리는 보병이라면 대적할 수 없다. 말타기와 활쏘기를 잘하는 무사를 뽑아서 그 무사가 전쟁에 쓸 수 있는 숫말을 고르게 하라. 직접 잘 먹여서 전쟁에 나갈 때 그 말을 타게 하라.

여섯째, 백성을 인과 의로 교화하시라. 어진仁 사람은 어버이를 버리지 않고 의로운義 사람은 임금을 소홀하게 대하지 않는다未有仁而遺其親者也 未有義而後其君子也.[25] 설령 먹는 것이 풍족하고 군사가 많다고 해도 백성에게 인의仁義가 없다면 나라를 유지할 수 없다.

6월에 북방에서 병란이 일어난다. 니탕개泥湯介가 여진족 2만 명을 이끌고 국경을 넘어 함경도 종성을 포위한 것이다. 율곡은 활 잘 쏘는 사람 1만 명을 뽑아 전장으로 보낸다. 병조 관원들이 사사로이 썼던 군자감 속포贖布를 변방을 지키는 군졸들이 쓰게 한다. 서얼들이 군량미를 바치면 관직에 등용하는 방식으로 군량미를 확보하여 병사들을 배불리 먹인다. 사수 선발에서 3등 이하에 해당하는 군사가 전쟁에 쓸 말을 바치면 전장으로 가는 것을 면제해 준다. 전마를 확보하기 위한 고육책이다.

율곡은 선조에게 아뢰지 않고 시행한 뒤 뒤늦게 계啓를 올린다. "권력을 제멋대로 휘두르고 임금에게 교만을 부렸으니 지극한 마음으로 죄를 기다립니다."[26] 동인들은 율곡에 대한 인신공격을 멈추지 않는다. 율곡은 병조판서를 사직한다. "한 줌 눈물 한양성에 뿌리고孤臣一掬淚 灑向漢陽城" 낙향한다. 선조는 율곡을 인신공격한 대사간 송응개, 승지 박근원, 창원부사 허봉 등 동인 중진 세 사람을 유배 보낸다.

그해 9월 두 달 만에 율곡을 판돈녕부사로 다시 불러 10월

파주 자운서원 율곡묘

이조판서에 제수한다. 그러나 다시 두 달 만에 몸져눕는다. 임종 전 13일 동안 병석에 있다가 임종 하루 전 북변 순무어사巡撫御史로 떠나는 서익에게 국방에 대한 조언을 하기 위해 일어나 앉는다. 율곡은 "유조방략六條方略"을 불러주고 동생 우玉山 李瑀, 1543~1609는 받아쓴다. 말을 마치고 혼절한다. 부인 신씨는 검은 용이 침방에서 하늘로 올라가는 꿈을 꾼다. 다시 깨어난 율곡은 손발톱을 자르고 목욕하기를 요청한다. 머리를 동쪽으로 향하고 숨을 거두니 선조 17년 1584년 정월 16일 새벽 49세를 일기로 서울 대사동 우사에서 생을 마감한다. 이틀 동안 눈을 감지 못했다.[27]

광해 때에 북인들이 편찬한《선조실록》에는 한 나라 정승이 죽었는데도 졸기卒記조차 싣지 않았다.[28] 서인이 집권한 뒤 편찬한《선조수정실록》에 다음과 같이 실었다.[29]

"발인하는 날 밤에는 모두 달려와 모여 통곡했다. 궁벽한 마을의 일반 백성들도 더러는 서로 위로하며 눈물을 흘리면서 '우리 백성들이 복이 없기도 하다'고 하였다. 멀고 가까운 곳에 모여서 전송하였는데, 횃불이 하늘을 밝히며 수십 리에 끊이지 않았다. 이이는 서울에 집이 없었고 집안에는 남은 곡식이 없었다. 친구들이 수의襚衣와 부의賻儀를 거두어 염하고 장례를 치른 뒤 작은 집을 사서 가족에게 주었다. 그래도 가족들은 살아갈 방도가 없었다."

율곡은 을사삭훈을 통해 왜곡된 정치를 바로잡고, 개혁을 통해 백성을 편안케 하고, 동서분당을 조제보합함으로써 그 폐해를 막고, 변방을 튼튼히 지켜 오랑캐가 넘볼 수 없는 나라를 만들고자 했다. 무너지는 벽을 바로 세우고 깨지는 기와를 제대로 이어서 조선이라는 집을 반듯하게 하고자 했다. 퇴계나 선조는 율곡을 알았다. 많은 사람은 더불어 살았으면서도 율곡을 제대로 몰랐다.

1975년 오죽헌 정화사업을 벌인다. 문성사를 짓고 표준영정으로 지정한 〈율곡영정〉을 설치한다. 김은호가 1965년에 그린 그림이다.[30] 동경미술학교 일본화과 청강생으로 유키쇼메이結城素明에게 그림을 배운 일본식 채색화 전문가다. 1937년 애국금차회愛國金釵會가 미나미南次郎 총독에게 전쟁헌금을 바치는 광경을 그렸다. 〈금차봉납도金釵奉納圖〉라는 그림인데, 김은호는 이 그림을 미나미 총독에게 바친다.[31]

애국금차회는 친일매국노 윤덕영의 처 김복수가 회장을 맡은 단체다. 결성식 당일 즉석에서 금비녀金釵 11개, 금반지 2개, 금귀지 2개, 은비녀 1개, 현금 889원90전을 모아 조선군사령부 후키자와 중장에게 헌납했다. 금비녀를 비롯한 귀금속과 현금을 일제에 갖다 바친 이 광경을 그린 것이 〈금차봉납도〉다. 1940년 10월 조선남화연맹전, 1943년 1월 애국백인일수전람회, 7월 총독부와 아사히신문이 후원한 일만화연합 남종화전람회 등 '성전 승리'를 위한 국방기금 마련전에 빠지지 않고 참여했다. 광복 뒤 조선미술건설본부에서는 친일매국한 미술가를 회원으로 받아들이지 않았다. 김경승·김인승·김기창·이상범 등과 함께 김은호도 회원에 들지 못했다. 이것만으로도 그가 어떤 화가인지를 알겠다.[32]

율곡 선생께서 살아계신다면 친일매국 화가에게 당신을 그리라고 하지 않았을 것이다. 서울시에서 친일매국 조각가 김경승이 만든 안중근 의사 동상을 철거한 것은 지난 2010년 10월 26일. 2013년 서울특별시 강남구에서 도산 안창호 선생 동상,

2015년 국회에서 이순신 장군 동상, 2021년 정읍시에서 전봉준 장군 동상 등 김경승이 만든 동상 철거 및 교체가 줄을 잇고 있다.

이제 강릉시 차례다. 강릉시에서 친일매국노가 그린 영정을 제일 먼저 교체했으면 좋겠다. 전국으로 퍼져서 친일매국노가 그린 표준영정을 모두 새롭게 했으면 좋겠다. 율곡 선생께서 제일 먼저 반기실 일이다.

강릉 산책
새롭게 고쳐서 백성이 편한 조선길

사임당과 율곡의 집 - 오죽헌

왕건이 고려를 개국할 때 개국공신에 오른 충무공 최필달은 경흥, 즉 강릉을 관향으로 받는다. 강릉 최씨 시조다. 강릉 최씨 충무공계는 지금도 초당동·송정동 등 강릉 일대에 세거하고 있다.

17세손 최치운釣隱 崔致雲, 1390~1440은 1417년 과거에 급제하여 승문원 정자와 집현전 수찬 그리고 형조와 이조 참판 등을 역임했다. 사장詞章에 뛰어나 사대와 교린 문서를 관장했다. 1440년《무원록無冤錄》을 주해하여《신주무원록新註無冤錄》을 완성했다. 조선 조정에서 펴낸 법의학서다. 바로 이 해에 명나라 사신으로 다섯 번째 다녀온 뒤 강릉으로 낙향했다. 건강이 좋지 않았던 듯 곧바로 세상을 떴다. 세종은 제때 치료하지 못한 어의 양홍수를 벌하고 예관 이하성을 보내 제사 지냈다.[33]

13살 된 맏아들 최응현睡軒 崔應賢, 1428~1507이 3년 동안 최치운의 무덤을 떠나지 않았다. 1454년 문과에 급제한 뒤 고성군수·경주부윤·충청도관찰사·한성부좌윤·대사헌·병조참판 등을 지냈다. 최응현도 아버지 최치운이 창건한 고향집 오죽헌에서 1507년 유명을 달리했다.[34]

최응현은 용인이씨 이사온과 결혼한 둘째 딸에게 오죽헌을 물려주었다. 최응현의 사위 이사온과 둘째 딸 강릉 최씨 사이에서 신사임당의 어머니 용인이씨가 무남독녀로 태어난다. 용인이씨는 외할아버지 최응현에게 글을 배웠을 것이다. 용인이씨는 성장하여 기묘명현 평산 신씨 명화와 결혼하여 한양으로 올라간다. 신접살림을 차린 지 얼마 되지 않아서 용인이씨는 몸져누운 어머니를 수발하기 위해 오죽헌으로 다시 내려온다. 최응현 둘째 딸 강릉 최씨의 외동딸이었기에 병수발을 들 자녀가 없었다. 부부는 그렇게 16년 동안 서로 떨어져 살다가 신명화가 강릉 북평촌 오죽헌으로 내려와서 같이 산다.[35]

용인이씨는 재산을 증여하면서 둘째 딸 신사임당이 낳은 외손자 율곡에게 한양 중부 수진방 집을 준다. 제사를 잘 모시라는 뜻이다. 넷째 딸이 낳은 외손자 권처균에게는 강릉 북평 기와집을 물려준다. 묘소를 관리하는 데 드는 비용으로 충당하라는 뜻이다. 권처균은 집 이름을 오죽헌烏竹軒이라 짓는다.[36]

오죽헌은 익공계 공포로 팔작지붕을 떠받치고 있는 기와집이다. 우리나라 전통 건축물은 지붕 모양에 따라서 맞배지붕·

오죽헌

자녀들과 함께 온 가족 단위 여행객들이 꼭 들린다.

우진각지붕·팔작지붕 등으로 나눈다.[37] 중국에서는 맞배지붕과 박공을 격이 높은 건축물에 쓰는 경우가 많다. 단순하지만 가장 오래된 건축 형태이기 때문이다. 우리나라에서는 합각이 박공으로 내려오고 다시 팔자로 처마까지 경사지게 이어진 팔작지붕을 품격 높은 건물로 여긴다. 가장 정교하고 발전된 집이기 때문이다.

전통 목조 건축물을 나누는 또 다른 방식은 공포 배치에 따르는 것이다. 기둥 위 처마 아래에 삐죽삐죽 튀어나온 것을 일컬어서 공포라 한다. 지붕과 기둥 사이에 있는 공포는 주심포계·다포계·익공계 등으로 나뉜다. 주심포계는 단정하고 우아하다. 다포계는 동적이고 화려하다. 오죽헌은 익공 두 개를 겹쳐 놓은 이익공계 목조건물이다. 간결해서 궁궐이나 사찰의 부속 건물에 주로 사용하는 양식이다.[38] 겉과 속을 늘 같이하여 청렴하고 강직하게 살고자 했던 조선 선비에게 가장 잘 어울린다. 그래서 조선 시대에 익공계 기와집을 많이 지었다.

연산 10년 1504년 바로 이 집에서 한 아이가 태어난다. 최응현의 둘째 딸 강릉 최씨와 사위 이사온은 무남독녀 외동딸 용인이씨를 낳는다. 용인이씨와 평산 신씨 신명화와 결혼하여 낳은 둘째 딸이 신사임당申師任堂, 1504~1551이다. 평산 신씨 둘째 딸 신씨 부인에게 사임당이란 이름을 지은 사람은 우암 송시열이다. 주나라 문왕을 낳은 '태임을 스승으로 삼는다師任堂'는 뜻이다. 태임으로부터 태교가 시작되었다. "눈으로는 나쁜 것을 보지 않고, 귀로는 악한 소리를 듣지 않고, 입으로는 오만한 말을 하지 않으며, 동작에는 절도가 있었다." 어머니 태임이 뱃속에 있을 때부터 교육을 시작하였기에 문왕으로 성장할 수 있었다. "율곡 선생의 덕은 실상 어머니의 태교로부터 된 것"이다. 어머니가 율곡을 잘 교육시켰기 때문에 "마침내 큰 성취를 이룰 수 있었다". 태임을 스승으로 삼아 자식 교육에 성공한 사임당은 어머니 교육의 대명사가 된다. 강릉은 교육 마을이 된다.[39]

열아홉 되던 해 1522년 이원수와 결혼한다. 임진왜란 이전까지만 하더라도 처가에서 혼인을 하고 한동안 살았다. 신사임당이 서울로 올라간 것은 1524년이다. 결혼한 지 3년 만에 서울에서 맏아들을 낳는다. 다시 강릉으로 내려가서 두 아들과 세

딸을 낳는다. 신사임당은 네 아들과 세 딸을 두었는데 맏아들과 막내아들을 제외하면 모두 강릉에서 낳았다. 특히 율곡을 오죽헌에서 낳았을 때 용꿈을 꿨다고 해서 오른쪽 끄트머리 방을 몽룡실夢龍室이라 부른다. 1541년 서울로 올라와서 수진방에서 살다가 1551년 삼청동으로 이사하고 바로 운명한다.[40]

신씨 부인 사임당은 그림 그리기를 매우 좋아했다. "안견의 그림을 모본으로 그린 산수도는 정밀하기 그지없어서 일곱 살 어린아이가 그린 그림이라고 믿기 어려웠다. 특히 포도를 그리면 모두 진짜 같다"고 할 정도였다.[41]

사임당은 그렇게 그림을 잘 그렸다. 그중에서도 초충도는 사임당을 상징하는 그림이다. 적잖은 그림이 있지만 국립중앙박물관 〈초충도10폭〉과 강릉 율곡기념관 〈초충도8폭〉은 특히 잘 알려져 있다. 국립중앙박물관이 소장하고 있는 초충도 한 폭을 감상하자.

대부분 몰골법으로 그렸다. 테두리 선이 없다. 감히 범접할 수 없는 자태로 양귀비가 피었다. 양귀비를 중심으로 좌우에 나비를 그렸다. 도마뱀과 쇠똥구리가 기어간다. 양귀비는 이름 그대로 아름다운 여인을 상징한다. 꽃처럼 아름다운 삶을 소망하면서 그린 듯하다. 신사임당 자신을 그린 것일지도 모른다.[42]

진하게 색칠을 했다. 여러 차례 덧칠을 한 듯 부자연스럽다. 양귀비가 중앙을 차지하고 있다. 우리나라 그림은 이런 식으로 배치하지 않는다.[43] 어찌된 영문인지 줄기에 잎이 태극 모양으

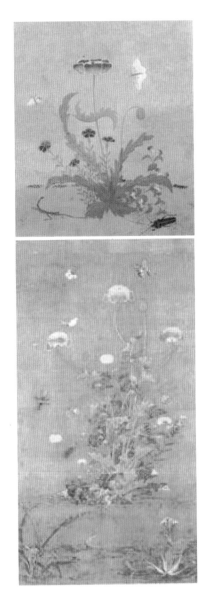

초충도 〈양귀비와 도마뱀〉 (ⓒ 국립중앙박물관)(위) /

명나라 화가 여경보가 그린 초충도 〈양귀비와 도마뱀〉

(ⓒ The Metropolitan Museum of Art) (아래)

로 돌고 있다. 신사임당은 세심하게 관찰하고 정밀하게 그린다. 이렇게 그릴 까닭이 없다. 옅은 녹색 점과 진한 검정색 점을 찍어서 지평선을 표현했다. 옅은 색으로 이미 지평선을 선염했는데 왜 진한 점을 찍어서 더 망쳐 놓았을까?! 그래서 진짜다 가짜다 말이 많다. 미국에 있는 중국 그림과 견주어 보자.

한가운데 양귀비를 배치했다. 정밀하고 묘하기 그지없다. 녹색점이 자연스럽게 어울린다. 풀벌레를 뿌려놓은 듯 화면 전체를 자유롭게 날고 있다. 풍부하게 채색했지만 덧칠한 것 같지 않다. 원명 교체기 명나라 화가 여경보呂敬甫가 그린 초충도다. 강소성 비릉毗陵 사람이다. 비릉은 북송 이후 초충도 제작의 중심지다. 신사임당 초충도보다 한 세기 앞선다.

왜 이렇게 되어버린 것일까? 예송논쟁을 거치면서 서인과 남인은 치열한 경쟁을 벌인다. 1694년 갑술환국으로 서인이 재집권하면서 예송논쟁은 사실상 종지부를 찍는다. 그러나 끝은 끝이 아니다. 병자호란이 해를 넘긴 1637년 정축년 윤증의 어머니는 강화에 침입한 오랑캐에게 능멸당하지 않으려고 자결한다. 그러나 아버지 윤선거는 미복으로 갈아입고 강화를 탈출했다. 1669년 윤증明齋 尹拯, 1629~1714은 아버지 윤선거 묘지명을 스승 우암 송시열에게 부탁한다. 송시열은 쓰지 않았다. 스승과 제자는 갈라져서 각각 노론과 소론의 영수가 된다.[44]

1709년 1월 16일 숙종은 단 한 번도 본 적 없는 명재 윤증을 우의정에 제수한다. 윤증은 열여덟 차례나 상소를 올려 거듭

사양한다. 그해 내내 노론은 위기를 맞았다. 강릉과 가까운 양양에서 부사로 있던 정필동은 1707년 오죽헌을 중수한다. 〈초충도7폭〉을 구입한다. 울산부사로 좌천된 1709년 4월 인경왕후의 오빠이자 문인화가인 김진규에게 초충도 발문을 받는다. 노론의 위기와 자신의 위기를 타파하는 데 초충도를 이용한 것이다. 김진규에 이어서 김유·신정하·송상기·정호 등 노론 중진들이 총출동해서 발문을 쓴다. 율곡에 대한 숭모를 통해 노론은 단결하고 소론과 일전 결의를 다진다. 1719년 이 화첩을 어람한 숙종은 한 벌 모사해서 소장한다. 이때부터 초충도는 신사임당 대표작이 된다.[45]

사임당은 어려서부터 붓과 먹을 가지고 놀며 채색 그림을 잘 그렸다. 그러나 장성해서는 부녀자가 할 일이 아니라고 여기고 거의 손을 대지 않았다. 18세기 이래로 중인과 서민도 비싼 서화를 사고 값진 중국산 골동품을 즐기기 시작했다. 양반문화가 퍼져나간 것이다. 16세기 지식인들은 서화비평에 열을 올렸고, 18세기 지식인들은 서화수집에 열을 올렸다. 18세기에 초충도가 등장했다. 사임당 그림의 예술성보다 진위 여부가 더 중요해졌다.[46]

박정희 장군은 1960년 쿠데타로 집권한다. 국가재건최고회의 박정희 의장은 1962년 10월 오죽헌 중수를 지시한다. 11월 6일 추모제례를 올리고 제1회 율곡제전을 시작한다. 이은상은 《사임당의 생애와 예술》 초판을 출간한다. 박정희 대통령은 1974년 파주 자운서원과 1975년 강릉 오죽헌을 정비한다. 1977년 신사임당기념관을 준공한다. 국립중앙박물관 최순우 관장은 1978년 청와대 비서실에서 보낸 〈초충도10폭〉을 받는다. 박정희 대통령이 기증한 그림이다. 이 그림이 있다는 것을 처음 세상에 알린 것은 1972년 10월 국립중앙박물관에서 개최한 '한국명화 근500년전'이다. 국회부의장 정해영 소장품으로 출품했었다. 사람들은 사임당 초충도에 관심을 집중했다. 1960년대 이래로 가짜 신사임당 그림을 많이 제작했다.[47]

정옥자 교수 품평을 잠시 들어보자. 오죽헌에서 소장하고 있는 8폭 병풍과 거의 같은 소재를 장식적으로 배치했다. 평면적이고 경직되어 있다. 자수를 놓기 위한 밑그림으로 그렸다. 사임당이 서울에서 생활비를 마련해야만 하는 현실에서 나온 작품이다.[48] 진품으로 본다는 말이다. 역사산책자 생각은 다르다.

기묘명현 신명화에게 신사임당은 그림 그리기를 좋아하는 똑똑한 딸이다. 18세기 노론 중진들에게 신사임당은 아들을 잘 가르쳐서 성공시킨 어머니다. 노론과 소론 사이에 벌어진 갈등을 배경으로 나온 주장이다. 20세기 권력에게 신사임당은 10만 양병을 주장하면서 상무 정신을 고취시킨 아들을 낳아서 잘 기른 현모양처다. 유신정국을 돌파하는 과정에서 내세운 새로운 해석이다. 그 중심에 초충도가 있었다. 신사임당을 신사임당으로 볼 수 있는 날이 왔으면 좋겠다.

2008년 서울대학교 이창용 교수가 《사임당화첩師任堂畫帖》

초충도 〈수박과 석죽화〉 (ⓒ 율곡기념관)

을 기증했다. 신사임당이 서울에서 낳은 막내아들 옥산 이우玉山 李瑀, 1543~1609 집안에서 간직한 화첩이다. 시·글씨·그림·거문고 등 네 가지 모두 뛰어난 옥산 이우를 사람들은 사절四絶이라 불렀다. 특히 어머니 신사임당과 장인 황기로 글씨를 수용한 초서를 잘 썼는데, 해동초성海東草聖이라는 칭호를 얻기도 했다.[49] 이창용 교수는 옥산 이우 16대손이다. "유품들이 있어야 할 자리는 오죽헌이고, 기증이 아니라 제자리에 두는 것"이라고 했다. 모두 566점을 제자리에 둔다. 역사산책자는 〈수박과 석죽화〉 〈꽈리와 잠자리〉 등 초충도 두 점을 묶은 사임당화첩에서 눈을 뗄 수가 없다. 잠자리·수박·사마귀를 보시라!

　정옥자 교수는 어떻게 보았을까? 수박 줄무늬를 처리하는 과정에서 너무 기교를 부렸다. 석죽화 배열도 자연스럽지 않다. 사임당 초충도는 천진스럽고 소박한데 이 그림은 그렇지 않다. 그림 오른쪽 위에 '師任堂(사임당)'이라고 쓴 묵서는 후대에 누군가가 그렸다는 것을 말하고 있다. 당시 관행도 이렇지 않았거니와 다른 작품에서 보이지 않던 서명이 이 두 초충도에만 있다는 것[50]도 말이 되지 않는다.

생명의 꽃 – 경포 생태습지와 가시연습지

경포호수는 하천물과 바닷물이 교차하는 석호다. 생명이 생기고 자라는 곳이다. 먹이를 찾아서 옮겨 다니는 새들이 한동안 머무

경포가시연습지

는 곳이다. 쌀을 더 많이 생산하기 위해 경포습지를 메웠다.

경포습지는 흐르는 물을 받아들여서 깨끗하게 만든 뒤 경포호로 들여보냈다. 썩기 시작한다. 물고기가 폐사한다. 어리석었다. 40년이나 지난 다음에서야 깨닫는다. 생태습지복원사업을 시작한다. 2009년 생태습지원을 만든다. 1970년대 초를 마지막으로 자취를 감췄던 가시연이 다시 꽃을 피운다. 2012년 경포가시연습지를 조성한다. 2015년 문화부에서 생태관광지로 지정한다. 2016년 환경부에서도 습지보호 지역으로 지정한다.

안타깝다. 2013년에 또 다른 인공건조물이 들어선다. 녹색도시체험센터라는 건물인데, 이름과 달리 주변 자연환경과 어울리지 못한다. 이용객은 없는데 터무니없이 크다. 아름다운 경포 계속 아름다우면 안 될까?

왕족의 장원 - 선교장

태종 이방원의 둘째 아들 효령대군孝寧大君, 1396~1486 10세손 이주화李冑華, 1647~1718는 두 부인과 사별하고 강릉 사람 안동 권씨를 세 번째 부인으로 맞이한다. 슬하에 내번李乃蕃과 태번 李台蕃 두 아들을 두었다. 이내번이 열여섯 되던 1718년에 남편은 저세상으로 떠난다. 남편 삼년상을 마친 1721년 두 아들을 데리고 친정 강릉으로 돌아온다. 친정과 가까운 북촌 저동苧洞에 정착한다. 북촌은 율곡이 태어난 오죽헌, 우암 송시열이 머물렀던 해운정, 초당 허엽이 은거한 난설헌 허초희의 생가, 관동팔경 중 한 곳 제일강산第一江山 경포대 등이 있는 곳이다.[51]

강릉 사람 권씨 부인은 안동 권씨 25세손 권시흥權始興의 딸이다. 안동 권씨 19세손 권송權悚은 누이가 연산의 후궁 숙의로 들어가자 강릉으로 내려와 동족 마을을 이룬다. 외척이라는 혐의가 싫어서 내려왔는데, 마침 형 권구權懼가 강릉부사로 있었기 때문이다. 입향조 권송의 손자 권화權和는 신명화의 딸과 결혼해서 권처균權處均을 낳았다. 권화는 율곡 이모부이고, 아들 권처균은 율곡과 이종사촌이다. 율곡 할머니 용인이씨가 권처균에게 강릉집을 물려주었다. 권처균은 자신의 호 오죽헌으로 집 이름을 삼았다. 권처균의 증손자가 권시흥權始興이고, 권시흥의 딸이 권씨 부인이다.[52]

안동 권씨 부인은 시댁 충주에서 남한강을 통해 소금을 유통하는 것을 지켜보았다. 소금의 경제성에 눈을 떴다. 안동 권씨 부인과 이내번 모자는 강릉 남대천 하구 병산동과 견소동 사이에 있는 전주봉 아래 석호에 염전을 개발한다. 높은 파도가 치면 바닷물이 둑을 넘어 들어왔다. 통자락을 설치하고 고이는 물, 즉 함수를 모은다. 물은 증발하고 소금은 남는다. 조금이 길면 길수록 염도가 올라가고, 염도가 올라가면 올라갈수록 좋은 소금을 얻을 수 있다. 함수는 바닷물보다 염도가 5배 높다. 함수를 가마솥에 끓인 뒤 남는 소금을 온돌방에서 말린 것이 자염煮鹽이다.[53]

이렇게 전주봉 염전에서 만든 자염을 대관령 넘어 평창 대화장大和場에 내다 판다. 조선 후기 전국 15대 장시 중 하나다. 이내번은 한편으로 매입하고 다른 한편으로 개간하면서 농지를 점차 늘려 간다.[54]

어느 날 경포대가 있는 저동苧洞 집 앞에 족제비 몇 마리가 나타났다. 어느 틈엔가 한 떼를 이루더니 어디론가 몰려간다. 기이하게 여긴 이내번이 뒤를 쫓았더니 이내 야산 소나무 숲속으로 사라진다. 족제비를 통하여 이씨 집안에 좋은 땅을 내린 것으로 여겼다. 염전과 농지를 경영하면서 벌어들인 돈으로 배다리골 집터를 모두 사들여 지금 자리로 옮긴 것은 1756년.[55] 선교장을 짓고 1759년과 1762년 두 차례에 걸쳐서 이사를 한다.

이내번의 손자 13세손 이후李厚, 1773~1832는 만석꾼을 이룬다. 후의 아들 용구李龍九와 막냇동생 항조의 아들 의범李宜凡은 과거에 급제한다. 14세손 이용구李龍九, 1798~1837는 벼슬길에 나아가지 않고 선교장 주인으로서 역할을 다한다. 이의범은 사헌부 감찰을 거쳐 통천현감이 된다. 이용구의 두 아들 회숙李會淑과 회원李會源도 과거에 급제한다. 이회원은 강릉대도호부사로서 동학도를 토벌하고 관직을 마감한다. '기풍이 당당하고 위엄이 있었으며 도량이 넓고 컸다'는 평을 받았다. 이회숙의 아들 16세손 이근우李根宇, 1877~1938는 1908년 동진학교東進學校를 설립한다. 조선총독부 중추원 참의로 일제에 협력하는 척 흉내를 낸다. 동진학교 교사를 역임한 이시영 선생과 몽양 여운형 등을 통해 임시정부 김구 주석에게 독립자금을 보낸다.[56] 환국한 임시정부 수반 김구 주석은 1948년 4월 근우의 아들 17세손 이돈의李燉義, 1897~1961에게 《백범일지》와 함께 붉은 비단에 쓴 글씨로 감사를 표한다.

雨催樵子還家 (비는 나무하는 아이가 집으로 돌아가기를 재촉하고)

風送漁舟到岸 (바람은 고깃배를 강 언덕으로 보내는구나)

죽을 각오로 시작한 상소운동과 삼일독립만세 함성 소리를 뒤로하고 망명한다. 상해에서 중경에 이르는 험난한 독립운동의 여정을 비와 바람에 비유한다. 조국으로 다시 돌아온 감회를 아이와 어부에 비유한다. 나무하는 아이 지게에 장작 가득한 듯하다. 돌아오는 고깃배에 물고기도 가득할 것이다. 비바람 몰아

선교장 월하문과 활래정

치는 망명지에서 풍찬노숙 세월을 보냈다. 지금은 희망과 설렘으로 가득하다.

월하문을 지나 선교장에 들어서면 제일 먼저 연못과 활래정活來亭에 마음을 빼앗긴다. 친분이 두터운 손님을 맞이하는 장소다. 사랑채가 시작된 것이다. 안으로 들어가면 행랑채 사이로 문이 보인다. 서쪽 솟을대문은 손님과 남자들이 사랑채로 들어가는 문이다. 동쪽 평대문은 가족과 여자들이 안채로 들어가는 문이다.

정면 현관과 측면 현관을 분리해서 두 개로 만들었다. 남녀 출입문을 달리하기 위한 것이다. 남자는 정면 현관을 사용하고 여자는 측면 현관을 사용한다. 일부 사대부가에서는 정면에 현관을 나란히 두기도 했다. 진취적이고 개방적인 기풍을 지진 집안의 경우에 그러하다. 선교장船橋莊이 바로 그 집이다. 그러나 이 경우에도 문 높이가 다르다. 남성 출입문은 솟을대문으로 하고, 여성 출입문은 평대문으로 했다. 차별하고자 하는 측면도 없지 않지만, 여성을 보호하고자 하는 의도가 더 강하다.

남자는 양이다. 그러나 그 속은 음이다. 반대로 여자는 음이다. 그러나 그 속은 양이다. 남자는 속이 음이기 때문에 음을 따라야 하고, 여자는 속이 양이기 때문에 양을 따라야 한다. 그래야 성적으로 성숙할 수 있다. 땅은 음이고 하늘은 양이다. 왼쪽은 음이고 오른쪽은 양이다. 짝수는 음의 수이고, 홀수는 양의 수다. 남자는 음의 이치를 따라야 하므로 왼쪽으로 출입해야 한다. 양의 이치를 따라야 하는 여자는 오른쪽으로 출입해야 한다.[57]

9와 10은 양과 음이 최대에 이른 노양과 노음이다. 즉, 양도 아니고 음도 아니다. 그래서 실질적으로 음과 양 최고 숫자는 8과 7이다. 여성은 양의 이치를 따라야 성장할 수 있다. 따라서 7의 지배를 받는다. 남녀7세부동석男女七歲不同席은 이를 따른 것이다. 남녀가 유별하다. 그러므로 7세 이상 되었다면 한자리에 앉으면 안 된다.[58] 따라서 현관도 두 개여야 한다. 개방적이고 진취적인 기풍을 유지한다. 보여줄 것은 보여주고 가릴 것은 마땅히 가려서 도리를 지킨다.

선교장 출입문

좌우에 각각 한 개씩 두 개를 설치했다. 솟을대문과 평대문을 같은 방향에 두었다. 개방적인 가풍을 보여준다.

솟을대문으로 들어서면 마당을 중심으로 문간에 행랑채가, 왼쪽에 작은 사랑채가, 정면에 사랑채 열화당悅話堂이 있다. 열화당은 주인이 머무르면서 손님을 맞아서 기쁘게 이야기하는 집이다. 진나라 시인 도연명이 관직을 버리고 낙향하였을 때 지은 '귀거래사歸去來辭'에서 열과 화를 가져왔다.

세상과 나는 서로 어긋날 뿐이니世與我而相違

골목길 역사산책_한국사편

또 다시 벼슬을 해서 무엇을 구할 것인가 復駕言兮焉求
친척들과 나누는 정다운 이야기 즐거워하고 悅親戚之情話
거문고와 책을 즐기며 시름을 달래련다 樂琴書以消憂

장남은 작은 사랑채에서, 장손은 행랑채에서 손님을 맞았다. 관동팔경 중 한 곳 경포대가 바로 옆에 있는 데다가 금강산으로 가는 길목이어서 많은 사람이 강릉 북촌을 거쳐 갔다. 비록 오래 머문다 하더라도 처음과 마찬가지로 정성을 다했다. 그러나 손님이 밀려들어서 더 이상 맞을 수 있는 방이 없을 때는 방을 비워 달라 청해야만 했다. 그래도 말을 꺼낼 수가 없어서 궁리한다. 먼저 들어온 손님 밥상에 밥그릇과 국그릇 위치를 바꿔서 들인다.

열화당 오른쪽에 붙여 서별당과 연지당을 지었다. 사랑채와 안채의 중간지대다. 많은 손님이 찾아오니 주인도 조용히 쉴 곳이 필요하다. 그래서 서별당을 지었다. 서별당은 주인의 서재이면서, 자녀를 교육시키는 서당이고, 이씨 집안의 서고이기도 하다. 서별당 아래 연지당은 여자 하인들이 기거하면서 손님을 살피고 아이들을 돌보았다. 음식을 장만하고 옷을 지었다. 그 아래 협문은 사랑채와 안채를 이어주는 문이다. 평대문으로 들어갈 경우 내외담을 지나서 오른쪽 협문 넘어 안채로 연결된다. 왼쪽은 사랑채다.[59] 협문과 평대문 밑은 뚫어놓았다. 족제비들이 자유롭게 드나들게 하려는 배려다.

선교장 열화당

집도 집이지만 다녀간 사람들이 남긴 흔적 때문에 선교장은 더욱 빛난다. 선교장에 있는 많은 편액 중에서 추사 김정희秋史 金正喜, 1786~1856가 30대에 쓴 '홍엽산거紅葉山居'는 백미다. 월성위 김한신月城尉 金漢藎, 1720~1758은 영조의 첫째 옹주 화순옹주和順翁主, 1720~1758를 아내로 맞았다. 김한신은 1757년 사직제 헌관으로 임명된다. 병을 앓고 있었지만 추위를 무릅쓰고 목욕재계하여 병세가 더욱 커진다. 1758년 1월 3일 숨을 거둔다. 화순옹주는 곡기를 끊었다. 영조가 직접 거둥해 음식을 권했으나 곧 토하였다. 음식을 먹지 않은 지 14일이 지난 날 유명을 달리했다.[60] 어진 도위와 착한 옹주의 증손자가 추사 김정희다. 선교장 주인은 효령대군 후손이다.

선교장은 그 자체로 작은 조선이다. 동인 영수가 살고 있는 초당과 서인 영수가 살고 있는 오죽헌을 좌우에 끼고 북촌에 자리 잡았다. 궁궐 좌우 동촌과 서촌에 동인과 서인이 살고 있는 형세다. 영락없는 한양 축소판이다.

초당 허엽 별서 – 허균·허난설헌기념공원

1607년 12월은 허균은 공주목사로 내려간다. 서자들을 불러 모은다. 충청도 암행어사가 성품이 경박하고 품행이 무절제하다고 계를 올린다. 1608년 8월 허균은 파직된다. 부안 변산 남쪽 우반 골짜기에 있는 정사암에서 은거한다. 그곳에서 쓴 소설 다섯 편을 비롯해 모두 여덟 편을 쓴다. 《홍길동전》은 그중 한 편이다. 허균 이야기를 들어보자.[61]

세종대왕 15년 좌의정 홍문이 잠시 졸았다. 소슬한 바람을 따라 들어가서 까마득한 오색구름 폭포 절벽에 다다랐다. 문득 푸른 용이 물결을 헤치고 올라와 좌의정의 입으로 들어온다. 때마침 시중드는 몸종 춘섬이가 상을 들여온다.

아기를 낳으니 귀한 아들이다. 사흘 뒤에 홍 승상이 들어와서 보고 기꺼워한다. 천한 몸종에게서 태어난 것을 아까워하면서 길동이라 이름 짓는다. 길동은 재주 뛰어난 아이로 자란다. 한마디 말을 들으면 열 마디를 안다. 무엇이든 한 번 보면 모르는 것이 없다.

어느덧 여덟 살이 되니 아래위 칭찬하지 않는 이가 없고 대감도 매우 사랑한다. 칠월 보름 밝은 달 아래 길동이 칼을 잡고 춤을 추며 넘치는 기운을 걷잡지 못한다. "밤이 깊었거늘 너는 무슨 즐거움이 있어 이러느냐?" 하고 홍 승상이 묻는다. "아비를 아비라 부르지 못하고 형을 형이라 못 하여 위아래 종들까지 다 천하게 보고, 친척과 친구들도 손으로 가리키며 '아무의 천한 아들이다' 하니 이런 원통한 일이 어디 있겠습니까?" 재상은 불쌍히 여기면서도 자칫 분수를 모르고 버릇없이 굴까 염려하여 꾸짖는다.

길동이 돌아와 어미를 붙들고 통곡하며 신세를 한탄한다. "어미 낯을 보아 가만히 있으면 머지않아 대감께서 헤아려 조처하시는 분부가 없지 않을 것이다." "요새 곡산 어미 하는 양도 자기보다 나은 사람을 시기하여 아무 잘못도 없는 우리 모자를 원수같이 해치려는 뜻을 품으니 머지않아 화가 있을 듯합니다." 원래 곡산 어미 초랑은 기생으로 대감의 첩이 되었다. 남이 잘못되면 기뻐하고 잘되면 시샘한다. 길동과 그 어미를 눈엣가시같이 미워한다.

초랑은 길동 모자를 해칠 마음으로 요망한 무당들을 불러 흉계를 꾸민다. 관상쟁이에게 길동의 상을 보고 대감을 놀라게 하라고 돈을 쥐어준다. 관상쟁이가 대감에게 길동의 상을 크게 칭찬한 뒤 길동을 나가게 하고 가만가만 아뢴다. "뜻을 이루시면 왕이 되실 기상이요, 그러지 못하면 화를 이루 헤아릴 수 없을 것입니다." 대감은 생각이 어지러워 밥을 먹어도 맛을 모르고 잠을 자도 편안하지 못하다.

초랑이 대감의 기색을 살피다가 틈을 보아 여쭙는다. "저 아이를 미리 없애는 것이 나을 듯합니다." 대감이 크게 꾸짖는다. 초랑은 부인과 대감 큰아들에게로 달려가서 여쭙는다. "길동을 먼저 없앤 뒤에 대감께 아뢰는 것이 가장 마땅할 듯하옵니다."

이때 길동 나이 열한 살이다. 몸집이 훤칠하고 기상이 씩씩하며 글공부도 뛰어나다. 그러나 대감이 집 밖으로 나가지 말라 하므로 혼자 별당에 머물며 병법서를 벗 삼아 지낸다. 밤 삼경이 된 후에 책상을 물리고 잠자리에 들려고 하는데 까마귀가 "객자 와" 하고 울고 간다. 분명히 자객이 올 징조다. 방 안에 팔괘진을 치고 각 방위를 바꾸어 변화를 부린다. 특자가 몸을 날려 방 안으로 들어간다. 길동 간데없고 한 줄기 거센 바람이 일어나더니 뇌성벽력이 천지를 뒤흔들고 구름과 안개가 자욱하여 좌우를 분간하지 못한다. 푸른 옷을 입은 어린 소년이 백학을 타고 공중을 날아다닌다. "너는 분명 길동이로구나. 너희 부형의 명령을 받아 네 목숨을 앗으러 왔노라." 특자 목을 치고 동대문 밖 관상쟁이 여자를 잡아다가 목을 베어 특자 주검 옆에 던진다.

대감이 자고 있는 침소에 나아가 엎드린다. "소인이 지금 집을 떠나가오니 대감께서는 건강하옵소서." "오늘부터 원을 풀어줄 것이니 네 나가 사방에 떠돌아다닐지라도 부디 죄를 지어 부형에게 화가 미치지 않게 하고 하루라도 빨리 돌아와 내 마음을 위로하여라." "아버님께서 오늘 소자의 오랜 소원을 풀어주시니 이제 죽어도 한이 없습니다. 황공무지하오나 엎드려 바라건대 아버님은 오래오래 평안히 계시옵소서."

길동은 간데없고 목 없는 주검 둘이 방 안에 거꾸러져 있는데, 자세히 보니 바로 특자와 관상쟁이 여자다. 너무도 엄청난 일에 대감은 크게 놀라며 초랑을 꾸짖어 내쫓는다.

길동이 집을 떠나 사방으로 돌아다니다가 시냇물을 따라 들어간다. 산천이 열린 곳에 수백 채 인가가 서 있다. 장수를 정하려고 서로 의논하는 도적 소굴에 이른 것이다. 경성 홍 승상의 아들이라 밝히고 으뜸 장수가 되겠노라 한다. "용이 얕은 물에 잠겼으니 물고기와 자라가

침노한다. 오래지 아니하여 풍운을 얻으면 그 변화 측량하기 어려우리로다." 천 근 넘는 초부석을 팔 위에 얹고 수십 걸음을 가다가 도로 그 자리에 놓는다. 길동을 윗자리에 앉히고 장수라 일컫는다.

수만 금 재물이 있다는 해인사에 미리 사람을 보내 전갈하기를, "경성 홍 승상 아들이 공부하러 오신다." 도적 군사 수십 명을 시켜 쌀 이십 석을 보내며 아무 관아에서 보냈다고 하라고 이른다. 건장한 하인 십여 명을 거느리고 해인사로 향한다. "절에 있는 중들은 모두 절 뒤 계곡으로 모이라. 오늘은 너희와 함께 종일 배부르게 먹고 놀 것이다." 분부를 어기면 혹시라도 죄가 될까 걱정하여 한꺼번에 수천 명 중이 모두 계곡에 모이니 절은 텅텅 비었다. 술도 권하며 즐기다가 밥상을 들인다. 소매에서 모래를 꺼내어 몰래 입에 넣고 씹으니 돌 깨지는 소리에 여러 중이 어쩔 줄을 몰라 쩔쩔맨다. 하인을 호령하여 중들을 일제히 묶는다.

이때 동구 밖에 숨어 있던 도적들이 한꺼번에 달려들어 창고를 열고 수만 금 재물을 제 것 가져가듯 소와 말에 싣고 간다. 합천 사또가 관군을 몰아 도적을 쫓으니 길동이 거짓으로 일러 반대 방향으로 보낸다. 끝내 흔적을 찾지 못하니 온 도가 소란하다.

무기를 갖출 묘책을 꾸민다. 함경도 감영 남문 밖 능 근처에 마른 풀을 운반해 두었다가 삼경에 불을 지른다. 불길이 치솟아 오른 것을 보고 길동은 급히 관아의 문을 두드리면서 소리친다. "능에 불이 났습니다. 빨리 불을 끄소서." 백성들까지 다 능으로 가고 성 안은 텅 비어 늙은이와 병든 이만 남았다. 창고에 있던 곡식과 무기를 빼앗고는 감영 북문에 방을 써 붙인다. "창고의 곡식과 무기를 도적한 것은 활빈당活貧黨 장수 홍길동이다." 축지법을 써서 눈 깜짝할 사이에 마을로 돌아온다. 잔치를 베풀고 즐기며 말한다. "우리는 이제부터 각 읍의 수령과 방백 중에 백성을 착취하는 자의 재물을 빼앗아 불쌍한 백성을 구할 것이니 우리 무리의 이름을 활빈당이라 하겠다."

짚으로 허수아비 일곱을 만들어 각각 군사 오십 명씩을 거느리고 팔도로 나누어 보낸다. 혼백을 불어넣어 조화가 끝이 없다. 각각 팔도를 다니며 의롭지 못한 사람의 재물을 앗아서 불쌍한 사람들을 구제한다. 수령의 뇌물을 빼앗고 창고를 열어 백성에게 나누어 주니 도마다 소동이 벌어진다. '활빈당 장수 홍길동'이라고 분명히 밝히지만 아무도 그 흔적을 찾지 못한다.

임금께서 매우 놀라 팔도에서 온 공문의 날짜를 자세히 살펴본다. 길동이 나타난 날이 같은 달 같은 날이다. 길동은 어떤 때는 쌍교를 타고 다니며 수령을 마음대로 쫓아낸다. 또 어느 때는 창고를 모두 열어 백성에게 나누어 준다. 죄인을 잡아들이고 옥문을 열어 죄 없는 사람은 풀어 주기도 한다. 수령에게 잘못이 있으면 어김없이 찾아내어 먼저 목을 밴 후 임금께 보고한다. 각 읍에서 서울 벼슬아치에게 보내는 뇌물을 낱낱이 빼앗으니 서울 높은 벼슬아치들 마음이 조마조마하다.

임금께서 크게 근심하시니 우의정이 임금께 아뢴다. "신이 듣기로 홍길동은 전에 승상을 지낸 홍모의 서자라 합니다. 이제 홍모를 가두시고 그 형 이조판서 홍길현을 경상감사로 보내시어 날짜를 정해 그때까지 홍길동을 잡아 바치게 하소서. 그리하면 제 아무리 불충하고 도리를 모르는 놈이라도 그 아비와 형의 낯을 보아 스스로 잡힐 것입니다." 임금이 길동의 아비 홍모를 가두고 형 길현을 경상감사에 임명하여 길동을 잡게 한다.

경상감사는 모든 일을 제쳐놓고 걱정으로 날을 보낸다. 하루는 길동이 스스로 찾아온다. 손을 잡아 이끌어 방으로 들어가 주위 사람을 물리고 한숨지으며 말한다. "너는 타고난 성품이 총명하고 재주 뛰어나 보통 사람과 크게 다르다. 더욱 효도하고 충성하여야 마땅할 것이다. 몸을 그른 데에 빠뜨려 보통 사람보다 오히려 못하니 어찌 한심하지 않으랴." 길동이 눈물을 흘리며 말한다. "내일 저를 잡은 연유를 자세히 써 올리시고 저를 묶어 나라에 바치십시오."

임금 앞에서 국문을 받게 된 길동은 진짜를 포함해 모두 여덟이었다. 죄를 꾸짖는 임금에게 조목조목 변론하고 홀연히 사라진다. 가짜 길동 일곱은 지푸라기에 불과했다. 임금은 길동이 속임수를 쓴 죄를 더욱 노엽게 여긴다. 길동의 형 경상감사에게 교지를 내려 10일 안에 길동을 잡아 한양으로 압송하라 명한다. 길동은 사대문에 글을 써 붙여 병조판서에 임명하면 스스로 잡히겠다고 알린다.

길동은 호위무사로 하여금 싸울 준비를 명한다. 아울러 세상을 어지럽게 하고 백성을 속이는 중놈과 한양에서 행세하는 양반 자제를 잡아들인다. 호되게 꾸짖고 벌한 뒤 활빈당 진문 밖으로 내친다. 전국 각지에서 한양으로 가는 뇌물을 빼앗아 불쌍한 백성을 구제한다. 길동의 재주가 뛰어나 사람의 힘으로는 잡지 못한다.

인심이 술렁거리자 임금은 병조판서에 임명하여 그 재주를 씀으로써 길동을 조정에 묶어둔다. 병조판서 3년이 지난 어느 날 달빛을 즐기며 소오하는 임금에게 나아가 벼 3천 석을 얻는다. 3천 도적 무리를 이끌고 성도라는 섬에 이르러 창고와 궁실을 짓고 무리를 편안하게 한다. 농사와 무역에 힘쓰고, 병법을 익히니 대적할 이가 없다. 화살촉에 바를 약을 구하기 위해 낙천현 망당산에 들어간다. 그곳에 요귀 무리를 처단하고 잡혀 있던 낙천현 만석꾼 백용의 외동딸과 나머지 두 여자를 구해서 아내로 맞는다.

아흔이 된 9월 보름에 길동의 아버지는 이 세상을 하직한다. 유언으로 집나간 길동과 어미를 맏아들 길현에게 부탁한다. 길동은 형과 어미를 성도에 모시고 아버지 장례를 치른다.

성도 근처에 율도국이라는 나라가 있다. 중국을 섬기지 아니하고 태평성대를 구가한다. 임금의 덕이 두루 미쳐 나라가 태평하고 백성이 넉넉하다. 길동이 성도에만 갇혀 세월을 보낼 수 없어서 율도국을 치려 한다. 모두 반기며 원하지 않는 사람이 없다. 즉시 날을 받아 군사를 낸다.

길동의 군사들이 나타나자 그 기세에 눌려 맞서지 아니하고 성문을 열어 항복한다. 불과 몇 달 만에 70여 성을 함락시키니 의병장 홍길동의 이름이 온 나라에 떨친다. 20만 의병은 마침내 도성에 이른다. 좌선봉 맹춘이 철기군 5천을 거느리고 율도국 선봉장 한석을 친 뒤 율도왕과 싸우다가 거짓으로 후퇴한다. 추격하는 율도국 군대가 양관에 이르자 후미에서 길동의 신병 5천이 대군과 합세하여 팔진을 펼친다. 율도왕은 전장에서 자결하고 아들은 도성에서 자결한다. 신하들이 옥새를 받들어 바치고 항복한다.

길동은 왕위에 오른다. 아버지 홍 승상을 태조대왕으로 추존하고 능호를 현덕, 어미를 황태비, 아내 백롱을 중전에 봉한다. 도성 삼십 리 밖에 월영산이 있는데 예부터 선인이 도를 닦던 흔적이 뚜렷이 남아 있다. 왕이 그 산 속에 세 칸 누각을 지어 중전 백씨와 함께 거처하며 곡식을 모두 물리치고 하늘과 땅의 정기를 받아 신선의 도를 배운다. 하루는 뇌성벽력 요란하게 울리며 오색구름이 월영산을 두른다. 하늘이 맑아지며 선학소리 자자하더니 대왕과 대비 간 곳이 없다.

허균은《수호전》을 모본으로《홍길동전》을 지었다. 사치와 방탕을 일삼아 백성을 가난에 시달리게 만든 연산군 때에 실제로 홍길동이라는 도적이 있었다. 왕실 외척이 정치를 어지럽히던 명종 무렵 백정 임꺽정 무리가 종로에까지 출몰했다. 이 모든 이야기를《홍길동전》에 담았다.

허균은 "천하에 두려워해야 할 바는 오직 백성일 뿐"이라고 말한다. 백성을 크게 셋으로 나눴다. 항상 눈앞의 일들에 얽매이고 그냥 따라서 법이나 지키면서 윗사람들에게 부림을 당하는 항민恒民, 수입과 소출을 다 바쳐서 시름하고 탄식하면서 윗사람을 탓하는 원민怨民, 자취를 푸줏간 속에 숨기고 있다가 시대적인 변고라도 생기면 소원을 이루어보고자 하는 호민豪民이 바

로 그들이다.[62]

나라가 어지러울 때 백성들은 호민을 중심으로 뭉친다. 견훤이나 궁예는 신라를 무너뜨린 호민이다. 호민 홍길동이 나서자 원민 도적 떼가 활빈당을 이룬다. 수만 석 도조를 걷어 들이는 본산 사찰 해인사를 턴다. 부정축재의 온상 함경도 감영을 턴다. 가난한 백성을 구제한다. 탐관오리를 응징한다. 불의에 저항함으로써 사회를 개혁한다.[63]

해인사에서 수만 금을 도적하고 함경도 감영에서 무기를 탈취함으로써 빈부격차에 대한 불만을 표출한다. 그러나 율도국에서도 봉건적인 신분질서는 그대로다. 적서차별은 철폐되지 않는다. 출세의 꿈과 귀거래의 꿈 사이를 오가기만 한다.[64] 홍길동은 허균이다.

푸른 용이 물결을 헤치고 올라와서 홍 승상 입속으로 들어간 뒤 낳은 아들이 홍길동이다. 홍길동은 아버지를 아버지라 부르지 못하는 서자로 태어난다. 태백산맥은 용처럼 꾸불꾸불 이어져 오대산에 이르고 교산으로 뻗어 나온 한줄기 사천 바닷가로 내려와서 큰 바위로 솟았다. 연산군 7년 1501년 사천 냇물이 무너지는 변이 생긴다. 바위 밑바닥에 엎디어 있던 늙은 이무기가 바위를 깨뜨리고 떠난다. 두 동강 난 바위에 구멍 뚫린 것이 마치 문과 같았다. 그래서 교문암蛟門巖이라 부른다.[65]

허균은 강릉 북쪽 30리 사천沙川 교산蛟山에 있는 외갓집 애일당愛日堂에서 태어났다. 1569년 11월 3일이다. 허균은 교산이라 호를 쓴다. 적자로 태어났지만 스스로 서자가 된다. 용龍이 되려고 괴롭게 몸부림쳤으나 때를 잘 못 타고 태어난 이무기蛟龍에 그쳤다. 흔들리지 않는 벽을 뛰어넘으려고 집을 뛰쳐나간 홍길동이 되었다.[66]

1610년 허균은 전시 대독관으로 거자 시권 500장을 모두 읽는다. 맏형 허성의 아들 허보와 조카사위 박자홍 등이 급제했다. 허균은 곤장을 맞고 유배 간다. 유배지 함열에서 문집《성소부부고惺所覆瓿藁》를 엮는다. 홍 승상은 길동에게 나가지 말라 엄명을 내린다. 별당에 머물면서 병법서를 읽는다.

선조는 허균의 아버지 허엽을 경상감사로 뽑는다.《홍길동전》에서 세종은 홍길동을 잡으라고 형 홍길현을 경상감사로 내려보낸다.

허균이 호민으로 나서자 아전·서얼·승려·무사·종 들이 따라나선다. 호민 홍길동이 앞장서자 원민들이 활빈당을 이루어 따라나선다.

허균을 따르던 일곱 서자들이 문경새재에서 거사 자금을 마련코자 은장사를 턴다. 홍길동을 따르는 도적 떼도 문경새재를 활동무대로 전국을 누빈다.

그러나 결말은 달랐다. 허균은 인목대비 서궁 유폐에 앞장 섰다. 허균의 딸이 세자빈 후궁으로 내정되자 이이첨은 허균을 동지가 아닌 적으로 바라보았다. 이이첨은 허균이 인목대비 유폐를 핑계 대고 많은 무사와 승군을 동원한 뒤 역적 짓을 저지

교산 앞바다

르려 한다고 광해에게 몰래 이른다. '역적 허균'이라는 팻말을
단 막대에 매달아서 저잣거리에 효시한다.[67] 홍길동은 율도국을
치고 왕위에 오른다. 월영산에서 신선의 도를 배워 등선한다.

　　성명가는 허균의 사주팔자를 다음과 같이 풀었다. "액이 많
고, 가난하고, 병이 잦고, 꾀하는 일들이 이루어지지 않겠다. 수명
이 짧지 않겠으며, 재주가 대단하겠고, 천하 후세에 이름을 전할
것이다." 허균도 이르기를 "이상하리만치 현실에 부합한다"고 했
다.[68]

　　초당은 아버지 초당 허엽이 살았던 곳이다. 교산 허균은 초
당에서 30리 북쪽 해변 사천에서 태어났지만, 누이 난설헌 허초

초당 허엽 별서터
강원문화재자료 제59호 이광노 가옥과 발굴조사지역 (ⓒ 강원문화재연구소)

희는 이곳에서 태어났다. 집 앞 모래언덕이 강릉해변과 경포호를 가르고, 집 뒤 소나무숲과 경포호가 이어져서 바다와 산 그리고 호수와 숲이 어우러진 빼어난 경관을 자랑한다. 강원문화재자료 제59호 이광노 가옥이 있는 자리로 지난 2003년 가을에 발굴조사를 마쳤다. 허균·허난설헌기념관과 기념공원을 조성하기 위한 발굴이었다.

　신석기 시대 사람들이 살았던 원형집터·즐문토기·돌칼·그물, 철기 시대 凸 자형 집터, 삼국시대 조개무지 등을 발굴하고 신라 토기를 수습했다. 인근 교동 유적에서 발굴한 청동기시

허균·허난설헌기념공원 허초희 생가터 내외담

대 토기를 탄소연대측정 결과 3600년 전으로 나왔다. 초당에 사람이 살기 시작한 것은 적어도 5천 년 전이다.[69]

맞배지붕 솟을대문으로 들어서면 사랑채, 내외담을 돌아서 들어가면 안채다. 솟을대문 왼쪽 담장을 따라 행랑채와 마구간, 오른쪽 담장을 따라 세 칸 광. 솟을대문 밖 담장을 따라 오른쪽으로 돌아가면 협문이 나온다. 여자들이 출입하는 문이다. 정면에서는 협문이 보이지 않는다. 솟을대문 안으로 들어서더라도 내외담이 시선을 차단하고 있다. 다소 폐쇄적인 느낌이다. 흔한 조선시대 사대부집이지만 예사롭지 않은 사람들이 살았다.

7.24 사건과 초당두부 - 초당마을

조선은 전국을 8도로 나누고, 각 도는 군현으로 나누고, 각 군현은 면리로 나누었다. 조선 지방사회는 이처럼 3단계로 나눈 어디엔가 속한다. 초당마을은 강릉읍 북면에 있었다. 조선 후기로 접어들어서 북면을 7개 면으로 나눈다. 초당리·당북리·대창리 등 3개 리가 모여서 7개 면 중 하나인 북일리면을 구성한다. 대창리에는 예국 옛 토성이 남아 있고, 초당리에는 솟대가 남아 있다. 커피거리로 유명한 안목은 일제강점기인 1930년을 전후해서 초당리에서 분립하여 별도로 마을을 이루었다.

초당마을에는 성황당이 세 개 있다. 초당마을은 크게 세 개 마을로 이루어져 있다는 뜻이다. 초당마을 중심을 차지하고 있는 당재봉 성황당, 건너편 안동 권씨 집성촌 권촌 성황당, 지금은 호텔이 들어선 죽도봉 강문동 성황당 등이 그것이다. 원주민이 살던 곳에 당재봉 성황당이 있다. 어민들이 모여 살면서 강문동 성황당을 새로 만들었다. 강릉 북촌에 있었던 안동 권씨 별제공 박제순이 초당마을로 옮겨와서 살면서 권촌 성황당이 들어선다.[70]

광복을 맞으면서 초당마을에 회오리가 몰아친다. 강릉은 좌익 활동이 왕성한 곳이었다. 1930년대 적색농민조합 지도자들이 광복과 함께 활동을 재개한다. 1946년 가을 강릉에서는 농민들이 광범위하게 일어난다. 이들은 1947년 태백산으로 들어가 인민군과 함께 게릴라전을 계속한다. 1948년 5월 북한 보안

대원이 빈번하게 월경해서 강릉으로 들어온다. 경찰지서를 습격하고 우익 청년단원을 살상하는 등 남로당은 소요를 부추긴다. 10월 여순사건이 일어나고 11월 강릉에서는 인민공화국 만세 소동이 일어난다. 11월 5일 좌익계열로 지목한 강릉 사람을 100여 명이나 검거한다. 11월 8일 봉기하자 경무총감부 무장경관 50여 명이 비행기를 타고 급히 강릉으로 내려오는 사태까지 이른다.

초당마을은 그 중심에 자리한다. 일제강점 직전 강릉에는 근대교육으로 계몽하고자 했던 학교가 3개 있었다. 선교장에서 세운 동진학교, 향교에서 세운 화산학교, 그리고 여운형蒙養 呂運亨, 1886~1947이 세운 초당의숙이 바로 그 학교다. 1908년부터 1910년까지 초당의숙에서 몽양 여운형의 가르침을 받은 초당마을 사람들은 오래도록 그를 기억한다.

반면에 우익은 초당마을을 좌익 소굴로 지목한다. 1947년 7월 24일 우익 건청은 초당마을로 쳐들어간다. 초당마을 사람들은 하나로 물리친다. 주문진에서 검은 옷을 입고 강릉으로 넘어온 우익 청년단까지 합세한다. 강릉 시내에서 2차 충돌이 벌어진다. 우익이 도발하고, 초당마을 사람들이 맞서면서, 천명 넘는 일대격전으로 커진다. '초당리 7.24 사건'이라 부른다.[71]

한국전쟁이 발발하자 초당마을 사람들은 많은 고초와 희생을 겪는다. 많은 사람이 월북을 선택한다. 전쟁을 멈춘다. 남은 주민들은 생계가 막막하다. 순두부를 만들어서 시장에 내다 팔

고부순두부 초당두부

왔다. 소금 살 돈도 없었을까? 바닷물을 간수로 쓴다. 그 덕분에 몽글몽글한 초당두부는 다른 곳에서 맛볼 수 없는 깊고 고소한 맛을 낸다.

초당두부가 어디에서 비롯되었는지에 대한 설명 중 하나는 초당 허엽과 연결 짓는 것이다. 이름 때문에 그리 말하는 듯하다. 허균은 자신이 쓴 글을 자신이 묶었다. 문집 이름을 《성소부부고惺所覆瓿藁》라 지었다. 성소는 허균을 지칭하는 호다. 부부고는 뚜껑 대신 단지를 덮는 용도로 사용하는 책이라는 뜻이다. 요즘 말로 하면 라면 냄비 받침으로 사용하는 책쯤 된다.

이 문집에 "도문대작屠門大嚼"[72]이라는 글이 있다. 푸줏간을 지나면서 침을 삼킨다는 뜻이다. 음식 이야기다. 떡·과실·수산물·채소·고기·차 등으로 나눠서 적었다. 찹쌀떡이나 감떡보다 훨씬 나은 금강산 떡, 중국 사람처럼 잘 만드는 의주 만두, 곶감으로 만들어 먹으면 더욱 좋은 지리산 먹감, 부안 사슴꼬리, 중국 사람들이 동해부인東海夫人이라 부르는 우리나라 연안 홍합, 중국 사람들이 우리한테 배워가서 고려반高麗飯이라 부르는 경주 약밥 등 음식 이야기가 끝도 없다.

은근히 외가 음식 자랑을 한다. 붕어는 어느 곳에서나 있지만 강릉 경포가 가장 좋다. 바닷물과 통해서 흙냄새가 안 나기 때문이란다. 방풍죽도 역시 강릉이다. 곱게 찧은 쌀로 죽을 끓이다가 반쯤 익었을 때 새벽이슬 맞고 처음 돋아난 방풍 싹을 넣는다. 다 끓으면 찬 사기 그릇에 담아 먹는다. 달콤한 향기가 입 안 가득해서 3일 동안 가시지 않는다. 수안군에서 한 번 끓여 먹었는데 강릉에서 먹던 맛과는 어림도 없다. 황해도 산골 꿀맛 검은배, 석왕사 붉은배, 이천 대숙배 등이 맛있다. 강릉에 사는 김진사 집 하늘배는 사발만 한데도 달고 연하다.

당연 두부 이야기도 한다. 장의문 밖 사람들이 잘 만든다. 말할 수 없이 연하다. 한양 북소문 창의문 아래에 장동 김씨들이 살았다. 그래서 창의문을 장의문이라 불렀다. 창의문 밖 동네가 요즘은 치킨으로 유명한데 그때는 두부로 유명했던 모양이다. 초당두부 이야기는 없다. 초당두부가 아버지로부터 비롯되었다면 자랑하지 않았을 리 없다. 초당두부와 초당 허엽은 별다른 관련이 없어 보인다.

동화가든 짬순이와 초당두부

사람들은 갖가지 이유로 강릉을 찾는다. 젊은 부부는 아이 손을 잡고 율곡 생가를 찾는다. 중장년은 커피거리를 찾는다. 청년은 강릉 해변을 가득 메운다. 식사는? 모두 초당마을로 간다. 그래서 지금은 초당마을이 아니라 초당두부마을이다.

초당두부마을에 새바람이 불고 있다. 짬순이가 몰고 온 바람이다. 바닷가에서 손쉽게 구할 수 있는 싱싱한 해산물로 진한 짬뽕 국물을 우렸다. 짬뽕 국물을 초당순두부와 합쳤으니 짬뽕 순두부, 곧 짬순이다. 만화가 허영만이 만화《식객》과 텔레비전 프로그램 〈백반기행〉에 소개하면서 순식간에 맛집으로 올라섰다. 초당두부마을에서 또 어떤 새바람이 불어올지 기대된다.

진또배기 - 경포해변

초당마을에서 다리를 건너 가로등을 자세히 보면 흔히 보는 가로등과는 모양이 다르다. 초당마을 솟대를 상징적으로 보여 준다. 강릉에서는 진또배기라 부른다. 긴 장대에 오리 세 마리를 올려놓고 북쪽을 향해 세운 것이다.[73]

우리 옛말에 오리를 '아리', 강을 '라'라 했다. 압록강·두만강·대동강·한강·낙동강·송화강(길림성)·요하(봉천성)·난하(영평부) 등을 이두자로 적으면, 아례강·아리수·욱이하·오열하·열수·무열하·압자하 등이 된다. 아례·아리·욱리·오열·열·무열 등은 모두 아리를 음역한 것이고, '압鴨'은 의역한 것이고, 강·하·수는 모두 나라 곧 '라'의 음역이다. 위에 나열한 큰 강 이름은 모두 우리 조상이 지은 이름이다. 강과 바다는 고기잡이 터전이고, 배가 오갈 수 있는 교통요충지가 되고, 문명이 발원한다. 그래서 우리 조상들은 큰 강가에서 문명을 일구었다. 오리가 사는 강은 문명과 국가를 상징한다.[74] 그 나라와 왕은 세상의 중심, 곧 북방 북극3성(북극성)을 향한다.

그래서 《삼국지》에도 "고구려는 큰 물길 옆에 나라를 세워 산다"고 기록한 것이다. 같은 전통에 있는 예국 사람들도 큰 강과 바다가 만나는 곳에 마을을 이루고 살았다. 그곳에 문명과 국가를 상징하는 오리, 곧 진또배기를 세웠다. 10월이면 다 함께 모여 하늘에 제사를 지냈다. 초당마을은 그런 마을이다.

진또배기 가로등을 따라 경포해변으로 간다. 예전과 다르

경포해변

다. 정돈된 느낌이다. 즐비하던 횟집과 민박집 사이로 커피숍과
호텔이 들어섰다. 이제 강릉은 경포해변이 아니라 커피숍 테라
로사로 더 유명하다. 전국 여러 곳에서 커피 축제를 열지만 강릉
만은 못하다. 그래도 바다는 여전하다. 뻥 뚫린다. 시원하다.

관동팔경 제1경

중종 3년 1508년 강릉부사 한급이 경포대를 지금 장소로 옮겼
다. 지금 우리가 보고 있는 모습으로 고친 것은 강릉부사 조하
망이 영조 21년 1745년에 홍수로 떠내려온 아름드리나무로 지
은 것으로 추정한다. 김극기金克己, 1148~1209가 지은 〈강릉팔영

경포호 월파정

江陵八詠〉에 "축대가 푸른 포구를 베고 누웠다 築臺枕碧浦"는 시구를 보면 경포대는 훨씬 오래전부터 있었던 정자라는 것을 짐작할 수 있다.[75]

경포대가 아니라 경포대에서 바라보는 경포호가 관동팔경 제1경이다. 그렇다면 경포대에서 바라본 경포호 풍광은 그때 그대로일까? 1939년 10월 4일 조선총독부 공문서에는 다음과 같은 우려가 나타난다.

"농림국에서 매립하게 되면 자연 풍치를 해치게 되어 경관이 삼하게 손상될 것이며 또 지역의 자랑거리로 생각하는 지역 사람들의 마음에 상처를 줄 우려가 있습니다."

논으로 바뀐 경포호

1935년 유리건판 사진. 일제는 모자라는 일본 사람 식량을 조선에서 송출하기 위해 산미증산 계획을 세운다. 경포호를 메웠다. (ⓒ 국립중앙박물관)

1920년 일제는 15년 계획으로 산미증산 계획을 시행한다. 일본 사람들의 식량난 해결을 위해 경포호를 매립한다.[76] 일제는 우리 조상들이 만들어 놓은 멋진 풍광, 그야말로 신선이 노니는 동천복지를 메웠다. 강릉 사람들 마음에 상처를 준 뒤에 깨우친 듯하다.

　　그렇다면 지금 경포호는 광복 뒤 모습 그대로일까? 1960년대에 식량 자급 목표를 달성하기 위해 개간하거나 간척해서 농지를 늘렸다. 경포호수 주변 습지를 농지로 개간하면서 경포호수를 한 번 더 메운다. 단위 면적당 생산량을 늘리기 위해 한편으로 비료를, 다른 한편으로 농약을 뿌린다. 경포호수 북쪽과 남쪽에 위치한 자연하천 안현천과 경포천을 곧게 펴서 관개배수 시설을 개량한다. 이제 경포호는 절반도 안 남았다. 물은 썩고 생명은 병든다.

　　2012년 경포가시연습지를 조성한다. 어리석은 90년을 청산하기 시작한 것이다. 아름다운 경포호를 우리 후손도 볼 수 있게 되었다. 강릉 사람들에게 큰 박수를 보낸다.

강릉 조선길 산책로

강릉역에서 202-1번 버스를 타고 교2동주민센터에 내려서 200번 버스로 갈아탄다. 율곡교육원에 하차하면 오죽헌 입구다. 10분 남짓이면 도착하지만 환승하는 불편이 따른다. 오죽헌 자체는 기와집 한 채지만 전체 영역은 매우 넓고 눈여겨보아야 할 것들로 가득하다. 반나절을 보내도 제대로 봤다고 할 수 없는 문화의 보고다. 문성사·오죽헌·어제각·율곡기념관·오죽헌시립박물관을 차례로 둘러본다.

오죽헌에서 나와서 입구에 있는 큰 도로, 율곡로를 건너서 경포생태저류지 메타세쿼이아 숲길로 들어간다. 끝까지 걸어가면 하천 건너 왼쪽 편에 선교장이 보인다. 연못가 월래정을 지나서 길게 늘어선 행랑채 중간 솟을대문으로 들어간다. 사랑채 영역을 둘러보고 협문을 지나 안채 영역을 둘러본다. 평대문으로 나와서 선교장 왼쪽 담장을 끼고 소나무 울창한 숲으로 올라선다. 담장을 따라 산길을 돌아내려 오면 다시 입구 활래정이다. 매표소 오른쪽 안으로 들어가서 선교장박물관을 둘러본다. 왔던 길을 되돌아서 운정길11번길을 따라 운정교를 지나면 경포생태습지에 이어서 경포가시연습지가 나온다. 벚꽃 필 때면 경포로를 따라 걷는 것이 좋다. 연꽃은 한여름에 절정을 이룬다. 아직 가시연을 보지는 못했다.

가던 길을 계속 간다. 허난설헌 다리와 허균 다리를 차례로 건너 오른편 소나무 숲으로 들어가면 허균·허난설헌 기념공원 뒷문이 나온다. 초당 허엽이 짓고 난설헌 허초희가 태어난 집터다. 차례로 둘러보고 반대편 주차장 쪽으로 나가기 직전에 있는 허균·허난설헌 기념관을 둘러본다. 작지만 알찬 기념관이다.

밖으로 나가서 도로를 건너 오른쪽을 올라가다가 왼쪽으로 꺾어서 들어가면 초당마을이다. 오른쪽으로 올라선 길이 초당원길이고, 왼쪽으로 꺾어선 길은 초당순두부길이다. 초당순두부길은 초당순두부마을을 가로지른다. 요즘 초당순두부마을은 순두부보다 짬순이가 더 유명하다. 그래도 옛맛을 기억한다면 행복한 한 끼를 만끽할 수 있는 초당두부집이 많다. 초당순두부길에서 바닷가 쪽으로 걸어가면 큰 네거리가 나온다. 여기에서 창해길로 올라서면 운정교를 지나 경포해변으로 이어진다.

경포해변에서 씨마크호텔을 지나서 왼쪽 해안로 406번길을 따라 내려가면 어느새 경포호가 보인다. 경포호 바로 옆에 넓은 주차장이 보이는

데 그곳이 경포호수광장이다. 광장 옆 호수길을 따라 왼쪽으로 휘감아 걸으면 경포대가 나온다. 오른쪽으로 휘감아 걷는 것은 권하지 않는다. 경포대 앞에서 다시 202-1번 버스를 타고 강릉역으로 간다. 환승하지 않아서 편하지만 시간이 40분 정도 걸린다.

율곡기념관 ▶ 오죽헌 ▶ 선교장 ▶ 활래정 ▼

▼ 경포해변 ◀ 동화가든 ◀ 허균·허난설헌 기념공원 ◀ 경포가시연습지

경포대

선교장

활래정

오죽헌

문성사

운정교

율곡
기념관

경포생태저류지

교동2동 주민센터

강릉역

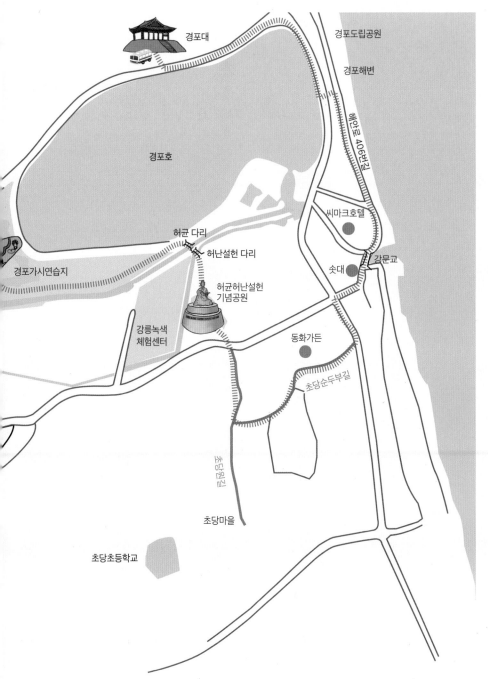

경포대
경포도립공원
경포해변
해안로 406번길
경포호
씨마크호텔
허균 다리
허난설헌 다리
경포가시연습지
솟대
갑문교
허균허난설헌
기념공원
강릉녹색
체험센터
동화가든
초당순두부길
초당원길
초당마을
초당초등학교

경주 신라길 산책

초등학교 6학년 때다. 경주로 수학여행을 갔다. 부산에서 경주까지 지금은 한 시간이면 간다. 그때는 4시간 30분 걸렸다. 완행열차는 덜컹거리지 않았다. 덜커덩거렸다. 집을 나설 때는 그야말로 흥분의 도가니였는데, 도착했을 때는 이미 지쳐 있었다. 다음 날은 토함산에 올랐다. 석굴암에 들어갔다. 별다른 감흥이 없었다. 불국사는 울긋불긋했다. 많은 집들이 단풍 든 것 같았다. 시내는 온통 호빵 뒤집어 놓은 것처럼 봉긋봉긋했다. 추억으로 자리 잡을 때까지 시간이 한참 걸렸다.

언제부턴가 9시 뉴스에서 간혹 경주 소식을 듣는다. '발굴조사를 한다. 축제를 개최한다. 우물터에서 인골이 나왔다. 신라 왕경을 복원한다. 황리단길에 발 디딜 틈이 없다.' 경주에 갔다. 내가 기억하고 있는 경주와 다시 가서 본 경주는 다르다. 신비스럽고 놀랍다. 우리는 우리 스스로를 얕잡아 본 것일까? 신라 역사의 숨결을 느낀다.

알타이 적석목곽분으로 웅대한 역사를 말한다. 한혈마를 타고 드넓은 스텝루트를 달린다. 동아시아 바다를 장악한다. 육상과 해상 실크로드를 두루 잇는다. 당나라에 신라마을을 경영한다. 페르시아 사람이 춤을 춘다. 박트리아 황금비도가 빛을 발한다. 로마와 시리아 유리로 아름답게 장식한다. 경주가 아니라 신라 왕경이다. 가장 약한 나라가 아니라

삼한일통 대업을 달성한 동아시아 최강국이다. 신라는 왕도에서 세계를
경영한다. 신라에서 우리는 세계를 걷는다. 세계로 가는 신라길!

경주

황금도시

태종무열왕 김춘추는 서둘러서 왕위에 오르려 하지 않았다. 실력을 쌓았다. 풍월주가 되고 낭도를 거느렸다. 인맥을 두텁게 하여 신뢰를 쌓았다. 친구를 사귀기 위해 적국 고구려로 갔다. 외국 당나라로 가는 것도 마다하지 않았다. 칠성우와 사귀어서 뒷날을 준비했다. 선덕왕과 진덕왕을 왕위에 오르게 돕는다. 그제서야 왕위에 오르니 무려 43년을 도모한 뒤다.

박트리아 황금보검, 북방 초원을 가로지른 금관, 서역 너머 로만글라스 게다가 오직 신라에만 있는 높은 굽다리 줄무늬 유리잔, 인도 합금강철 기술 등은 신라가 오랜 시간 참아내면서 쌓아온 역량을 단적으로 보여 준다. 사람도 문화도 군사력도 오래 갈고 닦았다. 신라황금과 합금강철은 신라가 어떤 나라인지, 신라 사람들이 어떤 사람인지를 단적으로 보여 준다. 로마 유리와 페르시아 유리를 응용하여 신라 유리를 만든다.

중국에서 난리를 피해 바다를 건너온 사람들에게 신라에서 마을을 이루고 살게 한다. 왜에서 표주박을 허리에 메고 바다를 건너온 호공瓠公은 재상이 된다. 서역 사람이 원성왕 괘릉을 지킨다. 아랍 사람이 왕 앞에 나와서 노래하고 춤을 춘다.

널리 품고 새로 만들어서 최고에 이르렀을 때 삼한일통 대업을 달성한다. 고구려 사람은 반듯하게 물을 끌어들인다. 백제 사람은 그 물을 굽이치게 한다. 신라 사람은 월지에 모인 물 위에서 동해구를 바라본다. 승리에 도취되지 않고 또 다른 내일을 준비한 것이다. 온 세상을 한 곳에 모아 놓았으므로 경주는 세계 문화도시다. 세계 문화도시 중에서도 최고여서 황금도시다. 세계 문화인이 만든 황금도시가 경주다.

신라 사람
세계 문화인

43년을 한결같이 - 태종무열왕 김춘추

김춘추 아버지 김용수는 제25대 진지왕으로 즉위한 금륜과 지도부인 사이에서 태어났다. 김용수는 진흥왕제24대, 재위 540~576 손자다. 할아버지 진흥왕과 아버지 진지왕제25대, 재위 576~579을 이어서 왕이 될 인물이다. 사도태후와 미실이 모의하여 문노를 행동대장으로 내세워 진지왕을 3년 만에 폐위시킨다. 진골로 밀려나면서 왕위계승권을 상실한다. 태상태후가 명을 내려서 어머니 지도태후는 진평왕제26대, 재위 579~632 후궁이 된다. 김용수와 동생 김용춘은 진평왕의 아들은 아니었지만 전군殿君[1]으로 궁에 살았다. 전왕의 아들로 대우받은 것이다.

603년 김용수는 진평왕 맏딸 천명공주와 결혼한다. 성골 지위를 다시 회복하면서 왕위는 김용수와 아들 김춘추에게로 이어질 수 있게 된다. 진평왕에게는 아들이 없었기 때문이다. 그러나 진평왕은 612년 선덕공주을 왕위계승자로 지명한다. 또다시 진골로 족강된 김용수는 아예 궁을 떠나야만 했다. 김용수와 아들 김춘추는 두 차례 파도를 타면서 결국 왕위로부터 멀어진다.[2]

궁에서 나온 김춘추는 15세 풍월주 김유신 밑에서 부제로서 실력을 다진다. 이 무렵 김춘추는 미실의 아들 보종공과 진평왕의 딸 양명궁주가 낳은 보라궁주와 결혼하여 딸 고타소를 낳는다. 보라궁주가 둘째 문주를 낳다가 죽는다. 김춘추는 김유신의 막내 여동생 문희와 재혼하여 여섯 아들을 둔다. 616년 김유신은 풍월주를 그만둔다. 관례대로 하자면 부제가 풍월주를 계승한다. 김춘추는 김유신의 부제였지만 풍월주에 오르지 않는다. 16세 풍월주를 보종공에게, 17세 풍월주를 염장공에게 양보한다. 때가 무르익기를 기다린 것이다. 626년 드디어 18세 풍월주가 된다.[3]

또한 김춘추는 칠성우七星友를 결성한다. 왕으로 등극하는 데 결정적인 역할을 할 핵심 그룹이다. 진평왕 17년인 595년 김유신은 해·달·목·화·토·금·수 등 칠요七曜의 정기를 받고 태어난다. 때문에 등에 (북두)칠성 무늬[4]가 있다. 진덕왕제28대, 재위 647~654 시대에 김유신은 알천·임종·술종·염장·보종 등과 함께 남산 우지암에 모여 나랏일을 의논한다. 통일의 기초[5]가 된 칠성우, 곧 김유신의 친구들이다. 칠성우의 우두머리는 김유신이 아니라 알천이다.

알천閼川은 진흥왕 외손자고 법흥왕 동생 입종갈문왕 손자다. 칠성우가 우지암에 모여 나라 일을 의논하는데 난데없이 호랑이가 뛰어든다. 칠성우가 놀라 일어선다. 알천은 태연하게 앉아서 이야기하면서 호랑이 꼬리를 잡고 땅에 매쳐 죽인다. 알천은 힘이 세서 맨 윗자리에 앉았다. 김유신은 위엄이 있었기에 칠성우들이 마음으로 복종했다.[6]

10세 풍월주 미생랑 때 화랑도는 5개 파벌로 나뉘었다. 그중에서 통합원류統合元流는 귀천을 가리지 않고 안팎에서 인재를 뽑아 등용했다. 신라를 강한 나라로 만들기 위해서다. 대세·수일 등과 함께 임종林宗은 통합원류 중심인물이다.[7]

김춘추보다 앞서 풍월주를 지낸 염장廉長의 어머니는 지도태후다. 김춘추의 아버지 김용수와 작은아버지 김용춘의 어머니도 지도태후다. 염장과 김춘추의 아버지 김용수는 아버지가 다르지만 같은 어머니에게서 태어난 형제지간이다. 사람들은 염장의 집을 수망택水望宅이라 일컫는다. 밀려오는 홍수처럼 금이 들어가는 집이라는 뜻이다. 김춘추와 김유신에게 재물을 공급한다. 정작 자신은 매사에 절약하면서 검소하게 살았다. 훌륭한 부자였다.[8]

김유신이 김춘추에게 조언한다. "왕자나 전군이라 하더라도 낭도를 거느리지 않으면 위엄을 세울 수 없습니다." 김유신의 누이 문희를 아내로 맞는다. 김유신의 부제가 된다.[9] 마침내 18세 풍월주에 오른 김춘추는 629년 김유신의 동생 김흠순에게 풍월주 자리를 물려주고 상선이 된다. 바야흐로 낭도까지 거느리게 된 것이다.

김춘추가 걸어간 인생만큼 그 시대도 큰 소용돌이에 휘말린다. 641년 백제 의자왕義慈王, 641~660이 즉위한다. 642년 7월 의자왕이 신라 서쪽 40여 개 성을 쳐서 빼앗는다. 수와 당의 팽창주의에 맞선 친고구려 정책의 일환이다. 이어서 8월에는 백제 장군 윤충允忠이 신라 대야성을 친다. 합천 대야성은 원래 가야 땅이다. 대야성을 빼앗으면 바로 공산(대구) 넘어 서라벌이다. 반대로 신라 입장에서는 백제를 견제할 수 있는 국경 거점이다. 전략적으로 중용한 성이지만 성벽이 높고 험하다. 강을 끼고 있다.[10] 전면전으로는 빼앗기 힘들다. 성안에 내통하는 사람이 있어야만 상황을 뒤집을 수 있다.

백제군과 내통한 검일黔日이 대야성 창고를 불사른다. 자신의 아내를 빼앗은 대야성 도독 김품석金品釋, ?~642에게 원한을 품고 있었기 때문이다. 식량을 태워 버렸으니 오래 지키기 힘들다. 성안이 흉흉하다. 두려움에 휩싸인다. 김품석은 아내 고타소와 자식들을 먼저 죽이고 자신도 자결한다.[11] 고타소는 김춘추가 보라궁주와 결혼하고 낳은 딸이다. 사위 김품석은 내물왕 자손으로 진골이다. 딸과 사위를 동시에 잃은 김춘추는 "백제와는 세상에서 함께 나란히 할 수 없다"는 생각을 굳힌다. 장차 출정할 계획을 세운다.[12]

642년 10월 고구려 연개소문이 쿠데타를 일으킨다. 성대한

잔치를 열어서 대신을 초대한다. 잔치에 당도한 대신 100여 명을 죽인다. 영류왕을 시해하고 그 몸을 몇 동강으로 잘라 도랑에 던져 버린다. 영류왕 동생을 보장왕으로 앉히고 섭정한다.

졸지에 딸 고타소를 잃은 김춘추는 백제를 집어삼키기로 작정하고 고구려로 간다. 551년 진흥왕이 고구려를 쳐서 10개 군을 빼앗은 뒤로 신라는 고구려와 전쟁 상태에 들었다. 김춘추는 지금 적을 치기 위해 또 다른 적과 동맹을 맺으러 나섰다. 보장왕이 군사를 요청하는 김춘추에게 말한다. "죽령은 본래 우리 땅이니 네가 만약 죽령 서북쪽 땅을 돌려준다면 군사를 내줄 수 있다." 김춘추가 답한다. "대왕께서는 이웃 나라와 잘 지낼 생각은 없고 단지 사신을 겁박하여 땅을 되돌려줄 것만을 요구하시니 저는 죽을지언정 그 밖의 것은 모르겠나이다." 분노한 보장왕은 김춘추를 별관에 가두고 죽이려 한다.[13]

끊임없이 팽창하고자 하는 당나라에 맞서기 위해 고구려-백제-왜가 뭉친다. 신라를 고립시킨다. 상황을 잘 알면서도 김춘추는 고구려에 군사를 청하러 간 것이다. 그렇지만 고구려는 신라의 또 다른 적국에 불과했다. 김춘추는 보장왕이 총애하는 선도해先道解에게 은밀한 선물을 건넨다. 선도해는 김춘추를 찾아와 '지혜로운 토끼와 어리석은 거북' 이야기를 들려준다. 선도해의 의중을 깨달은 김춘추는 보장왕에게 편지를 쓴다. "마목현과 죽령은 본래 대국의 땅이니 신이 귀국하게 되면 우리 왕께 청해 반환하도록 하겠습니다." 보장왕은 기뻐한다. 김춘추는 생명을 연장한다. 60일 지나도 김춘추가 돌아오지 않자 김유신은 한강을 건넌다. 선덕왕은 1만 군사를 내주었지만 김유신은 용사 3천 명만 가려 뽑아서 고구려 국경 남쪽을 넘는다. 보장왕은 김춘추를 돌려보낸다.[14] 목숨을 건 적과의 동맹은 무산되었다. 그러나 김춘추는 여기에서 멈추지 않는다.

647년 선덕왕 말년 진덕왕 원년에 비담과 염종이 난을 일으킨다. "여자 임금이 나라를 잘 다스리지 못한다." 비담과 염종이 군사를 일으킨다. 명활산성에 진을 친다. 이에 맞서 김춘추와 칠성우가 월성에서 반란군을 막아선다. 한밤 자정에 월성에 큰 별이 떨어진다. "여자 임금이 패망할 조짐이다." 반란군 사졸들이 환호하는 소리가 땅을 뒤흔든다. "덕이 요망함을 이긴다. 별자리 변괴 따위는 두려워할 것이 못된다." 김유신은 허수아비에 불을 붙인다. 연에 실어 날려 보낸다. 마치 별이 하늘로 올라가는 듯하다. 별이 떨어진 자리에서 흰 말을 벤다. 그 피로 하늘에 제사를 지낸다. 1월 8일 선덕왕이 승하한다. 24세 풍월주 천왕을 중심으로 칠성우가 주축이 된 화랑도와 장졸들이 힘껏 친다. 1월 18일 달아나는 비담을 베고 일족을 멸한다.[15] 난에 가담한 신료 30명을 잡아 죽인다.

그러나 김춘추는 왕위에 오르지 않았다. 마지막 성골 승만을 진덕왕에 오르게 돕는다. 무르익지 않은 때를 서둘러 탐하지 않았다. 비담의 난을 진압하는 데 앞장선다. 함께할 세력을 규합한다. 실력을 쌓는다. 오래 기다린다. 다시 한번 목숨을 걸고 동맹 구축에 나선다.

648년 김춘추는 당나라 태종唐太宗, 재위 626~649을 만난다.
김춘추는 백제에게 딸 고타소를 잃었다. 태종은 100만 대군을
이끌고 요하를 넘어 고구려를 친다. 안시성 전투에서 패하고 눈
을 잃었다. 태종은 당나라 최고 교육기관 국학에서 석전과 강론
을 참관하고자 하는 김춘추에게 《진서晉書》까지 내준다. 의관 문
물을 중국식으로 바꾸려 하는 김춘추에게 내전에서 진귀한 옷
을 꺼내 준다. 드디어 20만 군사 지원을 약속한다.

바로 그때 신라 장군 김유신은 백제에게 빼앗긴 대야성을
친다. 백제 사졸 1천 명을 죽이고 잡는다. 백제 장수 8명을 잡는
다. "낙엽 한 잎 진다 한들 무성한 숲에 덜어지는 바가 없다. 티
끌 하나 더한다 한들 태산에 보태질 바도 없다." 사로잡은 백제
장수 8명과 백제 땅 감옥에 묻힌 품석과 고타소 유해를 맞바꾼
다.[16] 649년 신라 신료들은 당나라 의관을 입는다. 650년 당나
라 영휘 연호를 채택한다. 동맹을 군건히 한다. 군사원조 약속
이행을 촉구한 것이다.[17]

654년 진덕왕이 승하한다. 김춘추가 왕위에 오른다. 무열왕
武烈王, 재위 654~661이다. 612년 왕위계승자 지위를 모두 상실하
고 출궁되었다. 혈통으로 왕위에 오를 수 있는 모든 가능성이 차
단된다. 실력을 다지기 시작한다. 43년 만에 왕좌를 차지한다. 가
득 찬 둥근달圓月 백제는 점차 이지러져 망할 것이다. 점점 차게
될 초승달新月 신라는 더욱 성할 것이다.[18] 신라 상고시대上古時代

를 시작한다. 660년 김유신을 상대등에 임명한다. 당나라 고종
唐高宗, 재위 649~683에게 약속한 군사원조를 요청한다.

660년 5월 26일 서라벌을 출발한 김유신 장군은 5만 신라
군을 이끌고 북상한다. 6월 18일 이천 남천정까지 올라간다. 고
구려가 긴장한다. 반대로 백제는 느긋해진다. 신라군에서 5만
정병을 뽑아서 다시 남으로 내려와 군위 효령에 전진기지를 구
축한다. 긴장했던 고구려는 안도의 한숨을 쉴 뿐 다시 남하하는
신라군을 감히 칠 생각을 못한다. 갑작스럽게 장거리를 이동함
으로써 백제의 방어 전선을 교란시킨다.[19] 7월 9일 황산에서 계
백 장군이 이끄는 5천 결사대를 격파한다. 기벌포에서 소정방과
만나기로 약속하였으나 하루 늦은 7월 11일에야 도착한다. 7월
10일 13만 대군을 이끌고 기벌포에 당도한 당나라 장수 소정방
은 백제군과 한바탕 혹독한 전투를 치른다. 소정방은 하루 늦게
나타난 김유신 앞에 두고 신라 장수 김문영을 죽이려 한다. 김
유신 장군은 도끼를 들고 뛰어나가 일갈한다.

"대장군(소정방)은 황산의 전투를 보지 않은 터에 기일
에 늦은 것으로 죄를 삼으려 한다. 나는 무고하게 치욕
을 당할 수 없다. 기필코 먼저 당군과 결전을 벌인 뒤에
백제를 쳐부수리라."

소정방의 횡포를 일언지하에 잠재운다. 김유신 장군의 기세

태종무열왕릉비 귀부와 이수
1914년 촬영한 유리건판 사진 (© 국립중앙박물관)

에 눌린 대장군 소정방은 한 발짝 물러선다. 7월 12일 사비성을 포위한다.[20] 7월 13일 김유신은 소정방에게 선봉을 빼앗기지 않고 당나라군과 나란히 사비성을 친다. 7월 18일 의자왕이 항복한다.[21]

그러나 백제 부흥군은 곳곳에서 신라군을 괴롭힌다. 게다가 고구려 장수 뇌음신惱音信은 말갈 장수 생해生偕와 더불어 신라 최북단 북한산성을 침공한다. 한 달 뒤 무열왕 8년 661년 6월 금마군 대관사金馬郡 大官寺 우물물이 피로 변한다. 금마군金馬郡 땅에서 피가 흘러 흥건하게 젖는다. 누군가 피를 흘렸다는 뜻이다. 무열왕이다. 시호는 무열, 묘호를 태종太宗이라 했다.[22] 대관사가 있는 익산 금마군 왕궁리는 백제 의자왕 아버지 무왕이 새로운 도읍지로 삼기로 작정한 곳이다. 왕궁을 건설했다. 그래서 지명도 왕궁리다. 큰 절 미륵사를 창건하고 미륵사탑을 세웠다. 백제 무왕에게 후원을 받은 대관사 승려들이 무열왕을 시해한 듯하다.[23]

신문왕 7년 687년 원자가 태어나자 조묘祖廟에 나가 제사를 지낸다. "머리를 조아려 두 번 절하고 삼가 태조대왕·진지대왕·문흥대왕·태종대왕·문무대왕 영전에 아뢰나이다".[24] 당나라까지 몰아내고 일통삼한 대업을 달성한 태종무열왕 김춘추와 문무대왕 김법민을 오묘五廟에 불훼지종不毁之宗으로 올린 것이다. 신문왕 12년 692년에 당 고종이 칙서를 보낸다. "당 문황제 묘호가 태종인데 무열왕 김춘추 묘호를 태종이라 한 것은 참람하고 분수에 넘치오. 의당 고쳐야 할 것이오." 신문왕은 칙서를 쫓지 않는다. 이세민이 당나라를 세웠기에 태종이라 올려 불렀다.[25] 무열왕은 삼한을 통일하였으니 태종이라 올려 불렀다. 무엇이 문제란 말인가! 조공도 폐지한다.

경주 산책
세계로 가는 신라길

고구려는 중국, 백제는 왜, 신라는? – 천마총

대릉원은 신라 최대 무덤군古墳群이다. 그중에서도 천마도를 발굴한 제155호 천마총天馬塚과 남분 및 북분으로 쌍분을 이룬 제98호분 황남대총皇南大塚은 단연 으뜸이다. 1973년 3월 19일 문화공보부 문화재위원회는 제98호분과 제155호분 동시 발굴을 의결한다. 그러나 실무자들은 발굴 경험이나 기술 등에서 자신이 없었다. 상대적으로 크기가 작은 제155호분부터 발굴을 시작한다.

1973년 4월 6일부터 12월 4일까지 만 8개월 동안 진행한 발굴조사[26]는 온 나라를 발칵 뒤집는다. 일제는 천마총 꼭대기에 대공초소를 설치했었다. 이 대공초소는 1971년까지 그대로 있었다. 왕릉 봉분을 제거하면서 제일 먼저 걷어낸 점토는 바로 이 대공초소를 설치했던 잔해다. 5월 20일 자갈층이 드러난다.

신라 고분은 고구려나 백제 고분보다 도굴이 덜 됐다. 바로 이 돌 때문이다. 5월 31일 엉뚱하게 꼬질대와 플래시가 나왔다. 꼬질대는 군인들이 소총을 청소할 때 사용하는 긴 쇠막대기를 말한다. 봉분으로부터 1.6미터 지점이다. 누군가 이곳까지 파고들어 왔었다는 뜻이다.

6월 2일 6미터 지점에서 점토를 바른 굵은 냇돌이 무더기로 나온다. 7.2미터 지점에서 자갈층이 끝나고 굳게 다진 점토층이 나온다. 7월 9일 나무로 만든 무덤방木槨이 나타난다. 동서로 길게 자리 잡은 직사각형 나무 덧널은 냇돌과 자갈돌의 무게를 이기지 못하고 중앙이 함몰되어 있었다. 썩은 나무 덧널 나무를 제거하자 쇠막대기丸頭鐵棒, 굽높은잔高杯, 유리구슬琉璃小玉, 큰고리귀걸이太鐶耳飾, 작은고리귀걸이細鐶耳飾, 도자刀子 등 부장품이 쏟아진다. 커다란 쇠뭉치大形鐵鋌, 나비모양금관꾸미개金製蝶形冠飾와 새날개모양금관꾸미개金製鳥翼形冠飾, 금동관파편金銅冠破片 등 신라는 역시 황금과 무쇠의 나라다. 제155호분 발굴 이야기는 연일 뉴스에 오르내린다.

7월 14일 드디어 나무관木棺과 부장품을 담은 상자副葬品收藏櫃가 드러난다. 로만글라스로 만든 남색 유리구슬藍色琉璃玉, 우리나라에서 나지 않는 경옥으로 만든 곱은옥硬玉制曲玉, 시베리아 자작나무 껍질로 만든 관모白樺樹皮製冠帽, 쇠로 만든 마구 등자鐵製鐙子 · 황금모자三角形金帽, 황금 허리띠 버클과 드리개金製銙板腰佩垂飾, 금은 장식 세고리 큰 칼金銀裝三鐶大刀, 쇠도끼鐵斧

등 우리 역사를 다시 써야 할 국보급 부장품들이 한도 끝도 없어 쏟아진다. 나무 널에서는 나뭇가지와 사슴뿔 모양으로 장식한 금관金冠, 가슴꾸미개胸飾, 가락지指鐶 등을 쏟아내면서 발굴 조사의 대미를 장식하는 듯했다. 특히 금관을 수습하려고 하자 맑은 하늘에 갑자기 천둥 번개가 치면서 폭우가 쏟아진다. 수습을 끝내자 다시 맑게 갠다.

여기서 끝이 아니었다. 세상을 더욱 놀라게 만든 것은 부장품 상자 안에서 나온다. 제155호분에 이름을 달아 줄 유물이다. 아열대 고동 껍질로 만든 말띠 꾸미개雲珠[27], 대나무로 장식한 금동판 말다래透彫金銅板飾竹製障泥, 코발트색 유리잔 및 녹색 유리잔, 청동 다리미 등과 함께 자작나무 껍질로 만든 천마도 말다래白樺樹皮製天馬圖障泥와 새그림판白樺樹皮製瑞鳥圖彩畫板을 발굴한다. 금동판 말다래를 보존 처리하기 위해 뿌린 약품 때문에 천마도를 영원히 못 볼 뻔했다. 다행히 천마도 말다래가 두 장이었기 때문에 아래쪽에 있는 말다래 천마도를 무사히 수습한다. 제128분에서 금관이 나왔으므로 금관총, 제129호분에서는 봉황으로 장식한 금관이 나왔으므로 서봉총이라 했다. 천마도가 나왔으니 제155호분은 천마총天馬塚이다.

천마총에서 발굴한 천마도의 시원형은 고구려 덕흥리 벽화고분 북쪽 천장 천마도다. 천마도는 덕흥리 벽화고분→삼실총→무용총 순서로 발전했다. 천마총 천마도는 무용총 천마도와 가장 비슷하다. 갈기와 꼬리털이 수평을 이루며 날리고 있기

1973년 천마총 발굴조사 당시 천마도 노출 상태[28]

하늘을 나는 말, 곧 천마(天馬)라고 이름 지었는데 날개가 없다. 게다가 기존 천마도에서 볼 수 없는 초승달 무늬를 온몸에 그렸다.

때문에 쉽게 알 수 있다는 주장이다.[29] 영혼불멸을 믿었던 고구려 사람들은 내세가 현세와 이어진다고 생각했다. 오환이나 선비 등과 별로 다르지 않은 내세관이다. 현세와 내세가 이어진다면 영혼을 다시 내세로 돌려보내야 한다. 영혼을 인도하는 동물이 말馬이다. 천마가 망자의 영혼을 태우고 내세로 데리고 갈 것이다.[30]

  일본 유리공예 전문가 요시미즈 츠네오由水常雄가 우리나라 학자들의 주장을 반박한다. 천마도를 그린 말다래 소재를 보면

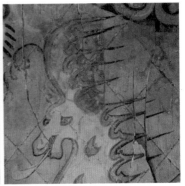

지난 2009년 국립중앙박물관에서는 한국 박물관 100주년 기념 특별전을 열면서 1973년 천마총에서 1973년 발굴한 국보 제207호 천마도 말다래를 적외선 촬영한 사진을 공개했다. 이 사진에서 육안으로는 볼 수 없었던 머리 위 그림이 나타났다. (ⓒ 국립중앙박물관)

쉽게 출처를 알 수 있다. 자작나무다. 신라에서는 대나무를 사용했다. 천마도 말다래 출처는 신라가 아닌 다른 곳이라는 뜻이다. 또한 천마도라면 날개가 있어야 한다. 아무리 찾아봐도 날개는 없다. 이래가지고야 망자를 저세상으로 데려갈 수 있겠는가! 천마가 구름을 타고 가는 것일 수도 있지 않나? 아니다. 애초에 질주하는 백마였기 때문에 구름이 아니라 먼지가 일어나고 있는 것이다. 얼마나 날쌔게 달렸으면 갈기와 꼬리털이 바람에 휘날린다. 백마는 연신 가쁜 숨을 뿜어낸다. 마지막 카운터 펀치! 백마 몸에 초승달 반점! 중국과 유럽 천마도에는 초승달 무늬가 없다. 초승달은 스키타이를 비롯한 북방 기마민족 문양에 등장

한다.[31]

결정적인 증거는 2009년 국립중앙박물관에서 나온다. 우리나라 박물관 역사 100주년을 기념하는 기획전시에서 천마도 적외선 촬영 사진을 공개한다. 1200만 화소 사진으로 보니 육안으로 볼 수 없었던 것이 드러난다. 천마 머리에 뿔 같은 것이 달려있다.[32] 날개도 없다. 그래도 천마라고 하니 우리는 그런가 보다 했다. 결국 우리는 여태까지 소설을 역사라고 믿었던 셈이다.

그렇다면 천마총 백마는? 고구려 천마도에서 온 것도 아니라면 과연 어디서 온 것인가? 지난 1865년 독일계 러시아인 라들로프V. V. Radloff가 알타이산맥에서 쿠르간[33]을 발견했다. 경주 대릉원에 있는 마립간 시기 고분 천마총이나 황남대총과 마찬가지로 적석목관분積石木槨墳이다. 나무로 만든 무덤방을 돌무지로 덮었다는 뜻이다. 알타이산맥에서는 적석목곽분을 '쿠르간kurgan'이라 부른다. 쿠르간을 처음 과학적으로 발굴조사 한 사람은 러시아 인류학자 세르게이 루덴코Sergei Ivanovich Rudenko, 1885-1969. 1924년 처음 확인하고 1929년부터 1949년까지 모두 다섯 차례 발굴해서 그 전모를 밝힌다.[34] 마치 경주에 있는 고분군처럼 군을 이루고 있다. 경주에 있는 적석목곽분 고분군과 알타이산맥 쿠르간이 서로 다른 점이라면 봉토와 돌무지의 위치가 서로 뒤바뀌었다는 정도다.

루덴코가 조사한 쿠르간은 알타이 고산지대 파지리크 계곡에 있다. 원래 몽고 땅이었다가 지금은 러시아 남부에 속한다.

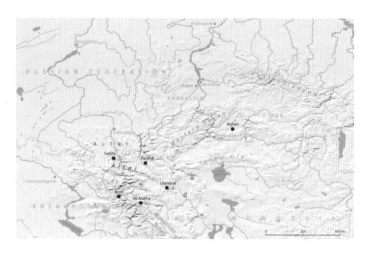

쿠르간의 위치 (© Bordon/SMB)[36]

아랄해 북동쪽과 바이칼호 서남쪽 사이에 있다. 파지리크 계곡
은 산과 초원으로 둘러싸인 북위 50도 44분, 동경 88도 03분에
자리하고 있다. 이곳에서 낙엽송으로 통나무집을 짓고 텐트를
치고 정착해서 살던 사람들이 있다. 이들은 기원전 300년부터
기원전 250년 사이에 파지리크 쿠르간을 조성했다. 농사를 짓
지 않으면서도 정착해서 살 수 있었던 이유는 말이다. 말을 타
고 짧은 시간에 먼 거리를 옮겨 다니면서 유목생활을 한다. 유
목정착민이다.[35] 남방 중국이나 서방 그리스와는 완전히 다른
삶이다.

　사실 파지리크 쿠르간을 비롯해서 알타이산맥에 있는 쿠르
간은 신라 고분보다 최대 1150년을 앞선 적석목곽분의 원조쯤

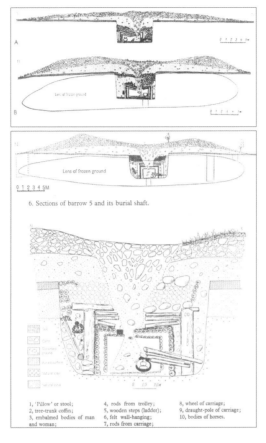

6. Sections of barrow 5 and its burial shaft.

1, 'Pillow' or stool;
2, tree-trunk coffin;
3, embalmed bodies of man and woman;
4, rods from trolley;
5, wooden steps (ladder);
6, felt wall-hanging;
7, rods from carriage;
8, wheel of carriage;
9, draught-pole of carriage;
10, bodies of horses.

천마총 토층 단면도[37] / **파지리크 제5호 쿠르간 토층 단면도** (© Rudenko)[38]

된다. 나무 무덤방 위쪽에 돌무지가 있기 때문에 나무 무덤방이 썩으면 돌무게를 견디지 못하고 함몰된다. 그래서 쿠르간과 적석목곽분 양자는 발굴 당시 함몰상태였다. 대릉원 고분은 무덤방 바로 위에 돌무지가 있었기 때문에 함몰될 때 무덤방 안으로 돌이 많이 들어온다. 파지리크 고분은 무덤방과 돌무지 사이에 봉토층이 있었기 때문에 함몰될 때 돌이 적게 들어왔다. 양자 모두 돌무지 때문에 도굴꾼이 건드리지 못했다.

그렇다면 왜 함몰될 것을 알면서 무거운 돌로 덮었을까? 게다가 곧 썩어 없어질 것이 뻔한데 왜 통나무로 무덤방을 만들었을까?

알타이산맥 무덤방은 삼림지대, 즉 자작나무로 뒤덮인 언덕에 정착한 부족장이 사는 통나무집 '타이가 하우스'다. 타이가 하우스를 만들고 그 안에 관과 부장품을 넣는다. 그 위를 봉토로 덮고 다시 엄청나게 많은 돌을 쌓아서 도굴을 방지한다.

신라 사람들은 하얀 자작나무 껍질을 좋아했다. 타이가 하우스, 자작나무 껍질에 그림을 그린 말다래, 자작나무로 만든 관모.[39] 모두 천마총에서 발굴한 것이다. 일본 사람들 시각으로 보면 신라新羅는 하얀 나무白木 나라다. 껍질이 하얀 자작나무를 좋아하니 백목이라 불렀다. 일본말로 발음하면 신라와 백목 모두 시라기다. 자작나무를 한자로 쓰면 백화목白樺木이다.

이들은 유목을 생업으로 했지만 정착생활을 했기 때문에 텐트가 아니라 집이 있었다. 자작나무 껍질로 천정을 장식한 낙엽송 통나무집이다. 쿠르간에도 바로 이 통나무집을 만들어서 무덤방으로 사용한다. 특히 제5호 쿠르간은 대단히 크게 만든다. 무덤방 벽에 한 변의 길이가 4.5미터에서 6.5미터까지 나가는 펠트로 만든 장식용 그림을 걸었다. 제2호에서는 바닥 장식

기원전 250년 조성한 파지리크 제5호 쿠르간 출토 펠트제 벽걸이 그림[41]

(© Rudenko)

의자에 앉아 있는 여자는 꽃이 핀 나뭇가지를 들고 있다. 경주에서 발굴한 왕
관에서 볼 수 있는 세움장식이다. 말을 타고 온 사람은 서방인이다. 말 얼굴·
입·가슴에 장식물을 달았다. 경주와 가야에서 무수하게 나오는 곱은옥(曲玉)
이다.

용 펠트 그림도 발굴한다. 바로 이 파지리크 계곡 쿠르간 제2호
와 제5호에서 수수께끼를 풀어낼 단서가 나온다.

알타이산맥에 쿠르간을 조성한 사람들은 나무를 잘 다뤘던
모양이다. 무덤방을 통나무로 만들었다. 무덤방 가로 통나무와
세로 통나무에 홈을 내서 서로 맞물리게 한다. 장례식 때 알타이

고산지대로 가지고 가서 조립하기 위해서다. 마립간 시기 신라에서 만든 적석목곽분에 나무로 만든 덧널을 만든 이유를 알겠다.

펠트제 벽걸이 그림은 쿠르간 5호의 주인공이 누구인지를 짐작케 한다. 의자에 앉은 여인이 꽃 핀 나뭇가지를 들고 있기 때문이다. 땅과 하늘, 신과 인간, 이 세상과 저세상을 이어주는 신나무神樹다. 아마도 무녀일 것이다. 신라 금관 세움장식은 두 가지다. 하나는 사슴뿔이고, 다른 하나는 나뭇가지다. 신라 금관 세움장식의 기원을 발견한다.

알타이산맥에 사는 사람들은 서방에서 온 사람들과 서로 교역을 한다. 말을 타고 있다. 말 다리가 유난히 가늘다. 땀과 피를 함께 흘리는 말이다. 그래서 한혈마汗血馬, Parafilaria Multipapilosa다. 오늘날 키르키스 지역에 있었던 대완국大宛國 말이다.[42] 하루에 천리를 가는 명마다. 먼 길을 왔다. 곱은옥으로 한혈마를 장식하고 있다. 그리스 사람이거나 그리스와 교역을 하는 서방 사람이다.

그리스에서는 곱은옥 모양을 가지eggplant 모양이라 한다. 씨가 잘 퍼지고 많은 열매를 맺는다. 다산을 상징한다. 유독 옛 신라 지역에서 곱은옥이 많이 발굴된다. 자손이 번창하기를 기원할 때 사용한다. 서아시아와 교류를 통해 받아들인 가지, 곱은옥으로 장식한다.[43] 그림을 한 장 더 보자.

파지리크 쿠르간 제2호에서 발굴한 말다래 장식 그림이다. 독수리 얼굴과 날개에 호랑이 몸통과 발을 가진 독수리-그리핀

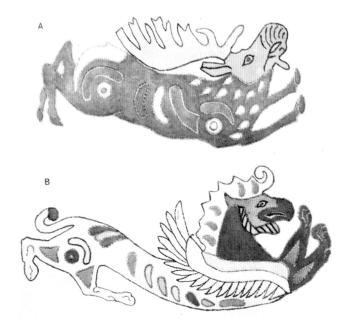

파지리크 제2호 쿠르간에서 발굴한 말다래 그림 (© Rudenko)
몸을 초승달 문양으로 장식한 산양과 독수리-그리핀이다. 갈기와 날개를 독
특하게 형상화하고 있다.

eagle-Griffin이 도망치고 있는 산양을 덮친다. 가축을 키워서 생업
을 영위하고 통나무집과 텐트에서 살았던 알타이 고산지대 정
착 유목민족의 일상을 그린 것이다. 몸을 장식한 초승달 문양이
과할 정도로 많다. 머리를 장식하고 있는 갈기는 대단히 독특하
다. 천마총에서 발굴한 천마도 말다래에 나오는 문양과 유사하
다. 알타이 고산지대 자작나무 껍질에 그리핀을 그린다. 알타이

고산지대 사람들은 독수리와 사자 그리핀을 독수리와 양 그리핀으로 그렸다. 신라 사람들도 독창적인 서수瑞獸로 말다래 그림을 그린다.

말다래에 그린 그리핀 그림, 자작나무 타이가 하우스, 곱은옥, 금관을 장식한 나뭇가지. 마립간 시기 신라는 서역과 활발하게 교류한다. 창구는 북방이다. 알타이 고산지대에서 스키타이문화를 수입하고, 알타이산맥을 넘어 시리아와 교류하고, 흑해를 건너 그리스와 만난다.

급변하는 국제 정세 더 빠르게 변하는 신라 - 황남대총

3개월 동안 천마총 발굴을 진행한 7월 5일 제98호분 황남대총 발굴도 시작한다. 황남대총은 천마총보다 더 많은 수수께끼를 안겨준다.

알타이 고산지대 스키타이문화에서는 북분에 아내를 남분에 남편을 매장했다. 그래서 황남대총 북분에 장신구가 많다. 반대로 남분에는 무기가 많다. 그런데 북분이 남분보다 크다. 북분 왕비릉을 작게 만들고 남분 왕릉을 크게 만들었어야 한다. 부장품도 북분이 훨씬 많고 값지다. 북분 왕비릉 부장품이 남분 왕릉으로 갔어야 한다. 게다가 금관은 북분에서 나오고 남분에서는 금동관이 나온다. 왕비릉에서 금동관이 나오고 왕릉에서 금관이 나왔어야 한다. 왜 서로 뒤바뀌었을까?

황남대총 쌍분

왕과 귀족의 연합체 성격을 띈 이사금 시대에서 김씨 세습 왕조 마립간 시대로 넘어가는 과도기였다는 데에 단서가 있다. 마립간 중에 왕비보다 부계의 사회적 지위가 낮은 마립간이 있었다는 데에 두 번째 단서가 있다.

여덟 왕의 난八王之亂으로 혼란을 거듭하던 서진西晉은 316년 흉노족에게 멸망한다. 북방은 16개 나라로 나뉜다. 16국 시대가 시작된다. 318년 사마예가 동진東晉을 세워서 남방을 다스린다. 420년 동진을 무너뜨린 송宋이 남조를 차지한다. 436년 후연을 꺾은 북위北魏는 439년 북방 16국 시대를 종식시키고 북조를 차지한다.[44] 남북조시대에 들어선 북위의 상대는 송이 아니라 고구려였다. 439년부터 고구려와 북위는 한 치 양보도 없이 대치한다.

흘해이사금 37년 346년에 왜군은 풍도에서 노략질한 뒤 월성을 포위한다. 신라는 왜를 물리칠 군사적 역량이 부족하다. 성문을 굳게 잠그고 지구전에 들어간다. 결국 왜군은 제풀에 꺾여서 돌아간다. 내물마립간 9년 364년 왜군은 또다시 월성으로 들이닥친다. 풀로 만든 인형 수천 개를 만들어서 토함산 아래에 벌려 세운다. 풀인형을 신라군으로 착각한 왜군은 곧바로 토함산을 향해 돌진한다. 동쪽들에 매복해 있던 신라군은 왜군을 대파한다. 달아나는 왜군까지 추격해서 죽인다.[45] 그렇지만 왜는 여전히 신라에 큰 위협이다. 내물마립간 26년 381년 고구려의 도움을 받아 전진前秦에 사신을 보낸다. 392년에는 고구려에 사신을 보내 조공하고 실성實聖을 볼모로 보낸다. 전진과 교류하고 고구려와 동맹을 맺는 외교적 해법을 모색한 것이다.

395년 후연은 북위에게 참패한다. 고구려는 이 틈에 거란족을 쳐서 상당한 군비를 확보한다. 396년 광개토대왕은 백제를 쳐서 38성 700촌을 빼앗는다. 397년 백제 아신왕은 태자 전지를 왜에 볼모로 보내고 군사를 요청한다. 실제로 왜군이 서라벌까지 치고 들어온 것은 400년이다. 신라는 다급해졌다. 고구려에 원군을 요청한다.

왜는 고구려에 상대도 되지 못한다. 고구려 5만 기병과 보병은 왜군을 쓸어버린다. 김해에 있는 왜구의 근거지까지 타격한다. 내물마립간奈勿麻立干, 356~402은 직접 고구려로 달려가 예를 올려 감사를 표한다. 신라는 사실상 고구려 속국이 된다. 401년 고구려에 인질로 가 있던 내물마립간의 사촌 동생 실성이 신라로 돌아온다. 402년 실성이 마립간에 오른다.

그렇지만 실성마립간實聖麻立干, 402~417의 권력은 불안정하다. 선왕인 내물이사금의 장자 눌지訥祗와 둘째 아들 미사흔未斯欣 그리고 막내아들 복호卜好까지 버티고 있었기 때문이다. 미사흔을 왜에, 복호를 고구려에 인질로 보낸다. 그래도 실성마립간은 불안하다. 딸 아로부인阿老夫人과 선왕의 맏아들 눌지를 결혼시킨다. 눌지를 감시하기 위한 결혼이다. 417년 실성마립간은 고구려에서 알고 지내던 사람을 끌어들여서 눌지를 암살하고자 한다. 그러나 암살 계획은 들통난다. 그제 서야 상황을 파악한

눌지가 반격에 나선다. 실성마립간을 죽이고 왕위에 오른다.[46]

425년 왕권을 안정시키기 위해 두 동생을 환국시킨다. 먼저 박제상朴堤上을 고구려에 보내서 복호를 데려온다. 박제상을 다시 한번 왜로 보낸다. 박제상은 거짓 망명하고 눌지마립간訥祇麻立干, 417~458은 박제상의 일가족을 모두 잡아들인다. 왜에 당도한 박제상은 크게 환영받는다. 박제상은 미사흔을 신라로 탈출시킨다. 뒤늦게 사실을 안 왜왕은 제상을 가둔다. 발바닥 살갗을 벗겨낸다. 날카롭게 깎은 갈대 위를 걷게 한다. 뜨거운 철판 위에서 상한 발을 지진다. "왜국 신하라고 말하기만 하면 큰 상을 주겠다"고 회유한다. "계림의 개돼지가 될지언정 왜국 신하는 되지 않겠다"고 외친다. 왜왕은 박제상을 불에 태워 죽인다. 눌지마립간은 박제상의 아내를 국대부인國大夫人에 봉한다. 딸을 동생 미사흔과 결혼시킨다.[47]

고구려가 북위에 집중하는 사이 왜는 신라를 마음껏 유린한다. 그 과정에서 신라는 왜를 자력으로 막아내야만 했다. 신라는 잘해낸다. 433년 백제와 동맹을 맺는다. 고구려와 맞설 준비를 한 것이다. 고구려는 남쪽 국경을 안정시키기 위해 454년 신라를 치고, 바로 이어서 455년 백제를 친다. 제압하기 위한 것이 아니라 북위와 전쟁을 벌일 때 뒤에서 신라나 백제가 치고 들어오는 것을 차단하기 위해서다. 고구려가 백제를 칠 때 신라는 백제를 지원한다.[48] 464년 드디어 신라에 주둔하고 있는 고구려 군대를 몰아낸다. 왜를 감당하기 힘들어서 스스로 고구려 속국이 되었다. 왜를 물리치면서 백제와 나제동맹을 맺는다. 고구려 군대를 몰아내고 자주권을 확보한다. 어엿한 독립왕국으로 성장한다.

신라가 고구려 속국에서 자주독립국으로 성장하는 발판을 마련한 시기에 신라를 다스린 왕은 내물마립간17대 352~402 · 실성마립간18대 402~417 · 눌지마립간19대 417~458 등 세 명이다. 세 명 중 한 명이 황남대총 남분의 주인공이다. 역사산책자는 실성마립간이 주인공이라고 본다. 내물마립간은 박씨·석씨·김씨가 서로 왕권을 주고받던 시대를 끝내고 김씨 세습왕조 시대를 열었다. 우두머리 칸이라는 뜻을 지닌 마립간으로 왕명을 바꾼 뒤 첫 마립간이 내물마립간이다. 이때부터 왕릉은 토광목곽분에서 적석목곽분으로 바뀐다.[49] 천마총과 황남대총은 모두 적석목곽분이다. 신라에서 왕릉 묘제가 바뀌었다면 그것은 세상이 바뀐 것이나 마찬가지다.

내물마립간이 실성마립간을 고구려에 볼모로 보냈기 때문에 실성마립간은 앙심을 품는다. 내물마립간의 맏아들 눌지마립간은 실성마립간이 보낸 자객에게 죽을 고비를 넘긴다. 실성마립간은 내물마립간의 둘째 아들과 셋째 아들을 각각 왜와 고구려에 볼모로 보낸다. 내물마립간의 세 아들은 모두 실성마립간에게 앙심을 품는다. 결국 눌지마립간은 실성마립간을 살해하고 왕위를 찬탈한다.

그러나 눌지마립간의 왕비 아로부인은 실성마립간 딸이다.

황남대총 북분 금관 (왼쪽)과 남분 금동관 (오른쪽) (ⓒ 국립중앙박물관)
왕은 금동관을 쓰고 왕비는 금관을 쓴다. 왕과 왕비의 관을 비교하면, 소재와
곱은옥 숫자가 다를 뿐만 아니라 드리개 장식과 사슴뿔 세움장식 등 장식에서
도 확연하게 차이 난다. 상식을 뒤집는 이런 차이에서 형식보다 현실을 직시
하는 신라식 해법을 본다.

게다가 미추이사금의 딸인 눌지마립간의 어머니 아류부인阿留夫
人은 실성마립간 왕비다. 눌지마립간이라 할지라도 무덤까지 좌
지우지하기는 힘들었을 것이다. 게다가 김씨 세습왕조를 막 시
작한 터라 같은 김알지의 후손이었기에 더욱 힘들었을 것이다.
그렇지만 왕비의 아버지는 왕이었다. 그에 반해 실성마립간의
아버지는 제2관등 이찬이었다.

이러한 사정 때문에 타협점을 찾아야만 했다. 왕릉과 금동

관에서 해법을 찾는다.[50] 한편으로 신라에서 제일 큰 적석목곽분 왕릉을 만든다. 다른 한편으로 왕으로서는 격이 한 단계 떨어지는 금동관을 부장한다. 결과적으로 최대 왕릉을 만들어서 김씨 세습왕조 제2대 왕으로서 예를 갖췄다. 박씨나 석씨와 더불어 왕권을 돌려가질 필요가 없는 김씨 세습왕조를 이제 막 시작했다. 안착시키기 위해서 내부 싸움을 덮어야만 했다. 그러나 왕관이 아니라 금동관으로 격을 낮췄다. 내가 살기 위해서 상대를 죽였다. 힘든 왕위쟁탈전을 치른 만큼 앙금도 쉽사리 가라앉지 않았다. 게다가 왕비 아류부인의 아버지는 왕인데 실성마립간의 아버지는 제2관등 아찬이다. 같은 혈통 안에서도 차별은 존재한다. 왕비 아류부인은 왕관을 쓰고, 왕 실성마립간은 금동관을 쓴다.

이렇게 힘든 내력을 지닌 왕릉과 왕비릉이다. 제일 높게 두 번째로 크게 만든다.[51] 그래서 황남동에 있는 큰 능, 황남대총이다. 세상을 깜짝 놀라게 하고도 남을 진귀한 것들을 부장한다. 더 고민할 것도 없다. 신라가 가장 잘 다듬은 황금과 쇠칼을 고른다. 서역과 북방에서 가져온 가장 귀한 것을 고른다. 중국에서 가져온 새로운 것과 왜가 가장 잘 만드는 것으로 부장한다. 정작 세상의 이목을 집중시킨 것은 따로 있다. 유리제품이다.

북분에서 유리그릇 7개를 출토한다. 남분에서도 4개를 발굴한다. 성분 분석 결과 남분 3개와 북분 1개는 소다석회유리로 모두 시리아에서 만든 유리제품이다. 로만글라스로 분류되는

황남대총 남분에서 발굴한 유리제품(ⓒ 국립중앙박물관)
시리아 지방에서 만든 유리제품으로 모두 로만글라스다.

것이다. 중국에서 만든 것은 단 한 개도 없다. 기원전 27년에 탄생한 로마제국은 기원후 395년 동서로 분열된다. 476년 서로마제국이 멸망하고 1453년 동로마제국도 멸망한다. 동로마와 서로마로 분열된 395년부터 서로마제국이 멸망한 476년 사이에 생산한 유리제품을 '후기 로만글라스'라 부른다. 서로마제국이 멸망한 476년부터 이슬람 세계가 출현한 610년 사이에 생산한 유리그릇은 '시리안글라스'로 별도 분류하기도 한다.

위 사진에 있는 유리그릇은 모두 담황녹색이다. 입술과 굽다리 부분을 둥글게 말아서 마감했다. 접같이 보이는 기포가 있다. 모두 시리아 지방에서 만든 로만글라스가 가진 특징이다. 맨 오른쪽 유리잔은 물결무늬와 그물무늬가 보인다. 이것도 시리아에서 만든 로만글라스에서 볼 수 있는 제작기법이다.[52] 신라는 로마문화권 나라들과 교류를 하고 있었다. 최소한 알타이산맥 스키타이인들을 통해서 간접적으로라도 문물을 교류했을 것이다.

황남대총 북분에서 발굴한 유리제품은 더 놀랍다. 불기기법으로 만든다. 줄무늬 디자인을 넣는다. 바닥과 입술 부분을 고리 모양으로 말아서 테두리를 만든다. 모두 로만글라스에서 전형적으로 사용하는 기법이다. 특히 페르시아 사산글라스는 줄무늬 디자인을 사용하지 않는다. 시리아 또는 그리스에서 만든 유리잔이거나 시리아 또는 그리스에서 가지고 온 유리로 신라에서 만들었을 것이다. 특히 높은 굽다리 줄무늬 유리잔은 전세계 어디에서도 출토된 적이 없다. 오직 신라에서만 볼 수 있는 로만글라스다.[53]

오른쪽 유리잔도 놀랍기는 마찬가지다. 불기기법으로 만든다. 표면은 매끄럽지만 요철이 생겼다. 테두리를 제대로 만들지 못했다. 남색을 내는 유리소재는 신라에서 나지 않는다. 어디에선가 유리를 가지고 와서 신라에서 로만글라스 기법으로 만들었을 것이다. 로만글라스 장인이 아닌 다른 장인이 만들었거나 로만글라스 장인이 부족한 시설에서 만들었을 것이다. 유리공예 전문가 요시미즈 츠네오由水常雄는 다음과 같이 추측한다. 로

황남대총 북분에서 발굴한 유리잔과 유리사발 (© 국립경주박물관)

만글라스 장인이 신라로 이주해서 신라에서 만들었다. 이주할 때 유리를 가지고 왔다. 그러나 신라 유리공방에서 불기기법을 제대로 발휘할 수 없었다.

신라에서는 구할 수 없었던 진귀한 코발트 블루 유리를 녹여서 남색 유리잔을 만들었다. 신라 유리로는 담황녹색 유리잔과 유리사발을 만들었다. 사진 중간에 있는 담황녹색 유리사발에는 구슬 모양과 구슬을 연결하는 가로띠 모양 커트가 있다. 그런데 입술 부분 마감처리가 다른 유리와 약간 다르다. 요시미즈 츠네오는 거칠고 조잡하다고 했다. 과연 그럴까? 역사산책자의 생각은 다르다.

로만글라스라고만 생각했기 때문에 잘못된 결론에 도달한 것이다. 만약 사산글라스라면 당연한 마감처리다. 유리잔 표면에 있는 커트 모양을 어떻게 배치했느냐에 따라서 로만글라스와 사산글라스가 갈린다. 사산글라스는 커트 모양 배치에 예외가 없다. 로만글라스는 공방에 따라 다양하게 배치한다. 커트 모

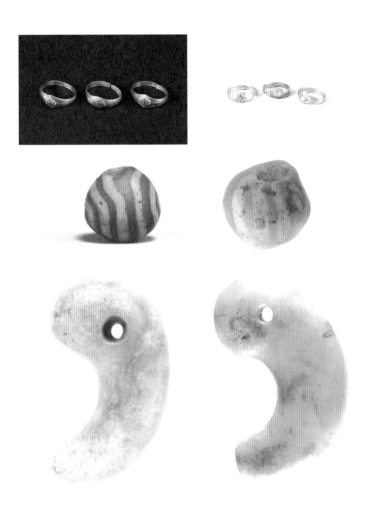

니이자와 센즈카(新沢千塚, 왼쪽) **출토 유물**(ⓒ東京國立博物館)

황남대총(皇南大塚, 오른쪽) **출토 유물** (ⓒ 국립경주박물관)

위에서부터 차례대로 금반지·상감유리구슬·곱은옥

양에 대한 해석에 따라 원산지는 달라진다. 사산글라스라고 보면 더 잘 설명할 수 있다.

신라 유리는 신라에만 머물지 않았다. 신라는 알타이산맥 스키타이인, 시리아 지방 로마인, 그리스 로만글라스 장인 등 그 야말로 세계와 인적·물적 교류를 했다. 급기야 왜에게도 앞선 장인과 문화를 나눠 준다. 왜는 신라 문화 앞에 무릎 꿇는다. 노략질도 잦아든다. 일본 나라현 가시와라시에 있는 제126호분 니이자와 센즈카新沢千塚에서 유물이 쏟아져 나온다. 일본이 깜짝 놀란다. 우리는 더 놀랐다.

금반지·상감유리구슬·곱은옥 등 3종류 유물만 비교해 보자. 위에 있는 사진은 니이자와 센즈카에서 출토한 유물이다. 아래는 황남대총에서 발굴한 유물이다. 굳이 설명이 필요 없다. 색깔·모양·소재 등 모든 것이 동일하다.

1947년 일본은 600기도 넘는 고분군을 조사한다. 1962년부터 본격적으로 발굴조사를 시작해서 현재 23기 고분에 대한 발굴조사를 완료했다. 그 23기 중 하나가 제126호분 니이자와 센즈카新沢千塚다. 5세기 후반에 조성한 고분으로 추정한다. 일본 정부는 발굴한 유물을 일괄적으로 국가 중요 문화재로 지정했다. 도쿄국립박물관에 소장하고 있다. 2012년부터 니이자와 센즈카 고분군 공원新沢千塚古墳群公園 정비사업을 진행하고 있다.

5세기 왜는 호족이 연합한 다섯 왕 시대에 접어든다. 천도를 거듭하던 오진왕應神天皇 5세손 게이타이왕繼體天皇, 450~531

은 야마토에 진입해서 기존 호족세력을 제압한다. 게이타이왕이 구축한 아마토 왕조가 오늘날 세습왕조로 이어진다. 광개토대왕에게 참패한 충격은 너무나 컸다. 백제마저도 나제동맹을 맺으면서 왜에 소홀하다. 150년 동안 단절했던 중국에 사신을 파견한다. 남조 송 황제에게 고구려를 규탄한다. 한반도 남부지역에 대한 군사권을 인정하는 칭호를 요구한다.[54]

524년 신라가 남부 가야를 침공한다. 가야가 왜에 군대 파견을 요청했지만 527년 야마토 왕조 지방관 이와이磐井가 반란을 일으키는 바람에 군사를 파견하지 못했다. 이 반란에 신라가 개입한 듯하다. 529년에 이르러서야 가야로 출병한다. 이것을 일컬어 황국사관을 지닌 일본 사학자들은 임나일본부라고 주장한다. 대부분의 일본 학자들은 이 주장을 역사적 사실로 받아들이지 않는다. 532년 금관가야는 신라에 투항한다. 541년과 544년 백제 주도로 가야와 왜가 가야 부흥회의를 개최한다. 그러나 562년 신라는 대가야를 무너뜨린다. 대가야와 연합한 소국들도 병합한다.[55] 사회변동이 크게 일어난다. 전방 후원분은 점차 사라지고 백제식 횡혈식석실분을 거쳐 봉분으로 바뀐다. 아마도 신라식인 듯하다.

1963년 니이자와 센즈카에서 유리접시와 유리사발이 나왔다. 유리접시에 유리사발이 얹혀 있는 형태로 발굴했다. 마치 컵과 받침 한 세트인 양 피장자의 머리맡에 놓여 있었다. 남색 유리접시는 불기기법으로 만들었다. 바닥 부분과 입술 부분을 고

니이자와 셴츠카에서 발굴한 담녹색 유리사발 (위) / **남색 유리접시** (아래)
(ⓒ 東京國立博物館)

리 모양으로 말아서 테두리를 만들었다. 황남대총에서 발굴한
물결무늬 굽다리잔과 동일한 로만글라스 제작방식이다. 담황녹
색 유리사발 표면에는 구슬 모양 커트와 구슬을 연결하는 가로
선 모양 커트로 장식했다. 그런데 입술 부분을 말아서 테두리를
만들지 않았다. 황남대총 북분에서 발굴한 유리사발도 그렇다.
로만글라스가 아니다. 구슬 모양과 가로선 모양 커트가 일정하
다. 페르시아 사산글라스다.

담황녹색 유리사발과 남색 유리접시를 일본 대학교수 3명이 성분을 조사했다. 엑스레이 형광분석법X-ray fluorescence analytical technique을 사용한다. 소중한 유물인 만큼 손상을 가하지 않고 과학적으로 연구하기 위해서다. 유리사발과 유리접시 모두 규토탄산석회다. 로만글라스일수도 있고 사산글라스일수도 있다는 말이다. 각 성분의 함량을 분석한다. 유리사발은 이라크에서 생산한 사산글라스와 성분함량이 일치한다. 유리접시는 유프라테스강 서안에서 생산한 로만글라스와 성분함량이 일치한다. 유리접시는 1세기 말에서 3세기 사이에 주로 로마지역에서 만든 유리를 다시 녹여서 만든 것이다. 따라서 5세기 후반에 조성한 니이자와 센즈카 제126호분과 약 100년 정도 시간 차이가 날 수 있었다.[56]

신라가 왜에게 선물로 준 유리접시는 신라로 데리고 온 로마 유리장인이 만든 것이다. 유리장인은 신라로 올 때 유리를 가지고 왔기 때문에 신라에서 나지 않는 남색 유리접시와 유리잔을 만들 수 있었다. 신라가 들여온 유리는 로만글라스에 국한되지 않는다. 서역 유리의 또 다른 축을 이루고 있었던 사산유리도 들여온 것이다. 신라에는 신라에서 만든 유리와 시리아에서 만든 로마유리 그리고 사산왕조 페르시아 유리가 있었다.

신라의 힘은 여기에서 나온다. 가장 약했던 신라가 자주독립국으로 발돋움했던 비밀이 여기에 있다. 일통삼한一統三韓의 대업을 달성할 수 있었던 저력은 신라의 포용력과 창조력이다.

온 세계 앞선 문화를 섞어서 전혀 새로운 문화를 만들어 내는 용광로가 신라다. 그 용광로에서 튀어나온 불덩이가 신라 문화다. 그래서 신라에는 이방인이 없다. 중국에서 난리를 피해 바다를 건너온 사람들도 마을을 이루고 같이 산다.[57] 왜에서 표주박을 허리에 메고 바다를 건너온 호공瓠公은 대보大輔, 곧 재상이 된다.[58] 서역 사람이 원성왕 괘릉을 지키고 있다.[59] 아랍 사람이 왕 앞에 나와서 노래하고 춤을 춘다. 헌강왕은 그들을 용왕의 아들로 여기고 급간級干 벼슬을 주고 정치를 보좌하게 한다.[60]

신성한 숲속 나뭇가지에 걸린 황금상자 - 계림

박씨·석씨·김씨 세 성씨 중에서 신라 왕이 나온다. 박씨 시조 혁거세朴赫居世는 나정에서 등장한다. 석씨 시조 탈해昔脫解는 다파나국에서 신라로 온다. 김씨 시조 알지金閼智는 계림鷄林에서 등장한다. 삼국사기에 기록한 김알지를 보자.

> "탈해이사금 9년 금성 서쪽 시림始林에서 닭이 울었다. 호공이 가보니 나뭇가지에 황금상자가 걸려 있다. 그 밑에서 흰 닭이 울고 있다. 탈해이사금은 하늘이 주신 자식으로 여기고 길렀다. 황금상자 속에서 나왔으므로 성을 김씨라 했다. 총명하고 지략이 많다. 이름을 알지라고 했다."[61]

삼국유사 김알지 이야기는 조금 더 많은 단서를 알려준다.

"호공이 서쪽 마을을 지나다가 큰 빛을 본다. 하늘에서 땅으로 뻗친 자주색 구름 속 나뭇가지에 황금상자가 걸려 있다. 황금상자 속에서 빛이 나오고 있다. 그 밑에서 흰 닭이 울고 있다. 상자 안에 누워 있던 남자아이가 곧바로 일어났다. 황금상자에서 나왔으니 성을 김씨라 하고, 이름은 어린아이라는 뜻으로 알지라 했다. 왕은 알지를 태자로 책봉했지만 알지는 파사에게 양위했다. 6대손 미추가 왕위에 올랐다."[62]

박혁거세는 나정蘿井 옆 숲속 알에서 태어난다. 흰 말이 박혁거세가 왔다는 것을 알리고 떠났다. 사자는 흰말이고 숲을 거쳐 신라로 왔다. 북방 기마민족의 천손신화天孫神話다. 그런데 우물 옆 알에서 태어났다. 남방 농경민족의 난생신화卵生神話다. 꾀쟁이 석탈해는 다파니국에서 배를 타고 왔다. 바다에서 왔으니 난생신화다. 숯과 숫돌을 호공 땅에 묻어서 호공 집을 빼앗은 것을 보면 앞선 철기문명을 가지고 신라에 왔다. 철기를 가지고 왔으니 천손신화다.

신라 사람들은 하늘과 땅의 질서를 한 가지로 본다. 하늘(천상계) 또는 바다(해상계)가 저세상이다. 산은 하늘과 땅의 경계이고, 우물·강·호수는 바다와 땅의 경계다. 경계를 거쳐 하늘과

〈금궤도(金櫃圖)〉

창강 조속(滄江 趙涑, 1595~1668)이 효종 9년 1656년 왕명을 받들어 그렸다. 숲에서 닭 우는 소리가 들려 호공이 시종을 거느리고 갔더니 나뭇가지에 황금상자가 걸려 있다. 황금상자에서 나온 어린아이가 김알지다. (ⓒ 국립중앙박물관)

땅 또는 바다와 땅을 넘나드는 사자를 나무·새·말·용·거북이 등으로 여겼다.[63] 김알지는 나뭇가지에 걸린 황금상자에서 나온 어린아이다. 그 밑에서 닭이 울고 있다. 닭은 날지 못한다. 이주 해 왔지만 신라에 완전히 뿌리내렸다는 것을 말하려 하는 듯하다. 황금상자 속에서 나온 어린아이로 신라에 왔다. 난생신화다. 김알지는 숲속 나뭇가지에서 새를 매개로 신라에 왔다. 천손天孫이다. 천손신화다.[64]

김알지 이야기는 유럽신화 황금가지golden bough와 비슷하다. 로마 인근 네미 마을 숲속에 디아나와 비르비우스를 섬기는 신전이 있다. 디아나는 풍요의 여신이다. 남편 비르비우스는 하늘신 유피테르가 땅에 환생한 숲의 왕이다. 디아나는 포세이돈에게 목숨을 잃은 그리스 영웅 히폴리투스를 사랑했다. 의사 아스클레피우스에게 부탁해서 살려낸다. 다시 살아난 히폴리투스는 비르비우스라는 이름으로 네미 숲에서 왕으로 살면서 디아나를 섬긴다.[65]

네미 마을 숲속에 있는 한 그루 참나무 주위를 왕이 어슬렁거린다. 왕은 칼을 들고 있다. 디아나를 섬기는 왕은 후계자에게 죽게 될 것이다. 후계자는 참나무에 기생하는 푸른 나뭇가지를 꺾어서 제사장을 죽이고 숲의 왕이 된다. 왕은 곧 신이다. 숲의 왕이 늙어서 자연사하는 것은 공동체의 재앙이다. 왕이 자연사하면 공동체에 역병이 돌아서 사람과 가축이 죽고, 대지가 열매를 맺지 못하게 된다. 즉, 자연 질서의 붕괴를 뜻한다. 왕이 전

계림 비각

성기에 있을 때 죽임으로써 생명과 젊음을 이어간다. 파종과 수확도 계속 반복되고, 봄과 가을은 반드시 찾아오고, 비와 햇살도 영원히 계속된다.[66]

왕의 생명과 죽음은 신성한 숲속 한 그루 참나무 황금가지에서 나온다. 참나무에 기생하면서 겨울에도 시들지 않는 푸른 겨우살이 나뭇가지에 왕과 생명이 있다. 그래서 이 푸른 가지를 꺾으면 숲의 왕도 죽는다. 이 가지를 일컬어 황금가지라 한다. 신성한 나무에서 가지를 잘라내면 몇 개월 뒤에 황금색으로 변했기 때문이다. 황금가지는 황금이 있는 곳을 알려준다.[67]

로마 네미 마을 숲속에 한 그루 참나무 황금가지에서 생명과 풍요가 시작된다. 신라 서라벌 숲속 계림에 한 그루 나뭇가지에 걸린 황금상자에서 신라왕 김알지가 나오고 신라의 풍요가 시작된다. 김알지 탄생설화는 김알지가 영원한 젊음과 풍요를 가져다주는 신이자 왕이라는 것을 표현하고 있다. 신라 사람들은 황금가지다. 하늘자손天孫이다. 알타이, 곧 금이다. 신라 사람들의 기원을 말한다. 그 기원은 중앙아시아를 넘어 저 멀리 유럽까지 이어진다.

아무리 유사하다 하더라도 신라와 유럽이 어떻게 연결되나? 신라와 유럽을 연결하는 매개는 스키타이-알타이 문화다. 일통삼한 대업을 달성한 문무왕은 비석에 자신의 뿌리를 성한왕星漢王 김알지라고 밝힌다. 추사 김정희는 《해동비고海東碑攷》에서 그 내력을 다음과 같이 전한다.[68]

"성한왕은 김씨 시조 김알지다. 후대에 왕으로 추봉했다. 그러므로 〈진철선사비眞澈禪師碑〉에서도 '성한왕의 후예星漢之苗'라고 했던 것이다. 대개 신라 사람들은 알지가 하늘에서 내려왔다고 여겼다. 이는 마치 하늘이 검은 새玄鳥를 보냈다는 것과 같은 종류의 이야기다. 그러므로 성한왕으로 추봉했던 것이다. 그래서 하늘에서 내려왔다降質圓穹라고 한 것이다. 《삼국사三國史》에 따르면 알지가 세한勢漢을 낳았다. 다음이 아도-수류-욱보-구도-말구-내물왕이고 내물왕의 증손이 지증왕-입종-진흥왕-진지왕-용춘-태종무열왕-문무왕이다. 우리 경주 김씨 보첩도 이를 따르고 있다. 만약 문무왕을 기준으로 말한다면 성한왕은 16대조가 되어야 하는데, 이 비석에서 15대조라 한 것은 무열왕을 기준으로 말한 것이다."[69]

기원전 221년 첫 통일왕조를 건국한 진 시황始皇, 재위 BC 246~BC 210은 불과 12년 만인 기원전 210년 동쪽 지방을 순행하다가 갑자기 사망한다. 기원전 202년 한 고조 유방高祖 劉邦, 재위 BC 206~BC 195은 서초패왕 항우를 무찌르고 두 번째 천하통일 대업을 달성한다.[70]

기원전 200년 한 고조는 백등산 전투에서 흉노 묵돌 선우冒頓單于, 재위 BC 209~BC 174에게 패한다. 치욕을 당하고 겨우 목숨을 건진 한 고조는 종실의 딸을 옹주로 속여서 묵돌 선우에게 바치고 연지閼氏[71]로 삼게 한다.[72] 매년 조공한다.[73] 흉노가 천하를 제패한 것이다.

기원전 121년 한 무제武帝, 재위 BC 141~BC 87는 표기장군 곽거병에게 기마병 1만을 주어 흉노를 친다. 흉노 땅 천리 넘어 섬서성 운양현 감천산에서 흉노 휴도왕이 하늘에 제사 지내는 금인金人을 빼앗는다.[74] 흉노 제5대 이지사 선우伊稺斜 單于, BC 126~BC 114는 분노한다. 패배한 책임을 물어 휴도왕과 혼야왕을 죽이려 한다. 혼야왕은 곽거병에게 투항한다. 기원전 119년 대장군 위청과 표기장군 곽거병은 10만 기마병으로 흉노 땅 2천 리

를 휘젓는다. 흉노를 한해翰海, 고비사막 밖으로 몰아낸다.[75]

혼야왕은 투항하면서 투항을 거부한 휴도왕을 살해했다. 휴도왕 태자 일제와 일제의 어머니 연지閼氏 그리고 동생 윤倫은 관노가 되어 말 기르는 일을 한다. 성한왕 김일제金日磾가 바로 김알지金閼智다. 흉노는 원래 성이 없다. 한 무제는 알지에게 김씨 성을 내린다. 아버지 휴도왕이 황금사람金人을 만들어서 하늘에 제사를 지내는 알타이사람Altai Men = 金人이었기 때문이다. 알지는 흉노말로 선각자라는 뜻이다. 알지를 중국식 발음으로 읽으면 일제日磾가 된다. 김알지는 휴도왕 태자 김일제다.

무제의 말을 살찌고 보기 좋게 잘 기른다. 무제는 8척 2촌 훤칠한 키에 엄숙한 용모를 지닌 일제를 기이하게 여긴다. 이것저것 물어보아도 상황을 잘 갖춰서 대답하는 일제를 마감·시중·부마도위·광록대부·거기장군으로 점차 높인다. 황제 옆에 있으면서도 눈에 거슬리지 않았다. 망하라·망통 형제가 반란을 일으켜서 칼을 들고 무제에게 달려들었을 때 몸을 날려 내동댕이쳐서 무제를 살린다. 임종을 눈앞에 둔 무제는 김일제를 불러서 어린 태자를 부탁한다. 무제는 유조로 김일제를 투후秺候에 봉한다.[76]

투후는 아들 김상金賞을 거쳐 증손자 김당金當에게로 전한다. 김당의 어머니 남대행南大行은 왕망王莽의 어머니 공현군功顯君의 여동생이다. 왕망王莽, 재위 8~23은 어린 평제平帝, 재위 BC 1~5를 독살한다. 스스로 황제가 되어 신新 나라를 세운다. 김일제 후손들이 왕망 편에 서는 것은 당연지사. 안타깝게도 왕망이 세운 신나라는 불과 15년 만에 멸망한다. 김일제 후손들은 멀고 먼 망명길에 올라 낙랑을 거쳐 신라에 이른다. 제22대 지증마립간 김지대로金智大路, 재위 500~514는 사라斯羅·사로斯盧·신라新羅 등으로 일컫던 나라 이름을 신라新羅라 정한다. "덕업이 날로 새로워져서 사방을 망라한다德業日新 網羅四方"는 뜻이다. 아울러 왕호를 신라 국왕이라 바로잡는다. 신나라는 중국에서 제대로 뜻을 펴지 못했다.[77] 한반도에서는 사방으로 두루 퍼져나가기를 바랐다. 그 나라가 신라다.

영원한 청춘 - 월성

왜에서 표주박을 허리에 차고 신라로 건너온 호공이 월성 터에 집을 짓고 살았다. 2대왕 남해차차웅 때 석탈해는 호공 집 자리가 길지라는 것을 알고 속여서 빼앗았다. 석씨 왕족 본거지가 된다. 석탈해가 황금궤짝에서 나온 김알지를 양자로 삼으면서 석씨와 김씨가 연대를 형성한다. 5대왕 파사이사금 22년 101년 2월에 성을 쌓고 월성月城이라 했다. 박씨인 파사이사금이 성을 지었다. 김씨를 비로 맞았다. 박씨와 김씨가 혼인관계를 맺고 새롭게 연대한 것이다. 7월에 월성으로 옮겨 살면서 재성在城이라 불렀다. 박씨가 석씨 본거지에 들어가서 월성을 짓고 이거하면서 박씨와 김씨가 연대를 강화한다. 반면에 기존의 석씨와 김씨의 연대는 약화된다.

20대왕 자비마립간 2년 459년 4월에 왜인들이 백여 척 병선을 타고 동해안으로 쳐들어와서 월성을 둘러쌌다. 화살과 돌이 비 오듯 쏟아지는 접전을 벌였지만 잘 막아냈다. 17대왕 내물마립간부터 김씨가 왕위를 독점한다. 18대 실성마립간 사후에 모계인 석씨 집단은 실각한다. 박씨는 22대 지증왕부터 24대 진흥왕까지 3대에 걸쳐 왕비를 배출한다.

월성에는 양궁梁宮과 사량궁沙梁宮 등 별궁이 있다. 양궁은 박씨 왕족의 별궁이고 사량궁은 김씨 왕족의 별궁이다. 석씨는 실각했기 때문에 별궁이 없다. 박씨가 왕비도 배출하지 못하게 되면서 양궁과 사량궁도 김씨 내물왕계 별궁으로 전환된다. 왕이 머무는 대궁大宮과 왕족이 머무는 별궁으로 대별되면서 월성은 김씨 왕족만의 거처가 된다. 그래서 진평왕 7년에는 대궁·양궁·사량궁 등 삼궁에 내성 소속 사신을 한 사람씩 두었으나 진평왕 44년에는 태종무열왕 김춘추의 아버지 김용춘으로 하여금 삼궁을 모두 관장케 한 것이다.[78]

당나라 군대를 몰아내고 일통삼한 대업을 달성한 문무왕 19년 679년 대규모로 다시 고쳐 지었다. 이때 동궁도 새로 짓고 안팎 여러 문 이름도 처음 지었다. 927년 견훤이 쳐들어와 55대 경애왕을 죽이고 궁궐에 불을 지른다.[79] 이때 월성은 훼손된 듯하다. 56대 경순왕이 935년 왕건에게 신라를 넘겨주고 신라 천년 역사에 종지부를 찍었다. 팔백여 년 왕성이었던 월성은 다시

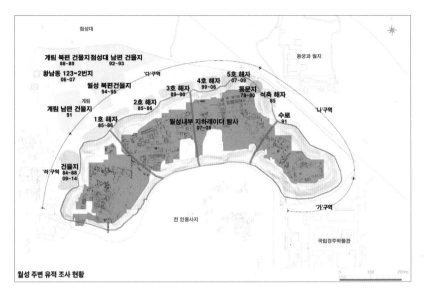

월성발굴조사지도 (© 국립경주문화재연구소)

천여 년 빈 곳으로 남았다.

　1902년 세키노 다다시關野貞가 월성을 처음 조사했다. 위치와 형태를 확인하고 성벽 형태와 규모 그리고 성안에 석빙고 형태를 서술했다. 일제강점기에 들어간 1914년 도리이 류조鳥居龍藏가 월정교 부근 성벽을 잘라 선사시대 유적을 조사한 것이 월성에 대한 첫 고고학적 발굴조사다. 1922년 일제는 성벽 아래 유적을 조사했다. 1929년에는 후지시마 가이지로藤島亥治郎가 《삼국사기》와 《삼국유사》에 나오는 월성 관련 기사를 분석하여 월성 연혁과 건물 이름 등을 건축학적으로 연구하기도 했다.

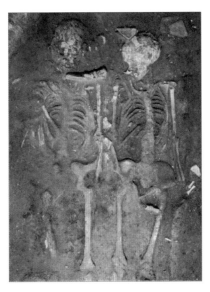

월성 서성벽 기초층에서 발굴한 인골 2구

월성이 튼튼하게 서 있기를 바라면서 사람을 제물로 바쳤다. (© 문화재청)

광복 뒤 1974년 경제건설에 필요한 재원을 충당할 목적으로 경주관광종합개발계획에 따라 본격적인 관광개발을 하려고 했다. 월지·황금보검·금관 등 놀라운 유물들이 하나둘 쏟아져 나오면서 언론은 경주에 주목하기 시작했다. 본격적인 발굴조사는 1979년 문화재관리국 경주고적발굴조사단에서 월성 동문지를 발굴조사하면서부터다. 1984년에는 월성 해자조사, 2003년에는 지표조사, 2007년에는 월성 내부 레이다 탐사, 2014년에는 중앙건물지 시굴조사 등을 거친 뒤 2015년부터는 정밀발굴조사로 전환하여 서성벽과 문지(A지구), 중앙건물지(C지구),

해자지구 등에 대한 조사를 진행하고 있다.[80]

2017년 5월 16일 문화재청에서는 정밀발굴조사 일부에 대한 보도자료를 배포했다. 놀랍게도 인골 2구가 나왔다. 월성 남쪽은 남천 북쪽은 경주 시내를 마주하고 있는 22만 2천 제곱미터 크기 언덕 위에 있다. 월정교 옆 서편 A지구에서 월지 옆 동편 D지구까지 차례대로 네 지구로 나누어서 정밀 발굴조사를 진행하고 있다. 2015년 6월부터 시작한 A지구 서성벽에서 기초층을 성벽을 본격적으로 쌓기 직전 반듯하게 누운 인골과 반대편 사람을 바라보면서 누운 인골 등 두 구를 발굴했다. 성벽에서 인골이 나온 것은 월성이 처음이다. 심청전 이야기를 통해서 잘 알고 있는 바와 같이 사람을 제물로 바친 것이다. 건물이 무너지지 않기를 간절히 염원한 인주설화人柱說話를 고고학적으로 확인했다.[81]

이어서 12월부터 정밀보완조사를 시작한 월성 북쪽 해자에서는 흙으로 빚은 토우土偶가 여럿 나왔다. 단연 눈길을 끄는 것은 소그드 사람 모양 토우다. 터번을 쓰고 페르시아 카프탄[82]을 입었다. 눈이 깊다. 사통팔달 이어진 모든 것을 문화로 녹여낸 신라사람들의 역량을 다시 한번 확인한다.

그렇지만 단연 두드러진 유물은 월지를 비롯한 왕경 곳곳에서 발굴되고 있는 '儀鳳四年皆土(의봉사년개토)' 글씨를 새긴 기와다. 월성에서는 석빙고 부근 C지구 동편 건물지에서 압도적으로 많이 나왔다. 2015년 3월 월성 내부 발굴조사를 할 때 C

儀鳳四年皆土(의봉사년개토) 글씨 기와조각
일제강점기에 촬영한 유리건판 사진 (ⓒ 국립중앙박물관)

지구에서 기와 조각이 모두 11만 점이나 쏟아졌다. 이곳에는 원래 많은 건물이 있었다. 평평한 땅 위에 지은 큰 건물이다. 초석이나 기단에 사용한 건축부재는 격이 높지 않다. 또한 120여 점이나 되는 벼루가 집중적으로 쏟아져 나왔다. 최상위 계층이 사용하던 윤각연과 달리 장식성이 적은 환각연이 대부분이다. 종합하면, 중요한 문서행정을 담당했던 관청건물이 모여 있는 지구다.[83]

　의봉사년개토 글씨 기와는 월성 C지구·해자·동궁·월지 등지에서 나왔지만, 월성 C지구 동편 건물지에서 압도적으로 많이 쏟아져 나왔다.[84] 의봉사년개토 글씨를 새긴 기와로 왕경을 수놓는다. 일통삼한 대업을 이룬 김일제 후손들이 땅을 넓혀서 신라를 새롭게 하였다는 것을 천명한 명문이다.

당 고종 때 봉황을 보았다. 태평성대가 열릴 것이라는 징조로 여기고 연호를 상원上元에서 의봉儀鳳으로 바꿨다. 월성을 크게 다시 지은 679년은 의봉 4년에 해당한다. 그래서 기와에 새겨 넣은 글씨 의봉사년은 당나라 연호를 따른 것이다. 상식적으로 납득하기 힘들다.

신라는 676년 구칠당과 나생군삼천당 창설을 시작으로 중앙군단 구서당九誓幢을 완성한다. 전쟁이 끝났는데도 단기간에 군비를 확장하고 대규모로 군조직을 새로 만든다.[85] 아니나 다를까 678년 9월 당은 신라를 다시 침공하려 했다. 상황이 이러한데 전쟁을 치른 당나라 연호를 새겨서 왕궁을 덮는다면 말이 되는가?

661년 9월 27일 백제에게 항복을 받는다. 668년 9월 21일 고구려에게도 항복을 받는다. 676년 11월 기벌포에서 당나라 설인귀 군대 4천여 명 목을 베고 22번째 전투에서 최후 승리를 거머쥔다. 새롭게 연호를 의봉儀鳳이라 제정한다. 당과 싸워 이긴 676년을 의봉 원년으로 삼은 것이다.[86] 의봉 4년 679년 낡은 월성을 다시 짓는다. 동궁을 새로 짓는다. 백제 초기 강역을 합친 임진강 부근 또는 예성강 부근까지 모두 신라 땅으로 아울렀다拓土. 남으로 탐라국, 북으로 보덕국을 번국으로 거느린다.[87] 왕경을 의봉사년개토라 새긴 기와로 덮어서 일통삼한 대업 완성을 기념한다.

문을 잠그지 마라 – 교동 최부잣집

경주 최부자로 유명한 최준 선생1884~1970은 백산 안희제 선생과 함께 자본금 100만 원을 출연해서 백산상회를 경영한다. 자본금 기준으로 당시 조선 10대 재벌이다. 백산상회는 자본금을 빨리 잃기 위해 세운 회사다. 독립운동 자금 조달을 목적으로 했다. 회사는 곧 망한다. 최준 선생은 기뻤다.

최준 선생의 손자 최염은 1970년 서울 무교동 한 술집에서 경찰관에게 체포된다. 종업원들에게 "이북 가면 대접받는데 왜 여기서 술 심부름이나 하고 있냐"고 말했으니 반공법 위반이다.

최부잣집 곳간

북에 갔다 왔다는 조서에 강제로 지장을 찍는다. 80일 동안 구치소에 있다가 징역 10월에 집행유예 2년을 받고 풀려난다.

술자리에서 한 말 때문이다. 온 재산을 들여서 대구대학교를 세운다. 삼성그룹 이병철 회장에게 넘긴다. 박정희 장군이 쿠데타를 일으키자 이병철 회장은 대구대학교를 상납한다. 함께 술을 마시던 친구들이 물었다. "이병철이 박정희한테 상납했으니까 굉장한 보상을 받았을 것 아니냐?" 최염은 화가 나서 소리쳤다. "나는 이병철한테 돈 한 푼 받은 것 없다. 우리 할아버지는 그럴 분이 아니다. 박정희·이병철이 정경유착해서 남의 것 빼앗고 나라 팔아먹었다." 친구들은 화장실 간다며 사라진다. 이리하여 최염은 술 마시다가 경찰에게 붙들려서 간첩이 된다.

최준 선생은 광복을 맞자 전 재산을 털어서 대구대학교를 설립한다. 1947년 대구대학교 세우던 해에 경주 교동에 있는 최부잣집을 비롯해서 논과 선산 등도 모두 대구대학교에 내놨다. 1964년 삼성그룹 이병철 회장은 경주 최부잣집 사랑채로 찾아온다. "대구대학교를 한수 이남 최고 대학교로 만들겠다"고 한다. 최준은 아무런 대가 없이 대구대학교를 이병철에게 넘긴다. 이병철은 대구대학교 재단이사장에 취임한다. 1966년 한국비료는 '사카린 밀수 사건'을 일으킨다. 삼성이 갖고 있는 회사다. 곤경에 처한 삼성은 대구대학교를 박정희에게 헌납한다. 박정희 정권은 1967년 12월 청구대학교와 대구대학교를 합쳐서 영남대학교를 만든다. 최준 선생 모든 재산은 박정희에게 넘어갔

최부잣집 안채 굴뚝

굴뚝 중간 부분을 독특하게 쌓았다. 벽돌 긴 단면 한 개와 짧은 단면 3개를 쌓았다. 대개 비워 두는 중정에는 빨간 장미를 심었다. 삼일독립만세운동과 국민들이 흘린 피를 떠올린다.

다.[88]

　집에 들어서면 사랑채 오른쪽에 있다. 굶주린 사람이면 누구든 쌀을 퍼갈 수 있도록 곳간 가운데 쌀독을 뒀다. "사방 100리 안에 굶주린 사람이 없게 하라"는 가르침을 실천하고 있다. 안채로 들어가려는데 곳간 뒤 담벼락에 감이 잘 익었다. 줄기가 텅 비었다. 그런데 탐스러운 감이 주렁주렁 열렸다.

안채로 들어가면 빨간 벽돌 굴뚝이 제일 먼저 눈에 든다. 조선집에 서양 굴뚝이라! 묘하게 조화를 이룬다. 자세히 보면 다른 곳에서 볼 수 없는 독특한 형식으로 쌓았다. 아랫부분은 영국식 벽돌쌓기다. 한 번은 짧은 단면으로 쌓고 그다음에는 긴 단면으로 쌓기를 반복하는 방식이다. 윗부분은 긴 단면으로만 쌓았다. 우리나라나 중국에서 쌓는 방식이다. 제일 잘 보이는 눈높이 부분에는 한 번은 긴 단면으로 쌓고 그다음에는 긴 단면 한 장 짧은 단면 세 장을 쌓았다. 뭔가 전달하고자 하는 메시지가 있는 것은 아닐까? 삼일독립만세운동이 떠올랐다.

부처님께 가자 - 월정교

설씨薛氏 원효는 십 대에 출가했다. 스승을 따라 공부했지만 일정한 스승은 없었다. 당나라로 가서 삼장법사에게 배우고자 했으나 뜻대로 되지 않았다. 마음을 가라앉히고 발길 닿는 대로 떠돌아다녔다息心遊往. 속인처럼 술을 마시고 기생을 끼고 놀았다.[89] 거리에서 큰 박을 가지고 춤추며 몰부가沒斧歌를 불렀다.

"누가 자루 빠진 도끼를 줄까? 하늘 버틸 기둥을 내 찍으리라誰許沒柯斧 我斫支天柱".

자루 빠진 도끼는 남편을 잃은 여자를 말한다. 과부를 준다면 내가 도끼자루가 되어 나라를 위해 크게 쓰일 동량재를 낳겠다고 말한 것이다. 태종무열왕은 무슨 뜻인지를 알아차렸다.

"이 스님이 귀한 지어미를 얻어 어진 아들을 낳고 싶다고 말하는 게로군. 나라에 큰 어진 이가 있다면 그 이로움이 더없이 크리라."

태종무열왕은 원효를 요석궁으로 들이라 명한다. 궁지기는 문천교蚊川橋에서 원효를 기다린다. 남산에서 내려온 원효와 월정교에서 만난다. 일부러 물에 빠져서 옷을 적신다. 궁지기는 원효를 요석궁으로 인도하여 옷을 벗어 말리게 한다. 원효는 요석궁에 머물렀다. 과부로 지내고 있던 공주와 결합하여 아들을 낳았다. 과연 아이가 나면서부터 총명했다. 경서와 역사를 두루 통달했다. 우리나라 유학의 종주 설총이다. 문천교에서 조금 떨어진 곳에 다리를 세우고 월정교라 했다.

원효는 옷을 바꿔 입고 소성거사小性居士[90]라고 자칭했다. 불성佛性이 적다고 나무라는 말이다. 그래서일까?《화엄경》구절을 따서 무애無碍라 이름 짓고 그야말로 아무것도 거리낄 것 없이 살았다. 이 마을 저 마을 떠돌아다니며 노래하고 춤춘다. 가난한 사람과 산골에 사는 무지몽매한 사람까지도 부처님을 알고 나무아미타불을 부르게 되었다.[91]

고려 때 문신 김극기는 월정교를 다음과 같이 노래한다. "반월성 남쪽 토령 강에 무지개 모양 다리가 그림자를 거꾸로 문천에 비추었네. 용이 꿈틀거리며 은하수에 오르니 꼬리는 땅에 드리우고 무지개가 하수를 마시매 허리는 하늘에 걸치었네."[92]

1923년 촬영한 불국사 유리건판 사진 정문으로 올라가는 청운교와 백운교를 반달 모양 홍예교로 연결했다. (ⓒ 국립중앙박물관)(왼쪽) / **1915년에 촬영한 석굴암 본존불 유리건판 사진** 반달 모양 홍예로 입구를 장식했다. (ⓒ 국립중앙박물관)(오른쪽)

월정교를 무지개 모양 다리라고 한 것으로 봐서 월정교는 반월교 또는 홍예교半月橋·虹蜺橋(반달이나 무지개처럼 둥근 모양 다리)였던 것 같다. 지금처럼 교각 위에 수평으로 다리를 만든 직선이 아니었다는 말이다. 백제가 보름달이라면 신라는 초승달이다. 가득 찬 달 백제는 이지러질 것이고, 초승달 신라는 점점 차게 될 것이다.[93] 그래서 반월성半月城이다. 반월성에 사는 사람들이 부처님의 세계 남산으로 가는 다리 역시 반달다리여야 한다. 반달 모양 무지개다리가 물 위에 비춰면 원형이 된다. 강성한 신라 그 미래를 보여 주는 다리가 된다. 이처럼 반원은

경주 월정교와 중국 호남성 회룡교

천 년 뒤에 만든 회룡교를 참고해서 천 년 전에 만든 월정교를 복원했다. 중국 시골 다리를 본떠서 황성으로 들어가는 다리를 만들었다. 불국사 정문으로 들어가는 백운교와 청운교를 연결한 다리는 반월교, 석굴암으로 들어가는 문도 반월문. 그런데 월정교는 반월교가 아니다. 가슴이 아프다. (© 한국방송공사)

신라를 가시적으로 보여 준다. 비슷한 시기에 만든 불국사·석굴암 등 건축물도 반달 모양으로 만들었다. 당연하다.

그런데 월정교를 홍예교로 만들지 않고 일직선 들보교로 복원했다. 월정교 주변 석재를 발굴했다. 다리 난간을 만들 때 사용했던 홍예교에 해당하는 부재는 발견하지 못했다. 그래서 중국 호남성에 있는 회룡교를 본떠서 들보교로 복원했다.[94] 홍예교일 수도 있고 들보교일 수도 있다. 사료는 별로 없고 유물은 해석의 여지를 많이 남기고 있다. 한국 고고학은 발전을 거듭하고 있다. 그러나 아직 모르는 것이 더 많다. 그렇다면 월정

교 복원은 우리 몫이 아니다. 서두르지 말고 후손들에게 맡겨야
한다.

한마음으로 지키고 가꾸자 - 동궁과 월지

1974년 경주종합개발계획에 따라 월성 옆 연못을 정비하다가
너무나 많은 유물을 발굴하고 깜짝 놀랐다. 경주종합개발계획
자체를 수정해야 할 정도였다. 1975년 정식 발굴조사를 했다. 3
만3천여 점을 발굴하고 국립경주박물관에 별도로 전시관을 만
들어서 전시하고 있다. 우리가 안압지라고 부르는 월지月池와
동궁 월지궁月池宮이다.

　　동서로 200미터 남북으로 180미터에 이르는 큰 연못이다.
연못 안에는 섬이 세 개 있다. 서쪽 연못가는 반듯하고 동쪽 연
못가는 굴곡졌다. 《신증동국여지승람》에 "문무왕이 궁궐 안에
못을 파고, 돌을 쌓아 산을 만들었으니 무산십이봉巫山十二峰을
본떴으며, 화초를 심고 진기한 새를 길렀다"[95]고 기록했다. 월지
를 도교 신선사상을 형상화한 것이다. 이렇게 해석하면 월지에
있는 섬 세 개는 삼신산이 된다. 불로장생하는 신선들이 살고
있다는 서해바다에 봉래산蓬萊山·영주산瀛洲山·방장산方丈山을
월지에 그대로 만든 것이다. 호안을 따라 늘어선 봉우리는 무산
십이봉이라 했다. 초나라 양왕이 꿈에서 사랑을 나눈 선녀가 살
고 있는 열두 봉우리 신선경을 구현했다는 말이 된다. 과연 문

동궁과 월지

동쪽 직선 호안과 서쪽 곡선 호안이 묘하게 조화를 이루고 있다.

무왕 신선놀음 자리가 월지일까?

　태종무열왕이 시작한 일통삼한 대업을 문무왕이 완성한다. 당군을 물리쳐 중국으로 쫓아버리고, 조공도 폐지했다. 최초로 화장하고 대왕암에 묻혔다. 죽어서라도 왜인들은 내가 막겠다는 의지를 표현한 것이다. 대왕을 기리며 감은사를 세웠다. 신라 왕

월지 남서쪽 호안 동해구에서 바라본 임해전

경 정동쪽에 동해를 바라보며 월지를 지었다. 동해 일출을 바라
보는 방향에 감은사가 있고, 감은사에서 바라본 동해에 대왕암
이 있다. 감은사로 들어오는 동해 바닷물을 따라 용왕 되신 문무
대왕께서 드나드실 수 있도록 금당 석축과 땅 사이를 비웠다.

 월지는 동해바다을 형상화하고 있다. 바다와 마주하고 있
는 전각 임해전臨海殿을 말 그대로 동해와 맞닿은 곳에 지었다.
임해전에서 바라본 동해를 구현하기 위해 동해에서 감은사로
들어오는 물길 양안 동해구東海口 모양 그대로 굴곡진 호안을 만
들었다. 곡선과 직선이 조화를 이루고, 폐쇄와 개방이 교차하는
우리 정원이다.

월지 입수부 2단 석조와 아스카지방 왜왕 사이메이齊明의 궁궐에 있는 쌍규궁雙槻宮 정원 입수부 2단 석조는 동일하다. 백제 장인이 만든 것이다. 단양에 있는 온달산성 치성은 월지 치성 (직선 호안 돌출부)과 동일한 석축기술로 만들었다.[96] 고구려 사람이 만들었다. 일통삼한 대업 달성을 기념할 수 있도록 신라·백제·고구려 모든 장인이 한마음으로 만든 우리 연못이다. 이처럼 일통삼한 대업 달성은 월지 조영에서도 그대로 드러난다. 독창적인 한국 정원으로 남았기에 중국과 다르다. 왜는 우리 정원을 그대로 베낀다.

하늘을 우러러 신라를 살피다 – 첨성대

들판 한가운데 웬 건축물이 버티고 있다. 탑도 아닌 것이 높기는 왜 이리 높은가? 우리는 첨성대에 대해서 잘 모른다. 그래서 첨성대에 대해서 이러쿵저러쿵 말이 많다. 논쟁도 뜨겁다. 일부 주장은 아무 말 대잔치 수준으로 전락한 느낌마저 든다.

우선, 경관으로 봤을 때 첨성대는 우물이다. 여성 이미지와 서로 연결된다. 풍요를 기원하는 토착신앙적 조영물이라는 주장이다.[97] 반대로 불교와 엮어서 첨성대를 해석하기도 한다. 신라 시조 박혁거세가 태어난 우물 나정蘿井과 신라 성골 왕실의 신성한 시조 석가모니를 낳은 마야부인의 몸을 중첩시킴으로써 조영한 것이 첨성대다. 따라서 첨성대가 곧 선덕여왕이다.[98]

여기에서 한발 더 나아가 우주 우물설을 주장하기도 한다. 기단부 기단석 2단과 원형부 몸통 27단 그리고 상부 장대석 2단을 합치면 모두 31단이다. 여기에 땅과 하늘을 보태면 33단이 된다. 수미산 꼭대기 제석천을 지배하는 33천 도리천을 형상화한 우주 우물을 떠받치고 있는 우주목天柱이다.[99] 대를 구성하고 있는 구조물도 아닌 땅과 하늘까지 보태서 억지로 33단을 만들었다.

다음으로, 수미산須彌山을 본떠서 만든 제단이다. 수미는 산스크리트어 수메루sumeru를 한자로 옮긴 말이다. 신묘한 빛 또는 평안한 밝음이라는 뜻이다. 수미산은 힌두교 신 인드라, 곧 제석천帝釋天이 거처하는 수메르를 일컫는다. 석가모니 어머니 마야 부인은 부처를 낳은 지 7일 만에 세상을 떠난다. 수미산 중턱 도리천忉利天으로 올라간다. 훗날 부처가 된 석가모니는 수미산 도리천으로 올라가서 설법을 한다. 이곳이 수미단이다. 부처는 우주의 중심 수미산 정상에 머문다.[100] 정상부에 있는 석대가 바로 수미단이다. 출입구가 불편한 점에 비추어 보면 천문대는 아니다. 따라서 첨성대는 천문대가 아니라 제단이다.[101] 그러나 실제로 첨성대를 올라가 본 남천우 교수는 오르내리는 데 전혀 불편함이 없었다. 제단이라고 가정하더라도 평지에 수직 구조로 세울 필요가 없다.[102]

셋째, 《주비산경周髀算經》에 의거해서 만든 상징적인 탑이다. 천문을 관측하기 위한 것이 아니라 천문 및 수학 원리를 드러내기 위한 것이다. 주비산경설이다. 하늘은 둥글고 땅은 네모라고 보았던 천원지방天圓地方 사상에 따라서 기단은 사각형으로 만들고 몸통은 원형으로 만들었다. 366개 돌로 몸통 원형부를 쌓았다. 1년을 상징한다. 몸통 원형부와 정상 사각형부를 합치면 28층단이다. 28수二十八宿를 상징한다. 주비산경설이다.[103]

유감스럽게도 돌 개수는 373개다. 몸통 원형부 층단 역시 27단이다. 첨성대는 정북방에서 16도 틀어진 상태로 만들었다. 방위를 정확하게 계산할 수 있는 기술이 있었는데도 방향에 개의치 않았다는 뜻이다. 제단이 아니다.[104]

마지막으로, 첨성대는 천문대다. 규표圭表를 첨성대 정상부에 설치한다. 그림자를 측정해서 태양의 운행을 관측했다. 혼천의를 설치하기도 한다. 혜성이 떨어지거나 일식이 나타나는 등 하늘에 비정상적인 현상이 나타날 때 천문을 관측했다. 정상 장대석이 자묘오유子卯午酉, 즉 동서남북을 가리키도록 설치한다. 신라 천문관측에서 자오선의 표준 역할을 했다. 27단 상부에 판석을 깔고 별의 남중시각과 각도를 측정한다. 춘분과 추분 등 분점分點과 동지와 하지 등 지점至點을 측정한다. 첨성대는 다목적 천문대였다.[105] 제한적으로만 천문대라는 주장이다. 가장 많은 학자가 수용하고 있는 가장 오래된 관점이다. 그러나 규표를 하늘에 설치하지는 않는다.

그렇다면 사료에서는 뭐라고 했을까? 고려 때에는 경주를 동경東京이라 일컬었다. 고려 시대에 동경의 내력을 적은 책《동

첨성대

경지東京誌》가 있었다. 언제, 누가 썼는지 모른다. 1669년 경주
부사 민주면이 이채 등과 함께 고치고 덧붙여서《동경잡기東京雜
記》라 바꿔 불렀다. 동경지는 전하지 않는다. 지금까지 남아 있
는 것은 동경잡기다. 동경잡기는 첨성대를 다음과 같이 기록하
고 있다.[106]

"부의 동남쪽 3리에 있다. 선덕왕 때에 돌을 다듬어서
대를 쌓았는데 위는 네모지고 아래는 둥글며 높이는 19

척이다. 그 속은 트여서 사람이 속으로부터 오르내리면서 천문을 관측한다."(在府東南三里善德女王時錬石築臺上方下圓高十九尺通其中人由中而上下以候天文).[107]

우리 조상이 첨성대를 천문대라고 진즉에 일러줬다. 왜 하릴없이 쟁론하는지 모르겠다. 주비산경설이나 수미산설을 운운하는 것은 첨성대 정상부를 제대로 보지도 않았기 때문이다.[108] 1972년 서울대 물리학과 남천우 교수는 당국에서 허가를 내주지 않자 무단으로 문화재에 들어간다. 한밤중에 손전등을 들고 친구와 함께 첨성대에 올랐지만 별다른 어려움은 없었다. 결론은 이렇다.[109]

"첨성대는 '별을 관측한다'는 실용적인 목적에 맞게 만들었다. 기단부 기단석 한 변은 18당척, 정상부 정자 모양 장대석 한 변은 9당척. 한 척이 29.7센티미터인 당척 唐尺으로 만들었다. 전체 높이는 32당척. 천문관측을 방해하는 수목보다 높은 9미터 남짓으로 세웠다. 상부에 혼천의渾天儀를 설치했다. 중앙 원형부 층단석은 27단으로 쌓았다. 석재 373개를 가지고 원형부를 아름답고 견고하게 만들었다. 바닥 사각형 기단석 2단과 정상 사각형 장대석 2단을 합치면 전체 층고는 31단. 돌 개수나 쌓은 단수에 별다른 의미를 부여하지 않았다. 기단평면

은 동남쪽으로 16도를 향하고 있다. 첨성대는 비 불교
계 장인이 만들었기 때문에 굳이 정남향으로 설치할 필
요가 없었다. 천문대를 평지에 만든다. 신라 시대에는
공해가 없었기 때문에 굳이 산에 만들 필요가 없었다.
그러나 하늘에 변이가 발생한다면 즉시 왕에게 보고해
야 한다. 월성 가까운 곳에 만들었다. 외부에서 사다리
를 중간 개구부에 걸치고 4.3미터를 올라가서 첨성대 안
으로 들어간다. 내부는 중간 개구부 밑까지 흙으로 메웠
다. 첨성대 안에서 대들보 모양 장석까지 1.8미터 올라
간다. 여기서 다시 상부 장대석까지 한 차례 더 1.2미터
올라간다. 중간에 출입구를 두고 그 위에 다시 2단으로
장대석을 가로질러 설치함으로써 불안감 없이 정상부에
오를 수 있게 했다."

첨성대는 천문대다. 그러나 선덕왕 때 천문이 갖는 의미는
오늘날 우리가 갖는 과학적인 관점과 다르다. 신라 사람들은 하
늘과 자신을 연결했다. 서라벌은 땅에만 있는 것이 아니라 하늘
에도 있다. 선덕왕도 하늘에 별이 있다. 별과 별의 움직임은 신
라에 영향을 미친다. 그래서 신라 사람들은 하늘과 별을 보고
나라와 임금의 앞날을 가늠했다. 그래서 신라 임금은 하늘에서
일어나는 변화에 주의를 기울였다. 옛사람들의 천문활동은 새
겨진 돌에서도 볼 수 있다. 고분 벽화에서도 찾을 수 있다.[110] 신

라 사람들은 첨성대에서 천문을 관측했다. 정연식의 주장과 남천우의 주장을 동시에 고려해야 제대로 해석할 수 있다는 말이다. 종교와 과학이 결합된 지점에 첨성대가 있다.

선덕왕 아버지 진평왕의 이름은 백정白淨이다. 석가모니의 아버지 이름이다. 선덕왕 어머니 이름은 마야다. 석가모니 어머니 이름이다. 딸을 덕만이라 불렀다. 《대반열반경大般涅槃經》에서 따온 것이다. 왕호 선덕은 《대방등무상경大方等無想經》에서 취한 것이다. 석가모니가 열반에 든 뒤 150년 후에 아쇼카 왕으로 환생하여 전륜성왕이 될 사람이다. 넓게 보면, 신라 중고기를 시작하는 법흥왕에서부터 진덕왕까지 모두 모두 불교식 왕명이다. 석가모니 가문이 신라에 환생했다는 뜻이다. 선덕왕 가족은 부처 가족이다.[111] 첨성대는 마야부인이다. 마야부인은 태몽을 꾼다. 흰 코끼리가 오른쪽 옆구리로 들어온다. 석가모니는 마야부인 옆구리에서 태어났다. 첨성대 출입구를 몸통 원형부 중간에 설치한 이유다. 마야부인 옆구리에서 태어난 석가모니와 마찬가지로 선덕왕은 어머니 마야부인 옆구리에서 태어난다.[112] 선덕왕은 여자가 아니라 성스러운 왕이다. 첨성대는 선덕왕과 중고기 신라 왕가의 신성성을 형상화하고 있다.

경주 신라길 산책로

경주 고속버스터미널에 내려서 도로 왼쪽으로 걸어간다. 태종로에서 포석로로 들어서서 300미터를 걸어가면 황리단길이다. 황리단길에서 황남초등학교 네거리까지 좌우 골목길을 드나들면서 내려간다. 2021년 7월에 개관한 황리단길 생활문화센터에는 북카페·공연장 그리고 청년예술가들이 만든 다양한 작품을 살 수 있는 청년 감성 상점 등이 있다. 기념품 한 개 정도 사는 것도 좋겠다. 황남시장도 놓치지 말자.

황남초교 네거리를 두 번 건너 눗전1길 골목길로 들어간다. 360미터를 걸어가서 오른쪽으로 꺾으면 눗전2길이다. 눗전2길 골목길에서 교촌길을 건너 교촌안길 골목길로 들어간다. 경주향교가 있는 동네라서 교촌이다. 한옥마을인지라 골목길만 걸어도 행복하다. 최부잣집을 둘러보고 다시 나와서 교촌안길에서 월정교로 간다. 월정교 안으로 올라가면 홍보관이 있다. 월정교를 건너서 일정로에 올라선 뒤 왼쪽으로 15분을 걸으면 다리 건너 국립경주박물관으로 이어진다. 국립경주박물관을 제대로 보자면 국립중앙박물관만큼 시간이 걸릴 수도 있다. 미리 감안하는 것이 좋겠다. 국립경주박물관에서 원화로를 따라 박물관 네거리를 건너 쭉 들어가면 동궁과 월지로 이어진다. 동궁과 월지를 둘러본

최부잣집 ▶ 월정교 ▶ 국립경주박물관 ▶ 동궁과 월지 ▼

▼ 천마총 ◀ 첨성대 ◀ 계림 ◀ 신라왕궁영상관

황남대총

다. 해 질 녘에 들어가는 것이 좋다. 해넘이도 좋고 바로 이어서 야간 경관도 참 좋다. 동궁과 월지에서도 볼거리가 많다. 각종 영상을 관람하고 월지 입수부를 자세히 본 뒤 한 바퀴 둘러본다면 최적이다. 그러나 꽤 시간이 걸린다. 감안하는 것이 좋다.

정문으로 나가서 도로를 건너면 신라왕궁영상관이다. 영상을 관람하고 월성으로 올라간다. 석빙고를 보고 반대쪽 계림으로 내려간다. 계림을 본 뒤 첨성대 방향으로 나간다. 첨성대도 야간 경관조명이 들어오면 더 환상적으로 볼 수 있다. 첨성대에서 도로를 건너 주차장 뒤편으로 간다. 매표소에서 대릉원으로 들어간다. 미추왕릉과 대릉원 영상관을 본 뒤 천마총으로 들어간다. 정문으로 나와서 왼쪽으로 걸어가면 태평로 끄트머리에 경주 고속버스터미널이 나온다.

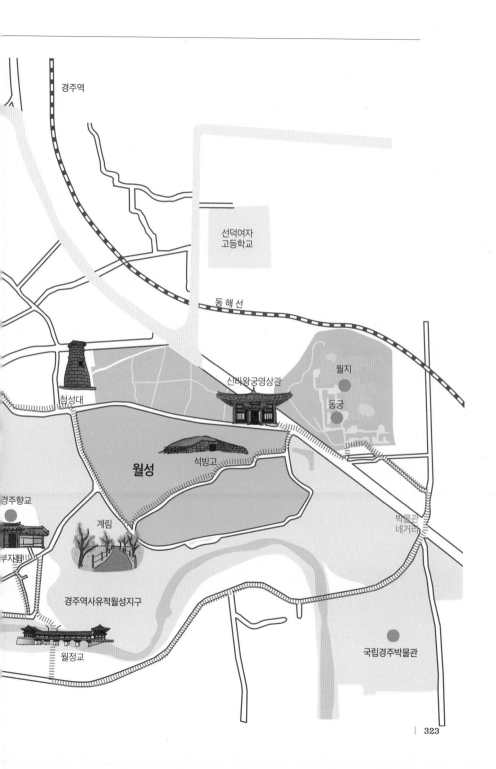

경주역

선덕여자
고등학교

동 해 선

신라왕궁영상관

월지

첨성대

동궁

월성

석빙고

경주향교

계림

박물관
네거리

부자췑

경주역사유적월성지구

월정교

국립경주박물관

결론

한국 역사

14년 한충민·원성빈·김상묵 등이 28개국 소비자 5600명을 대
상으로 연구[1]한 바에 따르면, 우리나라 제품 이미지는 7점 만점
에 5.76점, 국가 이미지는 4.98점, 한류 이미지는 제일 낮은 3.89
점이었다. 한류는 한국 제품이나 한국 이미지보다 못한 수준이
었다. 별달리 나쁠 것도 없지만 그렇다고 좋을 것도 없는 정도
였다.[2]

　영국 국영방송 BBC에서 전 세계 1만8천 명에게 물어본 결
과도 크게 다르지 않다. 2014년 대한민국을 긍정적으로 평가
한 외국 사람들은 38%였고 부정적으로 평가한 외국 사람들은
35%였다. 2017년에 다시 조사했더니 긍정 평가는 1% 줄어들
고 부정평가는 1% 늘어서 17개국 중 9위를 기록했다. 그저 그
런 나라라는 뜻이다.

그런데 최근 들어 변화의 조짐이 보인다. 갤럽에서는 매년 국가호감도에 대한 조사를 실시하고 있다. 한일월드컵을 개최한 2002년 우리나라에 대해 좋아한다는 응답은 54%였고 싫어한다고 응답한 사람은 33%였다. 2011년에는 좋아한다는 응답자는 11% 늘어난 65%였고 싫어한다는 응답자는 5% 줄어든 28%였다. 2019년에는 각각 71%와 26%를 기록했다.[3] 전반적으로 호감을 느끼는 사람들은 많이 늘어나고 싫어하는 사람은 더디지만 줄어들고 있다.[4]

미국 일간지 〈유에스뉴스USNews〉는 매년 전 세계 1만7천 명을 대상으로 26가지 랭킹을 조사한 뒤 합산하여 국가 순위를 정하고 있다. 2017년부터 2019년까지 우리나라는 22위와 23위를 맴돌았다. 2020년에는 20위를 기록하더니 2021년에는 15위로 껑충 뛰었다. 〈유에스뉴스〉는 최고기술자 보유 전 세계 1위, 급변하는 환경에서 장애물을 제거하고 기회를 잡은 6번째로 신속한 나라The Agile Nation, 한 해에 이주자 49만5079명을 받아들여서 전 세계 7번째로 많은 이주자를 받아들였기 때문에 15위를 기록했다고 평가한다.[5]

한국 사람이 한국 역사를 자랑스러워하는 만큼 전 세계인은 한국과 한국 사람을 긍정적으로 평가한다. 따라서 한국 사람에 대한 평가를 좌우하는 것은 한국 역사다. 한국 사람이 아니다.

한국 역사를 걸었다. 경북 경주에서 신라 역사를 걸어서 세계문화인을 찾았다. 전남 화순에서 고려 역사를 걸어서 하늘 사람 신선을 찾았다. 강원도 강릉에서 조선 역사를 걸어서 양반을 찾았다. 서울 남촌에서 대한민국 역사를 걸어서 독립투사와 민주투사를 찾았다.

미주

서론

1) 최석호. 2020. "한국영화 기생충". 헤럴드경제. 2월 18일자.

2) 최석호. 2020. "BTS 빌보드를 뜨겁게 달구다". 헤럴드경제. 9월 8일자.

3) 이혜윤. 2020. "싸이 BTS 진심 자랑스러워 나도 빌보드 다시 도전할 것." 조선일보 9월 2일자.

4) 이혜윤. 2020. "빌보드 1위에 하루 새 몸값 두 배로… '빅히트' 기업가치 6조원 이를 듯." 조선일보 9월 3일자; 이경은. 2020. "BTS, 증여세도 '다이너마이트'." 조선일보. 9월 4일자.

5) 정민·오준범·신유란·류승희. 2018. "방탄소년단의 경제적 효과." 현대경제연구원. 7쪽~9쪽.

6) 강준만. 2020.《한류의 역사: 김 시스터스에서 BTS까지》인물과사상사. 581쪽~583쪽.7) 한홍구. 2017. "이회영의 가문과 독립운동". 박상빈·홍현도. 《우당 6형제의 독립운동 : 민국의 길, 자유의 길》서울역사박물관. 156쪽.

8) 한국국제문화교류진흥원. 2020.《2020 해외한류실태조사》36쪽.

9) Julia Holingsworth. 2019. "Why the past decade saw the rise and rise of East Asian pop culture." CNN. 29th December.

10) 최석호. 2021. "오징어게임". 헤럴드경제. 10월 12일자.

11) 문화부. 각년도.《한국인의 의식 · 가치관 조사 결과보고서》문화부.

12) 한국갤럽. 2019.《한국인의 의식 · 가치관 조사 결과보고서》문화부. 34쪽~40쪽.

1 남촌 민국길 산책

1) 홍기원. 2010.《성곽을 거닐며 역사를 읽다》살림. 314쪽~317쪽.

2) 홍기원. 2010.《성곽을 거닐며 역사를 읽다》살림. 331쪽~341쪽.

3)《高宗實錄》고종 19년(1882년) 4월 6일 신유 세 번째 기사.

4) 전우용. 2008.《서울은 깊다 : 서울의 시공간에 대한 인문학적 탐사》돌베개. 14쪽~21쪽.

5) 이은숙. 2017.《西間島始終記 : 이회영의 아내 이은숙 회고록》일조각. 51쪽~55쪽.

6) 김상기·채영국. 1997. "남만주에서의 한국독립운동". 한국독립유공자협회 편.《중국동북지역 한국독립운동사》집문당. 203쪽~212쪽.

7) 한홍구. 2017. "이회영의 가문과 독립운동". 박상빈·홍현도.《우당 6형제의 독립운동 : 민국의 길, 자유의 길》서울역사박물관. 156쪽.

8) 이은숙. 2017.《西間島始終記 : 이회영의 아내 이은숙 회고록》일조각. 61쪽~75쪽.

9) 李相龍. 1973(1911). "耕學社趣旨書".《石洲遺稿》고려대학교출판부. 208쪽~209쪽.

10) 이덕일. 2009.《이회영과 젊은 그들》역사의 아침. 76쪽~92쪽

11) 김상기·채영국. 1997. "남만주에서의 한국독립운동". 한국독립유공자협회 편.《중국동북지역 한국독립운동사》집문당. 230쪽~237쪽.

12) 이덕일. 2009.《이회영과 젊은 그들》역사의 아침. 93쪽~108쪽.

13) 이은숙. 2017.《西間島始終記 : 이회영의 아내 이은숙 회고록》일조각. 81쪽.

14) 김상기·채영국. 1997. "남만주에서의 한국독립운동". 한국독립유공자협회 편.《중국동북지역 한국독립운동사》집문당. 257쪽~258쪽.

15) 조세현. 2010.《동아시아 아나키스트의 국제 교류와 연대 : 적자생존에서 상호부조로》창비. 312쪽~318쪽.

16) 이덕일. 2009.《이회영과 젊은 그들》역사의 아침. 251쪽~274쪽.

17) 이은숙. 2017.《西間島始終記 : 이회영의 아내 이은숙 회고록》일조각. 219쪽~227쪽.

18) 박상빈·홍현도. 2017.《민국의 길 자유의 길 : 우당6형제의 독립운동》서울역사박물관·우당기념사업회. 149쪽.

19) 박상빈·홍현도. 2017.《민국의 길 자유의 길 : 우당6형제의 독립운동》서울역사박물관·우당기념사업회. 114쪽~119쪽.

20) 문화재청. 2002.《구 서울역사 실측조사보고서》59쪽.

21) 일성이준열사기념사업회. 2010.《이준 열사, 그 멀고 외로운 여정》한비미디어. 52쪽~53쪽.

22) 박환. 2010.《잊혀진 의열투쟁의 전설 : 강우규 의사 평전》선인. 12쪽~22쪽.

23) 박환. 2010.《잊혀진 의열투쟁의 전설 : 강우규 의사 평전》선인. 23쪽~36쪽.

24) 박환. 2010.《잊혀진 의열투쟁의 전설 : 강우규 의사 평전》선인. 71쪽.

25) 이덕일. 2012.《근대를 말하다》역사의아침. 260쪽~265쪽.

26) 민승연. 2015. "서울역 고가도로의 바람직한 재활용방안 – 역사적 의미, 경관적 가치 늘리고 보행친화적 녹색공간으로 조성" 서울연구원.

27) 혁신정책네트워크 디딤. 2021.《서울 10년 혁명 : 박원순 서울시정 10년의 기록》해피스토리. 6쪽~13쪽.

29) 혁신정책네트워크 디딤. 2021.《서울 10년 혁명 : 박원순 서울시정 10년의 기록》해피스토리. 68쪽~78쪽.

30) 한양도성연구소. 2015.《서울 한양도성》서울역사박물관.

31) 신희원. 2016.《한양도성, 서울을 흐르다》북촌. 184쪽~189쪽.

32) 한양도성연구소. 2015.《서울 한양도성》서울역사박물관.

33) 한양도성연구소. 2014.《남산에서 찾은 한양도성》서울역사박물관.

34) 한양도성연구소. 2015.《서울 한양도성》서울역사박물관. 39쪽.

35) 김구. 2002.《백범일지》돌베개. 57쪽.

36) 김구. 2002.《백범일지》돌베개. 50쪽~51쪽.

37) 안중근. 2000(1910).《안중근 의사 자서전》(安應七 歷史) 범우사. 14쪽~22쪽.

38) 오영섭. 2007. "개화기 안태훈(1862~1905)의 생애와 활동".《한국근현대사연구》제40집 봄호. 27쪽.

39) 오영섭. 2007. "개화기 안태훈(1862~1905)의 생애와 활동".《한국근현대사연구》제40집 봄호. 15쪽~30쪽.

40) 이장우. 2011. "교회의 교육·문화활동".《한국천주교회사 4》한국교회사연 구소. 327쪽~329쪽.

41) 최선혜. 2011. "교회와 근대사회의 충돌".《한국천주교회사 4》한국교회사 연구소. 221쪽~223쪽.

42) 안중근. 2000(1910).《안중근 의사 자서전》(安應七 歷史) 범우사. 53쪽~62 쪽.

43) 안중근. 2000(1910).《안중근 의사 자서전》(安應七 歷史) 범우사. 79쪽.

44) Willard Straight. 2015.《코넬대학교 도서관 소장 윌러드 스트레이트의 서 울사진》서울역사박물관. 43쪽.

45) 안중근. 2000(1910).《안중근 의사 자서전》(安應七 歷史) 범우사. 94쪽~116 쪽.

46) 친일인명사전편찬위원회. 2009.《친일인명사전 : 친일문제연구총서 인명 편 2》민족문제연구소. 694쪽~696쪽.

47) 손정목. 2002. "도시 50년사 ⑥".《도시문제》제37권 405호. 97쪽.

48) 친일인명사전편찬위원회. 2009.《친일인명사전 : 친일문제연구총서 인명 편 Ⅰ》민족문제연구소. 233쪽~235쪽.

49) 김경승. 1942. "〈여명〉 수상소감".〈매일신보〉6월 3일자; 친일인명사전편 찬위원회. 2009.《친일인명사전 : 친일문제연구총서 인명편 Ⅰ》민족문제연구 소. 234쪽에서 재인용.

50) 민족문제연구소 · 안중근연구소 공동성명. 2010. "안중근의사숭모회 는 안중근의사기념관 운영 자격이 없습니다!" https://www.minjok.or.kr/archives/61876

51) 조경달. 2015.《근대 조선과 일본》최덕수 역. 열린책들. 223쪽~245쪽.

52) 조경달. 2015.《근대 조선과 일본》최덕수 역. 열린책들. 259쪽~268쪽.

53) 조경달. 2015.《근대 조선과 일본》최덕수 역. 열린책들. 285쪽~295쪽.

54) 〈MBC 뉴스〉 2020년 6월 20일

55) 박원순. 2006.《야만시대의 기록 1 : 아무도 기록하지 않는 역사》역사비 평사. 115쪽~123쪽.

56) 서울시 보도자료. 2021. 6월 11일. "남산 생태·역사 문화유산 아픈 역사를 기억하는 공간이자 시민의 쉼터로". https://blog.naver.com/heydaymd/222393 920532

57) 盧思愼·姜希孟·徐居正·成任·梁誠之·金宗直·李荇·洪彦弼. 1969(1530). 《新增東國輿地勝覽 1》민족문화추진회. 355쪽.

58) 장세정. 2020. "이종찬 국정원장 박지원, 정권안보 챙기다가 탈난다". 〈중앙일보〉 8월 15일자.

59) 친일인명사전편찬위원회. 2009. 《친일인명사전 : 친일문제연구총서 인명편 2》민족문제연구소. 706쪽~708쪽.

60) 조규익 외. 2013. 《박순호 본 한양가 연구》학고재. 381쪽.

61) '자신의 빛'이라는 뜻이다. 윤택영은 1910년 나라를 팔아먹은 댓가로 일제로부터 후작 작위를 받는다. 그러나 1928년 빚을 갚지 못하고 파산선고를 받으면서 작위를 박탈당한다. 오죽했으면 별명이 채무왕이었을까! 윤택영·윤덕영 형제의 매국행위와 함께 우리가 기억해야 할 것은 윤택영의 딸 순종효황후께서는 한일합방 문서에 도장을 찍지 못하게 하려고 마지막까지 옥새를 지키고자 했고, 아들 윤홍섭은 상해임시정부로 망명하여 독립운동에 헌신했다는 점이다.

62) 최석호·박종인·이길용. 2015. 《골목길 근대사 : 정동에서 부산까지 1887~1950》가디언. 61쪽.

63) 친일인명사전편찬위원회. 2009. 《친일인명사전 : 친일문제연구총서 인명편 Ⅱ》민족문제연구소. 656쪽~661쪽.

64) 최석호. 2018. 《골목길 역사산책 : 서울편》시루.

65) 친일인명사전편찬위원회. 2009. 《친일인명사전 : 친일문제연구총서 인명편 1》민족문제연구소. 832쪽~835쪽.

66) 백헌식·최혜림. 2014. 《냉면열전》인물과사상사. 5쪽~9쪽.

67) 백헌식·최혜림. 2014. 《냉면열전》인물과사상사. 170쪽~173쪽.

68) 박인순. 2014. 《惠民署硏究》교육아카데미. 38쪽~56쪽.

69) 박인순. 2014. 《惠民署硏究》교육아카데미. 198쪽~200쪽.

2 운주사 고려길 산책

1) 朝鮮總督府. 1918.《朝鮮古跡圖譜 第6冊》

2) 정영호·성춘경. 1984.《전남대학교박물관 고적조사보고 제3책 운주사》전남대학교 박물관. 164쪽~169쪽.

3) 金宗瑞·鄭麟趾. 2004(1451).《高麗史節要 上》신서원. 786쪽~787쪽.

4) 김창현, 2011. "고려시대 능성 운주사에 대한 탐색".《사총》제72권. 42쪽.

5) 동서남북과 동북, 동남, 남서, 북서, 그리고 정 중앙을 뜻한다.

6) 김일권. 2007.《동양 천문 사상, 하늘의 역사》예문서원. 299쪽.

7) 서양 별자리 카시오페이아에 해당하는 고구려 별자리다(김일권. 2008.《고구려 별자리와 신화》사계절. 84쪽).

8) 고구려 천문도와 고구려 천문을 계승한 고려 천문도는 중심부에 '북극3성-북두7성'을 배치하고 있다. 고구려 벽화무덤 진파리 4호분과 고려 신종 양릉 천문도 등 사례는 무수하게 많다. 고구려나 고려와 달리 중국 당송대 천문도에는 '북극5성-사보4성' 양식을 취하고 있다(김일권. 2008.《고구려 별자리와 신화》사계절). 즉 운주사 서산을 조영한 것은 고려이기에 북극3성(좌상-입상-호위신장상)과 북두7성(칠성바위)을 그 중심에 둔 것이다. 중국 도교를 그대로 수용했다면 북극5성과 사보4성을 형상화한 다섯 개 석상과 사성바위로 만들었을 것이다.

9) 규모가 큰 도교사원을 관(觀)이라 칭하고, 제왕의 칙령으로 건립한 도관을 궁(宮)이라 부른다(擔石窩. 2011.《도교문화 15강》알마. 650쪽에서 651쪽).

10) 김창현, 2011. "고려시대 능성 운주사에 대한 탐색".《사총》72권 27쪽

11)《新增東國輿地勝覽》은 성종 12년 1479년에 처음 만들고 16년 1481년에 수정하고 17년 1482년에 재차 수정한 지리서《東國輿地勝覽》을 중종 때 증보하여 편찬한 책이다. 성종 12년 1471년《동국여지승람》을 처음 만들었을 때는 총 50권이었으나 중종 25년 1530년에 이행과 홍언필이 오자를 바로잡고 증보했을 때는 총 55권으로 펴냈다. 이때 증보하였기에《新增東國輿地勝覽》이라고 고쳐 불렀다(이병도. 1969. "신증동국여지승람 해설". 盧思愼·姜希孟·徐居正·成任·

梁誠之 · 金宗直 · 李荇 · 洪彦弼.《新增東國輿地勝覽 1》민족문화추진회. 1쪽에서 5쪽).

12)   盧思愼 · 姜希孟 · 徐居正 · 成任 · 梁誠之 · 金宗直 · 李荇 · 洪彦弼. 1969(1530).
《新增東國輿地勝覽 5》민족문화추진회. 242쪽.

13)   김창현. 2011. "고려시대 능성 운주사에 대한 탐색"《사총》72권 30쪽에서
재인용. 한자는 역사산책자가 우리말로 풀었다.

14)   최홍. 2006.《한국의 불가사의 천년의 비밀, 운주사》바보새.

15)   김동수. 1991. "운주사의 역사적 고찰".

16)   Jochen Hiltmann. 1997.《미륵 – 운주사 천불천탑의 용화세계》학고재.
162쪽에서 166쪽.

17)   황석영. 2004.《장길산 10》책이 있는 마을. 245쪽~257쪽.

18)   정영호 · 성춘경. 1984.《전남대학교박물관 고적조사보고 제3책 운주사》
전남대학교 박물관. 13쪽~19쪽.

19)   하늘신 태일(太一), 구름신 풍륭 운중군(雲中君), 상수 남신과 여신(湘君과
湘夫人), 사명 대신과 소신(大司命과 少司命), 태양신 동군(東君), 물신 하백(河伯),
산신 산귀(山鬼).

20)   屈原. 1989.《楚辭》혜원출판사. 56쪽~57쪽.

21)   崔惟淸. 1150. "白鷄山玉龍寺贈諡先覺國師碑銘". 徐居正 · 梁誠之 · 申用漑.
1977(1518).《東文選》제117권. 민족문화추진회.

22)   盧思愼 · 姜希孟 · 徐居正 · 成任 · 梁誠之 · 金宗直 · 李荇 · 洪彦弼. 1969(1530).
《新增東國輿地勝覽 4》민족문화추진회. 562쪽에서 574쪽.

23)   구림지편찬위원회. 2006.《호남명촌 구림》리북. 33쪽에서 36쪽.

24)   崔惟淸. 1150. "白鷄山玉龍寺贈諡先覺國師碑銘". 徐居正 · 梁誠之 · 申用
漑. 1977(1518).《東文選》제117권. 민족문화추진회.

25) 송기숙, 1991. "운주사 천불천탑 설화와 변혁사상"《실천문학》여름호. 291
쪽

26)   정영호 · 성춘경. 1984.《전남대학교박물관 고적조사보고 제3책 운주사》
전남대학교박물관. 138쪽~147쪽.

27) 정성본. 1999. "선각국사 도선 연구 – 최유청의 도선비문 재고찰". 김지견

외.《道詵研究》민족사. 61쪽~76쪽.

28) 박경식, 1989. "화순 운주사의 석탑에 관한 고찰", 단국대중앙박물관,《박물관기요》제5권 14쪽~15쪽

29) 金宗瑞·鄭麟趾. 1991(1451).《高麗史 第8册》신서원. 3쪽~4쪽.

30) 金宗瑞·鄭麟趾. 1991(1451).《高麗史 第8册》신서원. 29쪽~33쪽.

31) 朝鮮總督府. 1918.《朝鮮古跡圖譜 第6册》756쪽.

32) 盧思愼·姜希孟·徐居正·成任·梁誠之·金宗直·李荇·洪彦弼. 1969(1530).《新增東國輿地勝覽 1》민족문화추진회. 501쪽.

33) 양은용. 1994. "도교사상".《한국사 16 - 고려 전기의 종교와 사상》국사편찬위원회. 280쪽에서 282쪽.

34) 이기환. 2007. "민통선 문화유산 기행 2 - 파주 서곡리 벽화묘". 경향신문 3월 16일자.

35) 국립문화재연구소. 2009.《군사보호구역 문화유적 지표조사보고서 : 경기도편》국립문화재연구소. 688쪽.

36) 김일권. 2008.《고구려 별자리와 신화》사계절. 161쪽.

37) 김일권. 2008.《고구려 별자리와 신화》사계절. 80쪽~83쪽.

38) 오주석. 2003.《오주석의 한국의 미 특강》솔. 86쪽~89쪽.

39) 朝鮮總督府. 1918.《朝鮮古蹟圖譜 第6册》757쪽.

40) 김일권. 2008.《고구려 별자리와 신화》사계절. 66쪽~73쪽.

41) 양은용. 1994. "도교사상".《한국사 16》국사편찬위원회. 289쪽.

42) 김철웅. 2017.《고려시대의 도교》경인문화사. 221쪽~223쪽.

43) 朝鮮總督府. 1918.《朝鮮古跡圖譜 第6册》756쪽.

44) 朝鮮總督府. 1920.《朝鮮古跡圖譜 第7册》880쪽.

45) 김일권. 2007.《동양 천문사상 하늘의 역사》예문서원. 387쪽에서 390쪽.

46) 朝鮮總督府. 1918.《朝鮮古跡圖譜 第6册》757쪽.

47) 정영호·성춘경. 1984.《전남대학교박물관 고적조사보고 제3책 운주사》전남대학교박물관. 32쪽.

48) 김일권. 2008.《고구려 별자리와 신화》사계절. 68쪽~69쪽.

49）정영호·성춘경. 1984.《전남대학교박물관 고적조사보고 제3책 운주사》 전남대학교 박물관. 25쪽.

50）朝鮮總督府. 1918.《朝鮮古跡圖譜 第6册》》757쪽.

51）朝鮮總督府. 1918.《朝鮮古跡圖譜 第6册》》758쪽.

52）김철웅. 2017.《고려시대의 도교》경인문화사. 229쪽에서 재인용.

53）정재서. 2010.《이야기 동양신화》김영사. 155쪽~159쪽.

54）朝鮮總督府. 1918.《朝鮮古跡圖譜 第6册》755쪽.

55）김일권. 2008.《고구려 별자리와 신화》사계절. 50쪽에서 55쪽.

56）김일권. 2008.《고구려 별자리와 신화》사계절. 84쪽에서 90쪽.

57）서성호 · 안경숙 · 유새롬. 2013.《한국의 도교문화 – 행복으로 가는 길》국립중앙박물관. 50쪽.

58）김일권. 2008.《고구려 별자리와 신화》사계절. 35쪽에서 36쪽.

59）김일권. 2008.《고구려 별자리와 신화》사계절. 63쪽에서 64쪽.

60）김영성 · 박종철. 1995. "전남 화순 운주사의 칠성석에 관한 천문학적 조사".《천문학논총》제10권. 119쪽에서 120쪽.

61）김울림. 2003. "인종시책과 고려중기 화국의 도석화풍".〈미술자료 제96호〉국립중앙박물관.

62）송경록. 2000.《북한 향토사학자가 쓴 개성 이야기》푸른숲. 105쪽에서 107쪽.

63）金宗瑞 · 鄭麟趾. 2004(1451).《高麗史節要 上》신서원. 749쪽에서 755쪽.

65）朝鮮總督府. 1920.《朝鮮古蹟圖譜 第7册》953쪽.

66）蕩池 · 王瀧 · 簿松年 · 薛永年 · 李樹聲. 1998.《간추린 중국미술의 역사》 시공사. 124쪽에서 126쪽.

67）김일권. 2007.《동양천문사상 하늘의 역사》예문서원. 262쪽에서 267쪽.

68）한규무. 2008. "화순 운주사에 대한 편린과 단상". 역사문화학회.《지방사와 지방문화》11⑵, 358쪽

69）정영호 · 성춘경. 1984.《전남대학교박물관 고적조사보고 제3책 운주사》 전남대학교 박물관. 166쪽에서 169쪽.

70) 한규무. 2008. "화순 운주사에 대한 편린과 단상". 역사문화학회. 《지방사
와 지방문화》11(2), 359쪽

71) 한규무. 2008. "화순 운주사에 대한 편린과 단상". 역사문화학회. 《지방사
와 지방문화》11(2), 363쪽

72) 정영호 · 성춘경. 1984. 《전남대학교박물관 고적조사보고 제3책 운주사》
전남대학교 박물관. 13쪽. 朝鮮總督府. 1918. 《朝鮮古跡圖譜 第6册》755쪽.

3 강릉 조선길 산책

1) 金富軾. 1998(1145). 《三國史記 Ⅱ》이강래 역. 한길사. 788쪽~789쪽.

2) 盧思愼 · 姜希孟 · 徐居正 · 成任 · 梁誠之 · 金宗直 · 李荇 · 洪彦弼. 1969(1530).
《新增東國輿地勝覽 5》민족문화추진회. 478쪽~4479쪽.

3) 盧思愼 · 姜希孟 · 徐居正 · 成任 · 梁誠之 · 金宗直 · 李荇 · 洪彦弼. 1969(1530).
《新增東國輿地勝覽 5》민족문화추진회. 479쪽~480쪽.

4) 陳壽. 2018. 《正史 三國志》김원중 역. 휴머니스트. 620쪽~622쪽.

5) 신채호. 2007. 《조선상고문화사》비봉출판사. 78쪽.

6) 안상현. 2000. 《우리가 정말 알아야 할 우리 별자리》현암사. 223쪽~237쪽.
강릉시사편찬위원회. 1996. 《강릉시사 상》강릉문화원. 785쪽~786쪽.

7) 한영우. 2014. 《다시 찾는 우리역사》경세원. 322쪽~326쪽.

8) 한영우. 2013. 《율곡 이이》민음사. 27쪽~79쪽.

9) 이종호. 1994. 《율곡 인간과 사상》지식산업사. 58쪽~60쪽.

10) 李珥. 1994(1569). "上退溪先生問目". 《國譯 栗谷全書 Ⅲ - 書 · 序 · 跋 · 記 ·
說 · 論 · 贊 · 銘 · 箴 · 表箋 · 祭文》한국학중앙연구원. 13쪽~18쪽.

11) 李珥. 1994(1569). "東湖問答". 《國譯 栗谷全書 Ⅳ - 雜著 · 神道碑銘 · 墓碣
銘 · 墓誌銘 · 行狀 · 拾遺》한국학중앙연구원. 119쪽~122쪽.

12) 李珥. 1994(1569). "玉堂論乙巳僞勳箚". 《國譯 栗谷全書 Ⅱ : 疏箚 · 啓 ·
議》한국학중앙연구원. 63쪽.

13) 김항수. 2003. "이이 – 율곡 이이의 구체제 혁신론". 한영우선생기념논총 간행위원회.《63인의 역사학자가 쓴 한국사 인물 열전 2》돌베개. 59쪽~76쪽.

14) 궁중이나 관청에서 필요한 것을 충당하기 위해 백성들에게 걸어 들이는 물품을 공물(貢物)이라 한다. 공물은 지방에 따라서 토산물을 관부에 바친다. 鄭道傳. 2012(1394).《朝鮮經國典》한영우 역. 올재. 75쪽~76쪽. 鄭道傳 외. 1998(1485).《新編 經國大典》신서원. 176쪽~177쪽.

15) 공물의 종류·수량·납부기일·납부관청 등을 규정하여 대장을 만들어 놓은 것을 공안(貢案)이라 한다. 정도전 외. 1998(1485).《新編 經國大典》신서원. 176쪽~177쪽.

16) 김태영. 2003. "경제개혁의 추진".《한국사 28 : 조선 중기 사림세력의 등장과 활동》국사편찬위원회. 359쪽~367쪽.

17) 고석규. 2003. "상품유통과 공납제의 모순".《한국사 28 : 조선 중기 사림세력의 등장과 활동》국사편찬위원회. 79쪽~89쪽.

18) 李珥. 1994(1569). "東湖問答".《國譯 栗谷全書 Ⅳ : 雜著·神道碑銘·墓碣銘·墓誌銘·行狀·拾遺》한국학중앙연구원. 109쪽.

20) 李珥. 1994(1574). "萬言封事".《國譯 栗谷全書 Ⅱ : 疏箚·啓·議》한국학중앙연구원. 185쪽.

21) 李珥. 1994(1574). "萬言封事".《國譯 栗谷全書 Ⅱ : 疏箚·啓·議》한국학중앙연구원. 185쪽.

22) 李珥. 1994(1574). "萬言封事".《國譯 栗谷全書 Ⅱ : 疏箚·啓·議》한국학중앙연구원. 188쪽~192쪽.

23)《宣祖實錄》8권 선조 7년 1월 21일 정유 첫 번째 기사 "今若因珥疏 講成貢物選上軍政之事施行 則民之困苦可蘇息矣"

24) 한영우. 2013.《율곡 이이》민음사. 103쪽~106쪽.

25) 李珥. 1994(1583). "六條啓".《國譯 栗谷全書 Ⅱ : 疏箚·啓·議》한국학중앙연구원. 362쪽~364쪽. 352쪽~362쪽.

26) 孟子. 2006. "梁惠王章句上".《孟子》성균관대학교출판부. 4쪽~6쪽.

27) 李珥. 1994(1583). "六疏後請罪啓".《國譯 栗谷全書 Ⅱ : 疏箚·啓·議》한

국학중앙연구원. 362쪽~364쪽.

28) 이종호. 1994.《율곡 인간과 사상》지식산업사. 328쪽~333쪽.

29) 한영우. 2013.《율곡 이이》민음사. 141쪽~153쪽.

30)《宣祖修正實錄》18권 선조 17년 1월 1일 기묘 첫 번째 기사.

31) 대한민국정부. 1975.《관보 제7164호》총무처. 2810쪽.

32) 반민족문제연구소. 1993.《친일파 99인 ③》돌베개. 127쪽~131쪽.

33) 친일인명사전편찬위원회. 2009.《친일인명사전 : 친일문제연구총서 인명편 1》민족문제연구소. 542쪽~545쪽.

34) 尹定鉉. 1931.《江陵鄕賢行錄》江陵鄕賢祠. 박도식. 2018.《강릉의 12향현》채륜. 223쪽~229쪽.

35) 尹定鉉. 1931.《江陵鄕賢行錄》江陵鄕賢祠. 박도식. 2018.《강릉의 12향현》채륜. 236쪽~242쪽.

36) 박도식. 2018.《강릉의 12향현》채륜. 107쪽~110쪽.

37) 강릉시오죽헌·시립박물관 학예연구실. 2011.《강릉시오죽헌·시립박물관 소장유물 도록》강릉시오죽헌·시립박물관. 130쪽~131쪽.

38) 엄기표·위영·이창영·정종태. 1999.《문화유산 이해의 길잡이 1 : 그림과 명칭으로 보는 한국의 문화유산》시공테크. 128쪽~130쪽.

39) 엄기표·위영·이창영·정종태. 1999.《문화유산 이해의 길잡이 1 : 그림과 명칭으로 보는 한국의 문화유산》시공테크. 151쪽~154쪽.

40) 이숙인. 2017.《신사임당 : 화가로 살고 어머니로 기억된 여인》문학동네. 97쪽~101쪽.

41) 이숙인. 2017.《신사임당 : 화가로 살고 어머니로 기억된 여인》문학동네. 6쪽~9쪽.

42) 李珥. 1994(1569). "先妣行狀".《國譯 栗谷全書 Ⅳ － 雜著·神道碑銘·墓碣銘·墓誌銘·行狀·拾遺》한국학중앙연구원. 300쪽~302쪽.

43) 유정은. 2016.《사임당 평전 : 스스로 빛났던 예술가》리베르. 339쪽.

44) 이성미. 2008. "율곡 일가의 회화 : 사임당·매창·옥산". 정호희 외.《이창용 교수 기증유물도록》강릉시오죽헌·시립박물관. 181쪽~195쪽.

45) 유명종. 2001. "명재 윤증의 무실 실학". 충남대학교 유학연구소.《무실과 실심의 유학자, 명재 윤증》청계출판사. 511쪽~521쪽.

46) 조규희. 2003. "만들어진 명작 : 신사임당과 초충도".《미술사와 시각문화》 65쪽~71쪽.

47) 이숙인. 2017.《신사임당 : 화가로 살고 어머니로 기억된 여인》문학동네. 64쪽~65쪽.

48) 조규희. 2003. "만들어진 명작 : 신사임당과 초충도".《미술사와 시각문화》 71쪽~79쪽.

49) 정옥자. 2016.《사임당전》민음사. 156쪽~169쪽.

50) 정항교. 2008. "옥산 이우의 생애와 예술". 정호희 외. 2008.《이창용교수 기증유물도록》강릉시오죽헌 · 시립박물관. 128쪽~137쪽.

51) 정옥자. 2016.《사임당전》민음사. 189쪽~191쪽.

52) 차장섭. 2011.《선교장 : 아름다운 사람 아름다운 집 이야기》열화당. 17쪽 ~29쪽.

53) 박도식. 2012.《강릉의 동족마을》강릉문화원. 87쪽~91쪽.

54) 최석호. 2020. "소금이 맛을 잃었다".〈헤럴드경제〉12월 1일자.

55) 차장섭. 2011.《선교장 : 아름다운 사람 아름다운 집 이야기》열화당. 137 쪽~141쪽.

56) 이기서. 1996.《江陵 船橋莊 : 배다리 李家 집안의 내력 이야기》열화당. 64 쪽~65쪽.

57) 차장섭. 2011.《선교장 : 아름다운 사람 아름다운 집 이야기》열화당. 30쪽 ~53쪽.

58) 최석호·옥성삼. 2019.《왜 조선교회는 두 개의 문을 만들었는가? - 예배 당으로 본 조선교회 100년사》시루. 92쪽~101쪽.

59) 문화재청. 2010.《이야기 옷을 입은 경북 문화재 기행》179쪽

60) 이기서. 1996.《江陵 船橋莊 : 배다리 李家 집안의 내력 이야기》열화당. 66 쪽~93쪽; 차장섭. 2011.《선교장 : 아름다운 사람 아름다운 집 이야기》열화당. 88쪽~134쪽.

61) 藏書閣. 2020(1758).《和順翁主嘉禮謄錄》한국학중앙연구원. 13쪽~24쪽.

62) 許筠. 2000(1612).《홍길동전》현암사.

63) 許筠. 1989(1611). "豪民論"《惺所覆瓿藁 Ⅱ》민족문화추진회. 196쪽~198쪽.

64) 이이화. 2014.《허균의 생각》교육서가. 277쪽~294쪽.

65) 허경진. 2002.《허균평전 : 시대를 거역한 격정과 파란의 생애》돌베개. 297쪽~312쪽.

66) 許筠. 1989(1611). "愛日堂記"《惺所覆瓿藁 Ⅱ》민족문화추진회. 98쪽~99쪽.

67) 허경진. 2002.《허균평전 : 시대를 거역한 격정과 파란의 생애》돌베개. 31쪽~36쪽.

68) 이이화. 2014.《허균의 생각》교육서가. 65쪽~72쪽.

69) 許筠. 1989(1611). "解命文"《惺所覆瓿藁 Ⅱ》민족문화추진회. 218쪽~219쪽.

70) 지현병·고동순·홍성학·김민경. 2013.《강릉 초당동 신석기 유적 : 강릉 헌균·허난설헌 자료관 건립부지 문화유적 발굴조사 보고서》강원문화재연구소·강릉시. 21쪽~30쪽, 39쪽.

71) 이규대. 2009. "초당마을 공동체의 역사와 문화". 박영주 외.《강릉 초당마을》진인진. 24쪽~36쪽.

72) 강릉시사편찬위원회. 1996.《江陵市史 下》강릉문화원. 146쪽~151쪽.

73) 許筠. 1989(1611). "屠門大嚼"《惺所覆瓿藁 Ⅲ》민족문화추진회. 228족~236쪽.

74) 이규대. "초당마을공동체의 역사와 문화". 박영주 외.《강릉초당마을》진인진. 14쪽~36쪽.

75) 신채호. 2009.《조선상고사》비봉출판사. 57쪽~58쪽.

76) 김상태·강삼혜. 2012.《관동팔경 제1경 경포대》국립춘천박물관. 13쪽.

77) 김상태·강삼혜. 2012.《관동팔경 제1경 경포대》국립춘천박물관. 101쪽~103쪽.

4 경주 신라길 산책

1) 왕의 아들은 태자 · 왕자 · 전군으로 나뉜다. 왕비가 낳은 아들 중에서 왕위를 계승할 아들을 태자라 하고 다른 아들을 왕자라 한다. 후궁이 낳은 아들을 전군이라 한다.

2) 이종욱. 2009.《춘추 – 신라인의 피, 한국 · 한국인을 만들다》효형출판. 36쪽~76쪽.

3) 이종욱. 2009.《춘추 – 신라인의 피, 한국 · 한국인을 만들다》효형출판. 129쪽~144쪽.

4) 一然. 2012(1394).《三國遺事》신태영 역. 한국인문고전연구소. 104쪽.

5) 金大問. 1999.《花郎世記》이종욱 역. 소나무. 152쪽.

6) 一然. 2012(1394).《三國遺事》신태영 역. 한국인문고전연구소. 103쪽.

7) 金大問. 1999.《花郎世記》이종욱 역. 소나무. 113쪽~114쪽.

8) 金大問. 1999.《花郎世記》이종욱 역. 소나무. 165쪽~168쪽.

9) 金大問. 1999.《花郎世記》이종욱 역. 소나무. 156쪽.

10) 김병훈. 2012.《산성 삼국기 下》베엘프레스. 35쪽~53쪽.

11) 金富軾. 1998(1145).《三國史記 Ⅱ》이강래 역. 한길사. 850쪽~852쪽.

12) 金昌德. 2014(1839).《興武王實記》양현승 역. 월인. 57쪽.

13) 金富軾. 1998(1145).《三國史記 Ⅰ》이강래 역. 한길사. 141쪽~142쪽.

14) 金富軾. 1998(1145).《三國史記 Ⅱ》이강래 역. 한길사. 753쪽~756쪽.

15) 金富軾. 1998(1145).《三國史記 Ⅱ》이강래 역. 한길사. 757쪽~759쪽.

16) 金富軾. 1998(1145).《三國史記 Ⅱ》이강래 역. 한길사. 759쪽~762쪽.

17) 이종욱. 2009.《춘추 – 신라인의 피, 한국 · 한국인을 만들다》효형출판. 254쪽~284쪽.

18) 一然. 2012(1394).《三國遺事》신태영 역. 한국인문고전연구소. 112쪽~114쪽.

19) 이호영. 1998. "삼국통일 과정". 국사편찬위원회.《한국사 9 – 삼국통일》팀구딩. 33쪽~34쪽.

20) 김유신이 기벌포에서 소정방과 만나기로 약속한 날짜는 660년 7월 10일 이었다. 김유신은 황산전투를 치르느라 하루 늦은 7월 11일 도착했다. 金富軾. 1998(1145).《三國史記 Ⅰ》이강래 역. 한길사. 156쪽~161쪽.

21) 최석호·옥성삼. 2019.《예배당으로 본 한국교회 100년사 – 왜 조선교회 는 두 개의 문을 만들었는가?》시루. 26쪽~27쪽.

22) 金富軾. 1998(1145).《三國史記 Ⅰ》이강래 역. 한길사. 161쪽~163쪽.

23) 김병훈. 2012.《산성 삼국기 下》베엘프레스. 195쪽~198쪽.

24) 金富軾. 1998(1145).《三國史記 Ⅰ》이강래 역. 한길사. 212쪽.

25) 安鼎福. 1967(1778).《東史綱目 Ⅱ》이이화 역. 민족문화추진회. 250쪽.

26) 이선근 외. 1974.《천마총 발굴조사보고서》문화공보부 문화재관리국. 4 쪽~40쪽.

27) 신라와 왜가 교류했다는 증거다. 규수지방 남부와 그 아래 바다에 사는 아 열대고동껍데기 이모가이를 가공해서 만들었기 때문이다.《금관총과 이사지 칼》37쪽.

28) 이선근 외. 1974.《천마총 발굴조사보고서》문화공보부 문화재관리국. 도 판 18

29) 안휘준. 2000.《한국 회화사 연구》시공아트. 32쪽, 108쪽~112쪽.

30) 전호태. 2000.《고구려 고분벽화 연구》사계절. 28쪽~30쪽.

31) 由水常雄. 2019.《신라가 꽃피운 로마문화 – 신라왕릉 유물이 동양고대 사를 새로 쓰다》이영식 역. 미세움. 136쪽에서 140쪽.

32) 최광식 외. 2009.《한국 박물관 개관 100주년 기념 특별전 도록》국립중앙 박물관. 151쪽.

33) 흙이나 돌로 봉분을 형성하고 있는 무덤(burial mounds)을 쿠르간이라고 한 다. 한 사람만 매장하고, 토기·무구·말 등을 같이 부장한다. 쿠르간이라는 말 은 요새(fortress)를 뜻하는 고대 터키어에서 유래하였다. 보통 알타이산맥에 서 발견된 이와 같은 형태의 무덤 또는 무덤군을 쿠르간이라 지칭한다(출처: Wikipedia).

34) Sergei Ivanovich Rudenko. 1970. Frozen Tombs of Siberia – The Pazyryk

Burials of Iron-Age Horsemen. Translation by M. W. Thompson. University of California Press. 1쪽~44쪽.

35) Sergei Ivanovich Rudenko. 1970. Frozen Tombs of Siberia – The Pazyryk Burials of Iron-Age Horsemen. Translation by M. W. Thompson. University of California Press.

36) HAN Junhi (et. al.). 2008. Preservation of the Frozen Tombs of the Altai Mountains. UNESCO & World Heritage Conservation. 17쪽.

37) 이선근 외. 1974.《천마총 발굴조사보고서》문화공보부 문화재관리국. 실측도면 3.

38) Sergei Rudenko. 1970. Frozen Tombs of Siberia – The Pazyryk Burials of Iron-Age Horsemen. Translation by M. W. Thompson. University of California Press. 20쪽.

39) 김병모. 2006.《김병모의 고고학여행 1》고래실. 130쪽~131쪽.

40) Sergei Ivanovich Rudenko. 1970. Frozen Tombs of Siberia – The Pazyryk Burials of Iron-Age Horsemen. Translation by M. W. Thompson. University of California Press. 62쪽~64쪽.

41) Sergei Ivanovich Rudenko. 1970. Frozen Tombs of Siberia – The Pazyryk Burials of Iron-Age Horsemen. Translation by M. W. Thompson. University of California Press.

42) 정수일. 1992.《신라·서역교류사》단국대학교출판부. 47쪽~50쪽.

43) 김병모. 2006.《김병모의 고고학 여행 1》고래실. 98쪽~101쪽.

44) 中國史學會 편. 2004.《중국역사박물관 4》(中國通史). 강영매 역. 범우사. 4쪽~79쪽.

45) 金富軾. 1998(1145).《三國史記 Ⅱ》이강래 역. 한길사. 101쪽~103쪽. 그러나《日本書紀》에는 신공황후(神功皇后)가 신라를 정벌한 것으로 기록하고 있다. '신라왕은 두려워 싸울 마음을 잃고 항복한다. 신라왕이 봄가을로 조공하겠다고 하자 목숨을 살려주었다. 전쟁을 지켜본 고구려와 백제도 스스로 찾아와 지도와 호적을 바치고 항복한다. 신공황후는 신라왕에게 말 키우는 일(良馬)을 맡기고 왜로 돌아간다.' (작자미상. 1989.《日本書紀》일지사. 152쪽에서 155쪽). 한

나라의 역사서가 이 모양이다. 지금은 일부 황국사관을 가진 일본 역사학자 외에는 《日本書紀》에 기록한 내용을 역사적 사실이라고 믿지 않는다.

46) 이이화. 1998. 《한국사 이야기 2 - 고구려 백제 신라와 가야를 찾아서》 한길사. 257쪽~265쪽.

47) 一然. 2012(1394). 《三國遺事》 신태영 역. 한국인문고전연구소. 78쪽~83쪽.

48) 서영교. 2009. 《신라인 이야기》 살림. 26쪽~43쪽.

49) 한영우. 2014. 《다시 찾는 우리역사》 경세원. 108쪽~113쪽.

50) 由水常雄. 2019. 《신라가 꽃피운 로마문화 - 신라왕릉 유물이 동양고대사를 새로 쓰다》 이영식 역. 미세움. 232쪽~235쪽.

51) 황남대총 높이는 22미터가 넘는다. 경주 고분 중에서 제일 높다. 지름을 기준은 제일 큰 고분은 봉황대로 86.6미터다. 황남대총은 모두 80미터로 두 번째로 크다(김태훈·민병찬. 2010. 《황금의 나라 신라의 왕릉 황남대총》 국립중앙박물관. 228쪽).

52) 由水常雄. 2019. 《신라가 꽃피운 로마문화 - 신라왕릉 유물이 동양고대사를 새로 쓰다》 이영식 역. 미세움. 182쪽~187쪽.

53) 由水常雄. 2019. 《신라가 꽃피운 로마문화 - 신라왕릉 유물이 동양고대사를 새로 쓰다》 이영식 역. 미세움. 212쪽에서 220쪽

54) 일본사학회 편. 2011. 《아틀라스 일본사》 사계절. 22쪽~27쪽.

55) 吉野誠. 2005. 《동아시아 속의 한일 2천년사》 한철호 역. 책과함께. 77쪽~82쪽.

56) Yusunari Abe, Ryuji Shikaku & Izumi Nakai. 2018. "Ancient glassware travelled the Silk Road: Nondestructive X-ray fluorescence analysis of tiny glass fragments believed to be sample from glassware excavated from Niizawa Senzuka Tumulus No. 126, Japan". Journal of Archaeological Science: Reports. 17. 212쪽~219쪽.

57) 金富軾. 1998(1145). 《三國史記 Ⅰ》 이강래 역. 한길사. 65쪽.

58) 金富軾. 1998(1145). 《三國史記 Ⅰ》 이강래 역. 한길사. 66쪽과 74쪽.

59) 이종욱. 2012. 《신라가 한국인의 오리진이다》 고즈윈. 138쪽~140쪽.

60) 정수일. 2005.《한국 속의 세계 하》창비. 13쪽~20쪽.

61) 金富軾. 1998(1145).《三國史記 Ⅱ》이강래 역. 한길사. 74쪽~75쪽.

62) 一然. 2012(1394).《三國遺事》신태영 역. 한국인문고전연구소. 70쪽~71쪽.

63) 이도흠. 2000.《신라인의 마음으로 삼국유사를 읽는다》푸른역사. 34쪽 ~47쪽.

64) 김병모. 2006.《김병모의 고고학 여행 1》고래실. 174쪽~176쪽.

65) James George Fraser. 1995.《그림으로 보는 황금가지》(The Illustrated Golden Bough). 이경덕 역. 까치. 27쪽~49쪽.

66) James George Fraser. 1995.《그림으로 보는 황금가지》(The Illustrated Golden Bough). 이경덕 역. 까치. 333쪽~373쪽.

67) James George Fraser. 1995.《그림으로 보는 황금가지》(The Illustrated Golden Bough). 이경덕 역. 까치. 386쪽~396쪽.

68) 박철상. 2010.《추사 김정희의 금석학 연구 – 역사고증적 측면을 중심으로》계명대학교 대학원 석사학위논문. 77쪽~78쪽.

69) 金正喜. 1850.〈文武王碑〉《海東碑攷》필사본. "星漢王者, 金氏之始祖金閼智也. 後代追封爲王, 故〈眞澈禪師碑〉亦云, 星漢之苗. 蓋新羅…人, 以閼智爲天所降, 如天命玄鳥之類, 故追封爲星漢王. 又曰降質圓穹是也. 據《三國史》閼智生勢漢, 次曰阿道, 次曰首留, 次曰郁甫, 次曰仇道, 次曰末仇, 次曰奈勿王, 其曾孫曰智證王, 次曰立宗, 次曰眞興王, 次曰眞智王, 次曰龍春, 次曰太宗武烈王, 次曰文武王. 我慶州金氏譜牒, 亦因之. 若據文武王而言之, 星漢王當爲十六代祖, 此碑所云十五代祖者據武烈王而言之." 박철상. 2010.《추사 김정희의 금석학 연구 – 역사고증적 측면을 중심으로》계명대학교 대학원 석사학위논문. 78쪽에서 재인용.

70) 최석호. 2018.《골목길 역사산책 – 개항도시편》시루. 251쪽~252쪽.

71) '알지'라고도 읽는다. '연지'는 흉노 발음으로 읽은 것이다. 흉노 황제 선우의 황후를 일컫는 말로서 '선각자'라는 뜻을 지니고 있다. 그런데 김알지는 신라 시조다. 황후를 뜻하는 말이 신라에서는 왕이라는 뜻으로 바뀐 셈이다. 우리말에 화장품 연지분도 여기에서 온 것이다(김병모. 2006.《김병모의 고고학여행 2》고래실. 209쪽~211쪽).

72) 班固. 2020.《漢書 列傳 5》이한우 역. 21세기북스. 422쪽~431쪽.

73) 蔣伯贊 偏. 1990.《중국전사》(中國史綱要). 이진복 · 김진옥 역. 학민사. 117쪽~119쪽.

74) 司馬遷. 2008.《史記 下》소준섭 역. 서해문집. 485쪽~519쪽.

75) 班固. 2020.《漢書 列傳 5》이한우 역. 21세기북스. 446쪽~451쪽.

76) 班固. 2020.《漢書 列傳 3》이한우 역. 21세기북스. 458쪽~469쪽.

77) 金富軾. 1998(1145).《三國史記 Ⅰ》이강래 역. 한길사. 116쪽~119쪽.

78) 주보돈 외. 2017.《문헌으로 보는 신라의 왕경과 월성》국립문화재연구소. 160쪽~178쪽.

79) 金富軾. 1998(1145).《三國史記 Ⅱ》이강래 역. 한길사. 889쪽.

80) 전경효 외. 2017.《신라 왕궁 월성》국립문화재연구소. 100쪽.

81) 문화재청. 2017. "경주 월성 성벽서 인골 2구 발굴" 보도자료 5월 16일자.

82) 이슬람사람들이 주로 입는 셔츠 모양 겉옷으로 당나라사람들은 호복(胡服)이라 불렀다.

83) 전경효 외. 2017.《신라 왕궁 월성》국립문화재연구소. 38쪽~40쪽.

84) 이인숙. 2019. "경주 월성 기와 연구의 현황과 과제".《경주 월성 기와 연구의 전망과 과제》한국기와학회. 19쪽~29쪽.

85) 서영교. 2009.《신라인 이야기》살림. 177쪽~183쪽.

86) 당 고종 때 봉황을 목격하고 상서롭게 여겨서 연호를 상원(上元)에서 의봉으로 고쳤다. 태평성대가 펼쳐질 것이라는 징조로 여겼기 때문이다. 신라는 당이 새로 제정한 연호 의봉을 받아들여서, 육십화갑납음표에서 679년 기묘년(己卯年)의 연간지는 성두토(城頭土), 월건 경오(庚午) 5월 노방토(路傍土), 일간지는 오행 중 토에 해당하는 7일 8일 29일에 기와를 제작하였으므로 의봉사년개토라 새겼다. 이동주가 쓴 책《신라 왕경 형성과정 연구》경인문화사. 120쪽~149쪽에서 주장한 내용이다.

약속을 깬 당을 물리치기 위해 생사를 건 전투를 펼쳤다. 고구려 유민과 연합했다. 드디어 당을 물리쳤다. 옛 백제를 통합하고 신라가 가장 강성했던 진흥왕 때 강역을 회복했다. 고구려 유민들은 옛 고구려 땅에 발해를 세우고 당을 쳤다. 그런 신라가 당도 버린 연호를 주워서 정확하게 사용했다면 말이 되는가?!

87) 최민희. 2018. "'儀鳳四年皆土' 글씨기와의 '개토' 재론 – '納音五行'론 비판".《한국고대사탐구》제30권. 343쪽~347쪽.

88) 남종영·강재훈. 2013. "경주 최부자집은 박정희에게 어떻게 몰락했나". 〈한겨레신문〉 2월 2일자.

89) 정민. 2012.《정민 교수의 삼국유사 깊이 읽기 : 불국토를 꿈꾼 그들》문학의 문학. 240쪽~243쪽.

90) 金富軾. 1998(1145).《三國史記 Ⅱ》이강래 역. 한길사. 831쪽.

91) 一然. 2012(1394).《三國遺事》신태영 역. 한국인문고전연구소. 456쪽~461쪽.

92) 盧思愼·姜希孟·徐居正·成任·梁誠之·金宗直·李荇·洪彦弼. 1969(1530). 《新增東國輿地勝覽 5》민족문화추진회. 247쪽.

93) 一然. 2012(1394).《三國遺事》신태영 역. 한국인문고전연구소. 113쪽~114쪽.

94) 장혁진. 2019. "천년고도 경주 신라시대 다리 청나라 식으로 복원". 〈KBS 뉴스〉 1월 16일자.

95) 盧思愼·姜希孟·徐居正·成任·梁誠之·金宗直·李荇·洪彦弼. 1969(1530). 《新增東國輿地勝覽 5》민족문화추진회. 242쪽.

96) 대구MBC편. 2004.《안압지 : 우리 정원의 원류를 찾아서》이른아침. 15쪽~77쪽.

97) 조세환. 1998. "첨성대의 조경인식론적 해석".《한국조경학회지》26.

98) 정연식. 2009. "선덕여왕과 성조의 탄생".《역사와 현실》74.

99) 김기홍. 2000.《천년의 왕국 신라》. 창작과 비평사. 255쪽~262쪽.

100) 허상호. 2010.《수미단 – 부처님이 앉은 높은 자리》대한불교진흥원. 10쪽~17쪽.

101) 이용범. 1974. "첨성대존의".《진단학보》38.

102) 남천우. 1997.《유물의 재발견》학고재. 136쪽~138쪽.

103) 김용운. 1974. "첨성대의 구조와 주비산경". Korea Journal.

104) 남천우. 1997.《유물의 재발견》학고재. 138쪽~146쪽.

105） 전상운. 1998.《한국과학사의 새로운 이해》연세대학교출판부. 252쪽
~260쪽.

106） 閔周冕·李埰. 1972(1669).《東京雜記》이석호 역. 대양서적. 267쪽.

107） 閔周冕·李埰. 1972(1669).《東京雜記》이석호 역. 대양서적. 285쪽.

108） 남천우. 1997.《유물의 재발견》학고재. 128쪽에서 133쪽.

109） 남천우. 1997.《유물의 재발견》학고재. 126쪽에서 158쪽.

110） 서금석. 2019. "첨성대 해석에 대한 계보학적 접근". 국립경주문화재연구소.〈첨성대 학술대회 논문집 - 첨성대 창으로 본 하늘 위 역사문화콘텐츠〉문화재청. 58쪽.

111） 이동주. 2019.《신라 왕경 형성과정 연구》경인문화사. 80쪽~88쪽.

112） 정연식. 2009. "선덕여왕과 성조의 탄생".《역사와 현실》제74권. 304쪽
~330쪽.

결론

1） 한충민·원성빈·김상묵. 2014. "심리적 거리가 한류 선호도와 한국 국가 이미지에 미치는 영향"《국제통상연구》19(1): 121-143.

2） 한충민. 2017.《한류 브랜드 세계화 - 이론과 실행전략》한경사. 63쪽~123쪽.

3） BBC World Service. 2017. "Sharp drop in world views of US, UK global poll". GlobeScan. 4쪽.

4） https://news.gallup.com/poll/1624/perceptions-foreign-countries.aspx

5） 정https://www.usnews.com/news/best-countries/south-korea

참고문헌

강릉시오죽헌·시립박물관 학예연구실. 2011.《강릉시오죽헌·시립박물관 소장 유물 도록》강릉시오죽헌·시립박물관.

강릉시사편찬위원회. 1996.《江陵市史 上》강릉문화원.

강릉시사편찬위원회. 1996.《江陵市史 下》강릉문화원.

강준만. 2020.《한류의 역사 – 김 시스터스에서 BTS까지》인물과사상사.

고석규. 2003. "상품유통과 공납제의 모순".《한국사 28 : 조선 중기 사림세력의 등장과 활동》국사편찬위원회.

고유섭. 2010.《우현 고유섭 전집 5 – 고려청자》열화당.

국립경주문화재연구소. 2019.《첨성대 학술대회 논문집 : 첨성대 창으로 본 하늘 위 역사문화콘텐츠》문화재청.

국립문화재연구소. 2009.《군사보호구역 문화유적 지표조사보고서 : 경기도 편》국립문화재연구소.

김구. 2002.《백범일지》돌베개.

김경승. 1942. "〈여명〉 수상소감".〈매일신보〉6월 3일자

김기흥. 2000.《천년의 왕국 신라》. 창작과 비평사.

金大問. 1999.《花郞世記》이종욱 역. 소나무.

김동수. 1991. "운주사의 역사적 고찰".《운주사종합학술조사》전남대학교 박물관.

김병모. 2006.《김병모의 고고학여행 1》고래실.

김병모. 2006.《김병모의 고고학여행 2》고래실.

김병훈. 2012.《산성 삼국기 上》베엘프레스.

김병훈. 2012.《산성 삼국기 下》베엘프레스.

金富軾. 1998(1145).《三國史記 Ⅱ》이강래 역. 한길사.

김상기·채영국. 1997. "남만주에서의 한국독립운동". 한국독립유공자협회 편.《중국동북지역 한국독립운동사》집문당.

김상태·강삼혜. 2012.《관동팔경 제1경 경포대》국립춘천박물관.

김석동. 2018.《김석동의 한민족 DNA를 찾아서》김영사.

김영성·박종철. 1995. "전남 화순 운주사의 칠성석에 관한 천문학적 조사".《천

문학논총》제10권.

김울림. 2003. "인종시책과 고려중기 화국의 도석화풍". 〈미술자료 제96호〉 국립중앙박물관.

김윤덕. 2018. "방탄소년 열공기." 조선일보 6월 9일자.

김일권. 2007.《동양천문사상 하늘의 역사》예문서원.

김일권. 2008.《고구려 별자리와 신화》사계절.

김정기 외. 1997.《한국사 3 - 청동기문화와 철기문화》국사편찬위원회.

金正喜. "文武王碑".《海東碑攷》

金宗瑞·鄭麟趾. 1991(1451).《高麗史 第8册》신서원.

金宗瑞·鄭麟趾. 2004(1451).《高麗史節要 上》신서원.

김지견 외. 1999.《道詵研究》민족사.

김태영. 2003. "경제개혁의 추진".《한국사 28 : 조선 중기 사림세력의 등장과 활동》국사편찬위원회.

김태훈·민병찬. 2010.《황금의 나라 신라의 왕릉 황남대총》국립중앙박물관.

金昌德. 2014(1839).《興武王實記》양현승 역. 월인

김창현, 2011. "고려시대 능성 운주사에 대한 탐색".《사총》72: 27-74.

김항수. 2003. "이이 - 율곡 이이의 구체제 혁신론". 한영우선생기념논총 간행위원회.《63인의 역사학자가 쓴 한국사 인물 열전 2》돌베개.

남종영 · 강재훈. 2013. "경주 최부자집은 박정희에게 어떻게 몰락했나". 〈한겨레신문〉 2월 2일자.

남천우. 1997.《유물의 재발견》학고재.

盧思愼·姜希孟·徐居正·成任·梁誠之·金宗直·李荇·洪彦弼. 1969(1530).《新增東國輿地勝覽 1》민족문화추진회.

盧思愼·姜希孟·徐居正·成任·梁誠之·金宗直·李荇·洪彦弼. 1969(1530).《新增東國輿地勝覽 5》민족문화추진회.

대구MBC편. 2004.《안압지 : 우리 정원의 원류를 찾아서》이른아침.

대한민국정부. 1975.《관보 제7164호》총무처.

문화부. 각년도.《한국인의 의식 · 가치관 조사 결과보고서》문화부.

문화재청. 2002.《구 서울역사 실측조사보고서》

문화재청. 2010.《이야기 옷을 입은 경북 문화재 기행》

문화재청. 2017. "경주 월성 성벽서 인골 2구 발굴" 보도자료 5월 16일자.

민승연. 2015. "서울역 고가도로의 바람직한 재활용방안 – 역사적 의미, 경관적 가치 늘리고 보행친화적 녹색공간으로 조성". 서울연구원.

閔周冕 · 李埰. 1972(1669).《東京雜記》이석호 역. 대양서적.

박경식, 1989. "화순 운주사의 석탑에 관한 고찰", 단국대 중앙박물관,《박물관기요》제5권.

박도식. 2012.《강릉의 동족마을》강릉문화원.

박도식. 2018.《강릉의 12향현》채륜.

박상빈 · 홍현도. 2017.《민국의 길 자유의 길 : 우당6형제의 독립운동》서울역사박물관 · 우당기념사업회.

박영주 외. 2009.《강릉초당마을》진인진.

박용정·류승희·정민·한재진. 2019. "방탄소년단 성공요인 분석과 활용방안." 현대경제연구원.

박원순. 2006.《야만시대의 기록 1 : 아무도 기록하지 않는 역사》역사비평사.

박인순. 2014.《惠民署研究》교육아카데미.

박철상. 2010.《추사 김정희의 금석학 연구 – 역사고증적 측면을 중심으로》계명대학교 대학원 석사학위논문.

박환. 2010.《잊혀진 의열투쟁의 전설 : 강우규 의사 평전》선인.

백헌식 · 최혜림. 2014.《냉면열전》인물과사상사.

반민족문제연구소. 1993.《친일파 99인 ③》돌베개.

徐居正·梁誠之·申用漑. 1977(1518).《東文選》민족문화추진회.

서금석. 2019. "첨성대 해석에 대한 계보학적 접근". 국립경주문화재연구소.〈첨성대 학술대회 논문집 – 첨성대 창으로 본 하늘 위 역사문화콘텐츠〉문화재청.

서대석. 2002.《한국 신화의 연구》집문당.

서성호·안경숙·유새롬. 2013.《한국의 도교문화 – 행복으로 가는 길》국립중앙박물관.

서영교. 2009.《신라인 이야기》살림.

손병관. 2021. "우당 이회영 기념관 완공, 오세훈의 남산 르네상스 마무리".〈오마이뉴스〉6월 9일자.

손정목. 2002. "도시 50년사 ⑥".《도시문제》제37권 405호

송경록. 2000.《북한 향토사학자가 쓴 개성 이야기》푸른숲.

송기숙. 1991. "운주사 천불천탑 설화와 변혁사상"「실천문학」여름호.

신채호. 2007.《조선상고문화사》비봉출판사.

신채호. 2012.《조선상고사》비봉출판사.

신희원. 2016.《한양도성, 서울을 흐르다》북촌.

安鼎福. 1967(1778).《東史綱目 Ⅱ》심우준·이장희·정광호·이이화 역. 민족문화추진회.

안중근. 2000(1910).《안중근 의사 자서전》(安應七 歷史) 범우사.

안휘준. 2000.《한국 회화사 연구》시공아트.

양은용. 1994. "도교사상".《한국사 16》국사편찬위원회.

엄기표·위영·이창영·정종태. 1999.《문화유산 이해의 길잡이 1: 그림과 명칭으로 보는 한국의 문화유산》시공테크.

염수정. 2011.《한국천주교회사 1~5》한국교회사연구소.

오영섭. 2007. "개화기 안태훈(1862~1905)의 생애와 활동".《한국근현대사연구》제40집 봄호.

오주석. 2003.《오주석의 한국의 미 특강》솔.

유명종. 2001. "명재 윤증의 무실 실학". 충남대학교 유학연구소.《무실과 실심의 유학자, 명재 윤증》청계출판사.

윤명철. 2000.《동아지중해와 한민족 해양활동사 – 바닷길은 문화의 고속도로였다》돌베개.

尹定鉉. 1931.《江陵鄕賢行錄》江陵鄕賢祠.

이경은. 2020. "BTS, 증여세도 '다이너마이트'." 조선일보. 9월 4일자.

이규대. 2009. "초당마을공동체의 역사와 문화". 박영주 외.《강릉초당마을》진인진.

이기서. 1996.《江陵 船橋莊 : 배다리 李家 집안의 내력 이야기》열화당.

이기환. 2007. "민통선 문화유산 기행 2 – 파주 서곡리 벽화묘". 경향신문 3월 16일자.

이병도. 1969. "신증동국여지승람 해설". 盧思愼·姜希孟·徐居正·成任·梁誠之·金宗直·李荇·洪彦弼.《新增東國輿地勝覽 1》민족문화추진회.

이덕일. 2009.《이회영과 젊은 그들》역사의 아침.

이도흠. 2000.《신라인의 마음으로 삼국유사를 읽는다》푸른역사.

이동주. 2019.《신라 왕경 형성과정 연구》경인문화사.

이병도. 1969. "신증동국여지승람 해설". 盧思愼·姜希孟·徐居正·成任·梁誠之·金宗直·李荇·洪彦弼.《新增東國輿地勝覽 1》민족문화추진회.

李相龍. 1973(1911). "耕學社趣旨書".《石洲遺稿》고려대학교출판부.

이선근 외. 1974.《천마총 발굴조사보고서》문화공보부 문화재관리국.

이성미. 2008. "율곡 일가의 회화 : 사임당 · 매창 · 옥산". 정호희 외.《이창용교수 기증유물도록》강릉시오죽헌 · 시립박물관.

이숙인. 2017.《신사임당 : 화가로 살고 어머니로 기억된 여인》문학동네.

이은숙. 2017.《西間島始終記 : 이회영의 아내 이은숙 회고록》일조각.

李珥. 1994(1551). "先妣行狀".《國譯 栗谷全書 Ⅳ : 雜著 · 神道碑銘 · 墓碣銘 · 墓誌銘 · 行狀 · 拾遺》한국학중앙연구원.

李珥. 1994(1569). "東湖問答".《國譯 栗谷全書 Ⅳ : 雜著 · 神道碑銘 · 墓碣銘 · 墓誌銘 · 行狀 · 拾遺》한국학중앙연구원.

李珥. 1994(1569). "上退溪先生問目".《國譯 栗谷全書 Ⅲ : 書·序·跋·記·說·論·贊·銘·箴·表箋·祭文》한국학중앙연구원.

李珥. 1994(1569). "玉堂論乙巳僞勳箚".《國譯 栗谷全書 Ⅱ : 疏箚·啓·議》한국

학중앙연구원.

李珥. 1994(1574). "萬言封事". 《國譯 栗谷全書 Ⅲ : 疏箚·啓·議》 한국학중앙연구원.

李珥. 1994(1583). "六疏後請罪啓". 《國譯 栗谷全書 Ⅱ : 疏箚·啓·議》 한국학중앙연구원.

李珥. 1994(1583). "六條啓". 《國譯 栗谷全書 Ⅱ : 疏箚·啓·議》 한국학중앙연구원.

이이화. 1998. 《한국사 이야기 2 – 고구려 백제 신라와 가야를 찾아서》 한길사.

이이화. 2014. 《허균의 생각》 교육서가.

이인숙. 2019. "경주 월성 기와 연구의 현황과 과제". 《경주 월성 기와 연구의 전망과 과제》 한국기와학회. 19쪽~29쪽.

이장우. 2011. "교회의 교육·문화활동". 《한국천주교회사 4》 한국교회사연구소.

이종욱. 2009. 《춘추 – 신라의 피, 한국·한국인을 만들다》 효형출판.

이종욱. 2012. 《신라가 한국인의 오리진이다》 고즈윈.

이종호. 1994. 《율곡 인간과 사상》 지식산업사.

이충렬. 2012. 《혜곡 최순우, 한국미의 순례자》 김영사.

이혜윤. 2020a. "싸이 BTS 진심 자랑스러워 나도 빌보드 다시 도전할 것." 조선일보 9월 2일자.

이혜윤. 2020b. "빌보드 1위에 하루 새 몸값 두 배로… '빅히트' 기업가치 6조 원 이를 듯." 조선일보 9월 3일자.

일본사학회 편. 2011. 《아틀라스 일본사》 사계절.

일성이준열사기념사업회. 2010. 《이준 열사, 그 멀고 외로운 여정》 한비미디어.

一然. 2012(1394). 《三國遺事》 신태영 역. 한국인문고전연구소.

藏書閣. 2020(1758). 《和順翁主嘉禮謄錄》 한국학중앙연구원.

장세정. 2020. "이종찬 국정원장 박지원, 정권안보 챙기다가 탈난다". 〈중앙일보〉 8월 15일자.

정민·오준범·신유란·류승희. 2018. "방탄소년단의 경제적 효과." 현대경제연구원.

정재서. 2010.《이야기 동양신화》김영사.

장혁진. 2019. "천년고도 경주 신라시대 다리 청나라 힉으로 복원".〈KBS 뉴스〉1월 16일자.

전경효 외. 2017.《신라 왕궁 월성》국립문화재연구소.

전상운. 1998.《한국과학사의 새로운 이해》연세대학교출판부.

전우용. 2008.《서울은 깊다 : 서울의 시공간에 대한 인문학적 탐사》돌베개.

전호태. 2000.《고구려 고분벽화 연구》사계절.

鄭道傳 외. 1998(1485).《新編 經國大典》신서원.

鄭道傳. 2012(1394).《朝鮮經國典》한영우 역. 올재.

정민. 2012.《정민 교수의 삼국유사 깊이 읽기 : 불국토를 꿈꾼 그들》문학의 문학.

정재서. 2010.《이야기 동양신화》김영사.

정성본. 1999. "선각국사 도선 연구 – 최유청의 도선비문 재고찰". 김지견 외.《道詵研究》민족사.

정수일. 1992.《新羅·西域交流史》단국대학교출판부.

정수일. 2005.《한국 속의 세계 하》창비.

정연식. 2009. "선덕여왕과 성조의 탄생".《역사와 현실》제74권.

정영호·성춘경. 1984.《전남대학교박물관 고적조사보고 제3책 운주사》전남대학교 박물관.

정옥자. 2016.《사임당전》민음사.

정항교. 2008. "옥산 이우의 생애와 예술". 정호희 외. 2008.《이창용교수 기증유물도록》강릉시오죽헌·시립박물관.

정호희 외. 2008.《이창용교수 기증유물도록》강릉시오죽헌·시립박물관.

조경달. 2015.《근대 조선과 일본 : 조선의 개항부터 대한제국의 멸망까지》최덕수 역. 열린책들.

조규익 외. 2013.《박순호 본 한양가 연구》학고재.

조규희. 2013. "만들어진 명작 : 신사임당과 초충도".《미술사와 시각문화》

조세환. 1998. "첨성대의 조경인식론적 해석".《한국조경학회지》제26권.

조세현. 2010.《동아시아 아나키스트의 국제 교류와 연대 : 적자생존에서 상호부조로》창비.

주보돈 외. 2017.《문헌으로 보는 신라의 왕경과 월성》국립경주문화재연구소.

지현병·고동순·홍성학·김민경. 2013.《강릉 초당동 신석기 유적 : 강릉 헌균·허난설헌 자료관 건립부지 문화유적 발굴조사 보고서》강원문화재연구소·강릉시.

차장섭. 2011.《선교장 : 아름다운 사람 아름다운 집 이야기》열화당.

최광식 외. 2009.《한국 박물관 개관 100주년 기념 특별전 도록》국립중앙박물관.

최민희. 2018. "'儀鳳四年皆土' 글씨기와의 '개토' 재론 – '納音五行'론 비판".《한국고대사탐구》제30권.

최석호. 2018.《골목길 역사산책 : 서울편》시루.

최석호. 2018.《골목길 역사산책 : 개항도시편》시루.

최석호. 2020. "한국영화 기생충". 헤럴드경제. 2월 18일자.

최석호. 2020. "BTS 빌보드를 뜨겁게 달구다". 헤럴드경제. 9월 8일자.

최석호. 2020. "소금이 맛을 잃었다". 헤럴드경제. 12월 1일자.

최석호. 2021. "오징어게임". 헤럴드경제. 10월 12일자.

최석호·박종인·이길용. 2015.《골목길 근대사 : 정동에서 부산까지 1887~1950》가디언.

최석호·옥성삼. 2019.《예배당으로 본 한국교회 100년사 – 왜 조선교회는 두 개의 문을 만들었는가?》시루.

최선혜. 2011. "교회와 근대사회의 충돌".《한국천주교회사 4》한국교회사연구소.

崔惟淸. 1150. "白雞山玉龍寺贈諡先覺國師碑銘". 徐居正·梁誠之·申用漑. 1977(1518).《東文選 第117券》민족문화추진회.

최재석. 1987.《한국 고대 사회사 연구》일지사.

최흥. 2006.《한국의 불가사의 천년의 비밀, 운주사》바보새.

친일인명사전편찬위원회. 2009.《친일인명사전 : 친일문제연구총서 인명편 1》
민족문제연구소.

친일인명사전편찬위원회. 2009.《친일인명사전 : 친일문제연구총서 인명편 2》
민족문제연구소.

한국갤럽. 2019.《한국인의 의식 · 가치관 조사 결과보고서》문화부.

한국국제문화교류진흥원. 2020.《2020 해외한류실태조사》

한규무. 2008. "화순 운주사에 대한 편린과 단상". 역사문화학회.《지방사와 지
방문화》11 (2).

한양도성연구소. 2014.《남산에서 찾은 한양도성》서울역사박물관.

한양도성연구소. 2015.《서울 한양도성》서울역사박물관.

한영우. 2013.《율곡 이이》민음사.

한영우. 2014.《다시 찾는 우리역사》경세원.

한충민. 2017.《한류 브랜드 세계화 − 이론과 실행전략》한경사.

한충민 · 원성빈 · 김상묵. 2014. "심리적 거리가 한류 선호도와 한국 국가이미지
에 미치는 영향"《국제통상연구》19 (1): 121-143.

한영우선생 정년기념논총 간행위원회. 2003.《63인 역사학자가 쓴 한국사 인
물 열전 1》돌베개.

한홍구. 2017. "이회영의 가문과 독립운동". 박상빈 · 홍현도.《우당 6형제의 독
립운동 : 민국의 길, 자유의 길》서울역사박물관.

허경진. 2002.《허균평전 : 시대를 거역한 격정과 파란의 생애》돌베개.

許筠. 1989 (1611). "屠門大嚼"《惺所覆瓿藁 Ⅲ》민족문화추진회.

許筠. 1989 (1611). "愛日堂記"《惺所覆瓿藁 Ⅱ》민족문화추진회.

許筠. 1989 (1611). "解命文"《惺所覆瓿藁 Ⅱ》민족문화추진회.

許筠. 1989 (1611). "豪民論"《惺所覆瓿藁 Ⅱ》민족문화추진회.

許筠. 2000 (1612).《홍길동전》현암사.

허상호. 2010.《수미단 - 부처님이 앉은 높은 자리》대한불교진흥원.

황석영. 2004.《장길산 10》책이 있는 마을.

혁신정책네트워크 디딤. 2021.《서울 10년 혁명 : 박원순 서울시정 10년의 기록》해피스토리.

홍기원. 2010.《성곽을 거닐며 역사를 읽다》살림.

BBC World Service. 2017. "Sharp drop in world views of US, UK global poll". GlobeScan.

James George Fraser. 1995.《그림으로 보는 황금가지》(The Illustrated Golden Bough). 이경덕 역. 까치.

Jochen Hiltmann. 1997.《미륵 - 운주사 천불천탑의 용화세계》학고재.

Julia Holingsworth. 2019. "Why the past decade saw the rise and rise of East Asian pop culture." CNN. 29th December.

HAN Junhi (et. al.). 2008. Preservation of the Frozen Tombs of the Altai Mountains. UNESCO & World Heritage Conservation.

Marian Liu. 2020. "The branding genius of K-pop band BTS." The Washington Post. 30th January.

Roberts Pearson. 2005. "초창기 영화". Geoffrey Nowell-Smith 편.《옥스퍼드 세계영화사》(The Oxford History of World Cinema). 열린책들.

Sergei Ivanovich Rudenko. 1970. Frozen Tombs of Siberia - The Pazyryk Burials of Iron-Age Horsemen. Translation by M. W. Thompson. University of California Press.

屈原. 1989.《楚辭》혜원출판사.

擔石窩. 2011.《도교문화 15강》알마.

孟子. 2006.《孟子》성균관대학교출판부.

班固. 2020.《漢書 列傳 3》이한우 역. 21세기북스.

班固. 2020.《漢書 列傳 5》이한우 역. 21세기북스.

班固. 2020.《漢書 列傳 6》이한우 역. 21세기북스.

司馬遷. 2008.《史記 下》소준섭 역. 서해문집.

中國史學會 편. 2004.《중국역사박물관 4》(中國通史). 강영매 역. 범우사.

翦伯贊 偏. 1990.《중국전사》(中國史綱要). 이진복 · 김진옥 역. 학민사.

陳壽. 2018.《正史 三國志》김원중 역. 휴머니스트.

蕩池·王瀧·薄松年·薛永年·李樹聲. 1998.《간추린 중국미술의 역사》시공사.

吉野誠. 2005.《동아시아 속의 한일 2천년사》한철호 역. 책과함께.

Yusunari Abe, Ryuji Shikaku & Izumi Nakai. 2018. "Ancient glassware travelled the Silk Road: Nondestructive X-ray fluorescence analysis of tiny glass fragments believed to be sample from glassware excavated from Niizawa Senzuka Tumulus No. 126, Japan". Journal of Archaeological Science: Reports. 17.

由水常雄. 2019.《신라가 꽃피운 로마문화 – 신라왕릉 유물이 동양고대사를 새로 쓰다》이영식 역. 미세움.

朝鮮總督府. 1918.《朝鮮古跡圖譜 第6册》

朝鮮總督府. 1920.《朝鮮古跡圖譜 第7册》

작자미상. 1989.《日本書紀》일지사.

갤럽 news.gallup.com/poll/1624/perceptions-foreign-countries.aspx

동북아역사재단 contents.nahf.or.kr

유에스뉴스 www.usnews.com/news/best-countries/south-korea

골목길 역사산책

한국사편

초판 1쇄 발행	2022년 3월 10일
지은이	최석호
펴낸이	신민식
펴낸곳	가디언
출판등록	제2010-000113호
주 소	서울시 마포구 토정로 222 한국출판콘텐츠센터 306호
전 화	02-332-4103
팩 스	02-332-4111
이메일	gadian@gadianbooks.com
홈페이지	www.sirubooks.com
출판기획실 실장	최은정
편집	김혜수 **디자인** 이세영
경영기획실 팀장	이수정
온라인 마케팅	권예주
종이	월드페이퍼(주) **인쇄·제본** (주)상지사 P&B
ISBN	978-11-6778-030-0 03900